CARTE POSTALE

Mr. Dr. Arthur Ruppin
c/o

g. Mein lieber Arthur!
Ein schöner Spaziergang
durch die Stadt. Anbei die
Zeichnung; stammt von
Herrn Prof. Einstein. Herzlichste Grüsse.
Hanna.

Lieber Herr Ruppin!
Wir haben schöne, unvergessliche
Tage in Palästina mit strahlender
Sonne und froher Gesellschaft. Ihre
Frau steht neben mir und guckt, was ich
von ihr schreibe. Sie zählt die Tage bis zu Ihrer
Rückkehr. Ihr A. Einstein.

Imp. O. De Rycker, Bruxelles-Forest.

The Travel Diaries of Albert Einstein

The Far East, Palestine & Spain 1922-1923

Edited by Ze'ev Rosenkranz

爱因斯坦旅行日记

远东、巴勒斯坦和西班牙，1922—1923年

〔美〕阿耳伯特·爱因斯坦 著　〔美〕泽夫·罗森克兰兹 编

方在庆 雷煜 冯乐 文恒 何钧 译　方在庆 校

CSK 湖南科学技术出版社
·长沙·

目 录

扫描二维码，进入第一推动的奇妙领地
回复"日记"，获取本书索引

中文版序

我很高兴《爱因斯坦旅行日记》中译本（以下简称《旅行日记》）此刻呈现给中国读者。正如爱因斯坦在《旅行日记》中清楚表明的那样，1922年底和1923年初在上海的两次逗留，给他留下了深刻的印象。在他成长的早期，这位著名的理论物理学家和人道主义者就被中国和中国人所吸引。爱因斯坦的《旅行日记》是一份引人入胜的文件，读者能够直接了解作者对他所访问的国家和他所遇到的人民的未经删节的评论。因此，该日记包括一些令人不安的段落，流露了作者对中国人所持的偏见。这些内容对于中国读者来说无疑是不易接受的。据我所知，这本日记的英文版出版后，在中国和其他地方曾引起了对爱因斯坦言论的热烈讨论。我认为这样的讨论只能导致积极的结果。对我个人来说，他那些令人不安的言论留给我们的最重要的教训是，这些言论有可能促使我们每个人审视自己的情感偏见和认知偏差。

在我看来，由于双方的误解，爱因斯坦没有实现原计划在中国巡回演讲的愿望，这是一件非常遗憾的事。我坚信，如果爱因斯坦在中国停留更长时间，更熟悉这个国家的人民，一定会对他产生深远影响，肯定会修正甚至消除他对中国和中国人的一些偏见。

无论如何，从他的个人文件中，有大量证据表明，在他访问中国之后，爱因斯坦仍然非常关注发生在这个国家的持续的动荡事件。在他访问中国20年后，爱因斯坦撰写了一份关于中国和中国人民的声明。即使在今天，这份声明也有很多值得我们学习的地方。在美国找到了躲避纳粹德国的避难所后，他在1942年给美国援助中国工业合作社委员会主席写了封信，清楚地证明了他深深地牵挂着被日本占领的中国，以及他后来对中国人民及其对人类的贡献的高度尊重："我总是热切地希望中国在目前的斗争中取得胜利，即使她的利益和我们国家的利益没有直接联系。希望中国的传统和精神对国际生活的未来发展产生越来越大的影响，这是在饱受压迫和残暴的黑暗日子里最好的鼓励之一。世界可以从中国人民身上学到很多东西。"

最后，我想补充一点，我很高兴这本书能被中国读者阅读，还有一个更个人的原因。从某种程度上说，我的生命归功于中国。1938年，我已故的父亲为了躲避纳粹的迫害，被迫逃离维也纳，在上海找到了避难所。他在那里生活了10年。1948年，我已故的祖父也葬在那里。尽管我父亲在上海遭受了日本残酷占领所带来的巨大苦难，但他总是告诉我，他爱中国人民，他的钱包里总是夹着一张旧的中国钞票，作为他生命中那段时光的美好回忆。愿本书能成为我向中国人民表示感谢的小礼物。

泽夫·罗森克兰兹，2021年7月22日于美国加州帕萨迪纳

插图目录

IV

前　言

　　我成长在澳大利亚墨尔本市圣基尔达（St. Kilda）靠近海湾的郊区，从那里只需步行五分钟便可到达海滩。那时还是20世纪60年代与70年代早期，圣基尔达仍然有些脏乱——自那以后，这个地方得到了部分改造。来自欧洲的犹太难民总是站在阿克兰（Acland）大街上，用我听不懂的语言交谈着。我的英荷籍犹太裔外祖父——他在第一次世界大战后从英国伦敦移民到澳大利亚——经常以"the refs"这一对难民（refugees）的贬称来称呼这些新近移民到这里的人。

　　我的父亲出生在维也纳，他喜欢每周一次带着我沿着比肯斯菲尔德大道（Beaconsfield Parade）步行约5千米，用一个小时至墨尔本港的车站码头（Station Pier）去看停泊在那里的远洋班轮。他总是被大海所吸引。他出生在位于内陆的维也纳，1938年年底逃至上海，并在那里生活了十年，其中有将近四年因日本人占领了犹太人聚居区而过着悲惨的生活。第二次世界大战结束后，他很容易地就与逗留在上海的美国水兵交上了朋友。作为一个坚定的犹太复国主义者，1948年他乘坐第二艘从上海出发的船，与犹太难民们前往新成立的以色列国。但是这个国家并未成为我父亲（他是典型的"流浪的犹太人"）的久居之地。1950年，主要因为他的思乡之情，他回到了维也纳。六年之后，他又踏上了海上之旅——这次是去澳大利亚开始新的生活，并恰好及时地参加了墨尔本奥运会。几年之后，他遇到了出生于墨尔本的我的母亲。然而他的"流浪癖"（*wonderlust*）依旧不减，当我差不多十一岁的时候，我们重回车站码头，然而这次是以乘客身份。

这位再次迁徙的裁缝与他的家人乘坐一艘意大利船只，航行了四个星期，经由好望角（"六日战争"后苏伊士运河仍处于封锁状态）回到了欧洲。我感觉在远洋班轮上的生活有些无趣；我因年龄过大而不适宜在"儿童室"，又因年龄太小而不能参加成年人的活动。但是我在船上结交了几位好朋友，这有助于打发时间。在这次航行中最为生动的记忆是当我们横渡地球而变换时区时，船上的日报《海事预报》（*Sea Herald*）经常通知将时钟调慢半小时，以及我曾多次溜进船上的小型电影院，去看一部日本的科幻电影：《伽马3号宇宙大作战》（*The Green Slime*）。我非常喜爱这部电影，以至于我同时观看了英语版和意大利语版。

由于我的父亲感觉自己难以决定何处才是他想居住的地方，在接下来的三年里，我们又进行了两次远洋航行。虽然对于他尚未进入青春期的儿子而言，这并不是最为稳定的生活方式，但是在澳大利亚与奥地利两地步入成年，不失为一种学习语言与培养国际主义世界观的好途径。在20世纪70年代的维也纳，以犹太人的身份成长无疑会遇到一些挑战。其中之一就是在当地的文法中学就读时，要应付我们的班主任（*Klassenvorstand*）偶尔说出的反犹言论。他最爱说的俏皮话就是"猴子土耳其"（*Affentürkei*）[①]。当时我并不知道这是反犹主义言论，尽管这一带有种族主义色彩的短语也用来称呼斯拉夫民族。那个时候在维也纳流传着一个带有排外情绪的"笑话"：多瑙河以东便是东方世界。而多瑙河以东的区域是包括我父亲在内的绝大多数犹太人在惨遭大屠杀之前生活的地方。但是这里也曾是来自欧洲东部、前奥匈帝国的其他种族的居住之地，其中最主要的是捷克人和斯洛伐克人。在20世纪70年代，维也纳仍是一小部分作为少数族裔的犹太人的家园，但是它也成为新近来自南斯拉夫与土耳其的移民的居住地。

　　虽然我确实从以墨尔本港为目的地的漫长步行中获得很多乐趣，但是我还是下意识地选择在成年时居住在"内陆"城市。我从维也纳迁至耶路撒冷，最终迁至加利福尼亚的帕萨迪纳，在后两座城市都是要花上一个小时才能到最近的海滩。

　　爱因斯坦的旅行日记，是迄今为止我最喜欢的由他撰写的记录文献。他那奇特的文风，对遇到的人的尖刻讥讽，以及对航行途中停泊港口的喧嚣繁忙的景象充满趣味的描述始终为我所喜爱。后来我才开始注意到他的日记中更为让人烦恼的内容，在这些内容中，他有时会对他遇到的一些民族做出接近于排外情绪的评论。我不禁自问：这位人道主义偶像怎么会在日记中写下这样的文段？

　　这个问题的答案似乎与今日的世界有着紧密的关系，如今在世

[①] 维也纳第二十区布里吉特瑙（Brigittenau）的昵称，也是对主要由移民和工人阶级居民组成的人口的贬称。布里吉特瑙位于维也纳东北，源于1868—1875年维也纳多瑙河规制所获得的新土地，是新建的区，离市中心较远，房租便宜。第一次世界大战前，这里住了大量来自奥匈帝国境内的塞尔维亚人、波兰人以及犹太人、土耳其人。希特勒在维也纳的住处，就在这个区为无家可归者所建的收容所——默尔德曼街男生宿舍（Männerwohnheim in der Meldemannstraße）。（全书脚注全部为译者注）

界上的许多地方，对"他者"的敌意呈猖獗之态。又一次，身无分文的难民不顾一切地踏上逃离迫害与暴力冲突的旅途，他们蜷缩在并不适合航海的船只里，有时一些船只会不幸沉没，即便是存活下来，他们也会被关在几乎没有人道的难民营中。父母再次疯狂地试图将他们的孩子送往安全的地方，不料却不得不忍受令人心碎的危险旅程。这些异邦人再次成为了当地社会弊病的替罪羊，他们也面临着为将其拒之门外而正在修建的混凝土墙、带刺的铁丝网以及人们心中的偏见。

在这样的现实背景下，尤其值得探寻一下，即使这位人道主义的典范人物也可能对其他民族的成员持有偏见和成见。联合国难民署曾制作过一张印有爱因斯坦头像的海报，并配以一条巧妙的标语："难民为他的新的祖国所带来的不只是一捆行李。爱因斯坦曾是一位难民"。似乎连爱因斯坦有时也很难于在"他者"面前认识到自己。

2017年10月
于加利福尼亚，帕萨迪纳

致　谢

普林斯顿大学出版社副出版总监艾尔·伯特兰（Al Bertrand）在整个出版过程中给予了睿智的指导并提出了有见地的建议，对此我深表感谢。我尤其要感谢"爱因斯坦论文项目"的主任戴安娜·布赫瓦尔德（Diana Buchwald）的敏锐评论和对本项目的坚定支持。我还要感谢普林斯顿大学出版社前社长彼得·多尔蒂（Peter Dougherty），以及柏林马克斯·普朗克科学史研究所联合所长尤尔根·雷恩（Jürgen Renn）善意的鼓励和睿智的建议。如果没有纽约摩根图书馆与博物馆的文学和历史手稿策展人克里斯汀·纳尔逊（Christine Nelson）的多年友好合作，这本书就不可能问世。

我很高兴地向在"爱因斯坦论文项目"中我亲爱的同事们表示感谢：感谢芭芭拉·沃尔夫（Barbara Wolff）和努里特·利夫希茨（Nurit Lifshitz）在档案和图书馆研究方面提供的好心帮助以及非常有益的建议；感谢丹尼斯·莱姆库尔（Dennis Lehmkuhl）的热情支持，由此确保我避免犯任何科学上的愚蠢错误；感谢艾米莉·德·阿劳霍（Emily de Araújo）和珍妮·詹姆斯（Jenny James）的亲切合作；感谢杰瑞米·施耐德（Jeremy Schneider）的协助。我很高兴与普林斯顿大学出版社出色的制作团队：副总编辑特里·奥普拉（Terri O'Prey）、设计师克里斯·费兰特（Chris Ferrante）和插图管理者迪米特里·卡列特尼科夫（Dimitri Karetnikov）之间愉快的合作。还有我的版权编辑西德·威斯特摩兰（Cyd Westmoreland），他一丝不苟的专业精神非常出色。我还要深深感谢阿耳伯特·爱因斯坦档案馆的罗尼·格罗斯（Roni Gross）和海雅·贝克尔（Chaya Becker），他们在研究和版权问题上提供了帮助。感谢托马斯·格里克（Thomas F. Glick）的宝贵意见；一桥大学的赤木真由子（Mayuko Akagi）；犹太复国主义中央档案馆的阿纳特·巴宁（Anat Banin）；xviii加州大学伯克利分校的琼·比德（Joan Bieder）；普林斯顿大学图书馆的布赖恩娜·克里格（Brianna Cregle）；日本学士院的西蒙·迪亚斯（Shimon Dias）；洛杉矶的丽莎·金斯堡（Lisa Ginsburg）；东京讲谈社的员工；日本邮船历史博物馆（NYK Maritime Museum）的小川友季（Yuki Ogawa）；早稻田大学的大江（H. Ooe）；摩根图书馆与博物馆的玛丽莲·帕尔梅里（Marilyn Palmeri）；大卫·朗姆西地图收藏室（David Rumsey Map Collection）的工作人员；格兰杰（Granger）历史图片档案馆的艾伦·桑德伯格（Ellen Sandberg）；利奥·贝克学会（Leo Baeck Institute）的迈克尔·西蒙森（Michael Simonson）；大阪大学的杉本秀树（Hideki Sugimoto）；圣书考古学学院（École Biblique）①的让·米歇尔·德·塔拉贡（Jean-Michel de Tarragon）；西班牙政府综合档案馆（Archivo General de la Administración）的胡安·何塞·维拉尔·利哈西奥（Juan José Villar Lijarcio），感谢他们协助获得了复制件和插图的版权许可；感谢普林斯顿大学出版社的哈莉·谢弗（Hallie Schaeffer）和克里斯汀·佐德罗（Kristin Zodrow）在本书制作上给予的有益的合作。此外，感谢加州理工学院图书馆馆际互借部门的约翰·韦德（John Wade）、丹·阿古卡（Dan Agulka）、比

---

① 隶属于法国的教会，位于耶路撒冷。

安卡·里奥斯（Bianca Rios）和本·佩雷斯（Ben Perez），为满足我特殊的文献传递需求做出了不懈的努力。

还要感谢那些对《爱因斯坦全集》（第十三卷）中"爱因斯坦到日本、巴勒斯坦和西班牙的旅行日记"的原始出版物的工作发挥了作用的人，蒂尔曼·绍尔（Tilman Sauer）对第十三卷中日记的科学内容处理得非常出色。感谢安孙子诚也①对日本历史资料的出色研究；感谢马艺闻对中文资源的友好帮助。感谢大贯昌子（Masuki Ohnuki）对日语资源的慷慨帮助。 该日记的出版工作还得到了路易斯·博雅（Luis J. Boya）、胡大年、赫伯特·卡尔巴赫（Herbert Karbach）、阿丹·苏斯（Adán Sus）和魏崇明（Victor Wei）②的协助。

最后，但绝非最不重要的是，我要对我的伴侣金伯利·阿迪（Kimberly Ady）的敏锐评论、关爱支持和鼓励表示由衷的感谢。

————

① 安孙子诚也（SEIYA ABIKO，1942—），日本物理学家，科学史学者。原文此处误拼为 Seiyo Abiko。

② 比利时首位华裔大使，历任比利时驻加蓬、圣多美和普林西比、韩国（兼驻朝鲜）大使。魏崇明的祖父魏宸组（1880—1942），曾任中华民国南京临时政府外交部次长。1912 年 11 月 22 日任驻荷兰公使。1919 年 1 月至 1921 年 8 月任驻比利时公使。1919 年作为中国代表出席巴黎和会，拒绝在《凡尔赛和约》上签字。1921 年至 1925 年任驻德公使，其间曾多次与爱因斯坦接洽，邀请后者来华讲学。晚年定居比利时，研习欧洲文化。

历史导读

> 这次旅行是美妙的。我对日本和日本人心醉神迷。我肯
> 定您也会这样。此外，海上旅行对一个喜好苦思冥想的人来
> 说，是一个美妙的存在——像一座修道院。还有，再加上赤
> 道附近的温暖宜人。温暖的水慵懒地从天空落下，万物归于
> 平寂，让人不自觉地昏昏欲睡——这封短信就是证明。
>
> ——阿耳伯特·爱因斯坦1923年1月10日于新加坡附近致信尼尔斯·玻尔

版本说明

本书的这一新版将为读者呈现阿耳伯特·爱因斯坦自1922年10月至1923年3月为期半年的远东、巴勒斯坦与西班牙之旅中写下的完整的旅行日记。[1]在本书中，日记原件每一页的复制图片都配有相应的中文翻译。学术注释明确了日记中提及的人物、组织与地点，对模糊不清的内容进行阐释说明，提供日记记载事件的额外信息，并对爱因斯坦没有在日记中提到的旅行日程加以详细介绍。虽然这部记录了爱因斯坦的直观印象的日记可以被视为一份引人入胜的史料来源，但是就其本质而言，它只为人们提供了重现这次旅行过程的一块拼图。因此，为了更为全面地描述这次旅行，注释部分呈现了爱因斯坦到访国家的当地媒体在当时所作的报道、取自于他的私人文件的原始资料、

旅行期间的外交报告和当时的文章与后来的回忆录以及未公开发表的往事回忆。本书也包含了爱因斯坦撰写的可以为旅行日记提供更丰富 [2] 的背景环境的补充文件：旅行过程中寄出的信件与明信片，在旅行中的许多落脚点发表的演讲，以及在旅程中与结束后所写的关于到访国家的印象的文章。

2012年出版的《爱因斯坦全集》（第十三卷）首次完整地发表了这部旅行日记。[2] 在本书中，编译者特意将发表于《爱因斯坦全集》（第十三卷）英译本中的日记英文译文进行了充分修改。

在此之前，旅行日记中的某些片段曾被选译为其他语言出版：与访问日本相关的部分的日文版于2001年问世；1999年以希伯来文编辑出版了关于巴勒斯坦的条目；西班牙之行的条目的英文版于1988年出版。1975年也曾出版了日记的一篇简短节选。[3]

旅行日记

爱因斯坦曾写过六本旅行日记，本书包括的日记是其中之一。他的1921年春季首次美国之行并未留下日记。实际上，我们并不知道在这次旅行中他是否写了日记。[4] 其他现存的旅行日记写于他的1925年3月至5月的南美洲之行期间，以及分别在1930年至1931年、1931年至1932年、1932年至1933年的连续三个冬季学期对美国帕萨迪纳的加州理工学院的访问期间。以上一共是五次远洋旅行，但是实际上有六部日记，原因是爱因斯坦在他最后一次旅行中使用了两本笔记本。[5]

本书所呈现的旅行日记写在一本有182页横线纸的笔记本中，其中81页上写有日记内容，之后的82页横线纸是空白，19页横线纸与1页无横线纸上写有运算过程。[6] 运算过程写在日记页的背面，与日记文 [3]

字上下颠倒。本书未收录运算部分。

　　这部日记首次引人入胜地展现了爱因斯坦的旅行经历。他每天都记，有时还会为文字配上看到的有趣事物的插图，例如火山、船只与鱼类。日记的内容既有对旅行经历的直观印象，也有对阅读、遇到的人、到访的地点的长久思考。他也写下了对科学、哲学、艺术的思考，偶尔也评论世界时事。爱因斯坦的日记风格颇有特色，大多数情况记录得非常详细，不过也采用了有些古怪并类似电报文（可能是由于缺乏时间）的书写方式。他对在旅途中遇到的人的评论往往是简明扼要的——通常，他仅用幽默或不客气的几个词就能总结出对方的个性与特征。至于爱因斯坦为了这次旅行开始写日记的原因，我们则只能推测。但是，最可能的原因是爱因斯坦想用旅行日记为自己留下一份记录，同时给他待在柏林家中的两个继女[伊尔莎（Ilse）与玛戈特（Margot）]读着解闷。[7]我们可以肯定他没有打算将日记留予后人或出版。

　　这部日记的历史也耐人寻味。纳粹于1933年1月掌权，爱因斯坦旋即决定不再回到德国。在他做出这个决定之后，他的女婿、德国籍犹太裔文学评论家与编辑鲁道夫·凯泽（Rudolf Kayser）把爱因斯坦的私人文件（包括本书中的旅行日记）从爱因斯坦在柏林的公寓转移至法国大使馆，并安排将其以外交邮袋的方式运送到法国，又从法国启程，船运抵达爱因斯坦在美国的住地新泽西州普林斯顿。[8]

　　在爱因斯坦于1950年立下的遗嘱中，他指定自己忠实的朋友奥托·内森（Otto Nathan）与长期担任自己的秘书的海伦·杜卡斯（Helen Dukas）为他的遗产受托人，且内森为唯一的遗嘱执行人。在爱因斯坦于1955年4月去世后，杜卡斯成为了他的私人文件的首位保管员。

1971年2月，阿耳伯特·爱因斯坦遗产管理方与普林斯顿大学出版社签署了一份协议，要出版爱因斯坦文稿与通信的完整版本。《爱因斯坦全集》藉此得以出版。1976年，物理学教授约翰·施塔切尔（John Stachel）被任命为这一重要工作的主编。一年之后，奥托·内森显然对施塔切尔的编辑工作感到不满。他一开始建议免去施塔切尔的职务，然后又要求任命包含施塔切尔在内的一个三人编辑工作组。当普林斯顿大学出版社决定继续支持施塔切尔担任这一项目的唯一主编并拒绝内森提出的要求后，爱因斯坦遗产管理方采取了法律行动。因为双方不能达成一致，这场纠纷最终在1980年春季被提交给纽约的一位仲裁法官。法官的判决偏向出版社。法律诉讼与仲裁程序让爱因斯坦遗产管理方花费甚多。[9]因此遗产管理方决定出售爱因斯坦私人文件中的一些原件以支付花销。1980年初，内森询问纽约出版商与藏书家、海涅曼基金会的詹姆斯·海涅曼（James H. Heineman）是否有兴趣购买爱因斯坦档案中的资料。海涅曼基金会之前在1976年曾购买过一份35页的爱因斯坦手稿。内森在一份"文件说明"中写道，"这笔资金可能会被用于支付针对普林斯顿大学出版社的法庭诉讼与即将进行的仲裁执行的花费。"[10]1980年10月，海涅曼基金会从遗产管理方那里购买了三篇由爱因斯坦所写的重要文章，并将它们捐献给纽约的皮尔庞特·摩根图书馆。[11]1981年7月，遗产管理方请求两个名人手稿售卖公司对若干份爱因斯坦手稿（包括这部旅行日记）进行重新估价。一家公司声称这部日记的市场价值为9.5万美元，然而另一家的估值只有 ₅ 6500美元。[12]同年8月，海涅曼基金会以未披露的价格从遗产管理方购买了这部旅行日记，并立即将其存放于皮尔庞特·摩根图书馆（现在为摩根图书馆与博物馆）的"丹尼和海蒂·海涅曼收藏部"（Dannie and Hettie Heineman Collection）中，直至今日。[13]

旅行的背景

爱因斯坦在1922年末至1923年初对远东、中东与西班牙进行的广泛考察，有若干重要背景因素。[14]爱因斯坦第一次涉足欧洲之外，是在1921年春季陪同总部位于伦敦的犹太复国组织主席哈伊姆·魏茨曼（Chaim Weizmann）前往美国，目的是为筹划中的耶路撒冷希伯来大学募集资金，并在第一次世界大战后与美国科学界建立联系。[15]尽管在1919年11月一夜成名之后，爱因斯坦并未明确宣称他此行的任务是从事传播他提出的新相对论的"布道活动"，但在开始远东旅行之时，爱因斯坦已经在德国的许多地方，以及苏黎世、奥斯陆、哥本哈根、莱顿、布拉格与维也纳等地进行了以自己的理论为主题的演讲。[16]在他自美国返程中，爱因斯坦也对英国进行了短暂访问。[17]1922年4月，他在第一次世界大战后首次访问巴黎，参加了在法兰西公学院（Collège de France）与法国哲学学会举行的关于相对论的讨论活动。[18]

最终促成爱因斯坦远东、巴勒斯坦与西班牙之行的提议，首先是由日本东京的改造社社长山本实彦（Sanehiko Yamamoto）提出的。但是关于这次邀请的确切细节有着不同的说法。在此行的十二年之后，山本实彦回忆，向爱因斯坦发出邀请是在日本自1919年至1921年的"意识形态的骤变"期间提出的，这场骤变的一个显著标志是改造社出版了一部由日本基督教和平主义者与劳工活动家贺川丰彦（Toyohiko Kagawa）撰写的小说。[19]这本小说获得的巨大商业成功，为邀请爱因斯坦与其他杰出知识分子如约翰·杜威（John Dewey）、贝特兰·罗素（Bertrand Russell）和玛格丽特·桑格（Margaret Sanger）前来日本提供了资金。罗素在访问东京时被请求列举三位世界上最伟大的人物，据说他这样回答山本实彦："第一位是爱因斯坦，其次是列宁。再没有其他人了。"山本实彦写道，他曾向哲学家西田几多郎（Kitaro

Nishida）和科学作家、原物理学教授石原纯（Jun Ishiwara）请教过关于相对论的问题，由此他决定划拨大约2万美元用于爱因斯坦的访日之行，并委派自己的驻欧洲记者室伏高信（Koshin Murobuse）与在柏林的爱因斯坦商议合同条款。[20]但是，根据石原纯的说法，在罗素访问日本大约九个月之前，山本实彦就与西田几多郎和他本人商议这件事了。[21]然而改造社的一位编辑横关爱造（Aizo Yokozeki）[①]还给出了第三个说法，他声称当石原纯建议改造社邀请爱因斯坦时，他们"不知道该做什么"。他们去请教东京的物理学家长冈半太郎（Hantaro Nagaoka），后者尽管建议他们邀请爱因斯坦，但同时指出，日本的大学本身没有资金将日本学生送到海外或邀请爱因斯坦来日本。[22]

无论如何，日本方面在最初邀请时看起来缺乏协调。1921年9月底，石原纯代表改造社向爱因斯坦发出了访问日本的邀请，为期一个月，酬金1万日元（约合1300英镑）。[23]大约在同一时间，室伏高信也代表改造社邀请爱因斯坦进行为期三个月的访问，日方提供2000英镑作为酬金与差旅费用。[24]虽然爱因斯坦在这一年早些时候感到疲惫，已经声称自己"不想再作关于相对论的演讲"，[25]但还是做出了积极回应。他曾经考虑过在1922年秋季访问日本。但是在1921年11月初，他对日方提出的财务条款感到不满："日本人是真正的骗子。他们可能会感到束手无策，但与我无关。我不会在如此糟糕的条件下去那儿的。"（第十二卷，文件292）[26]之后不久他就取消了整个访问计划，理由是两份邀请的条款彼此矛盾。[27]

---

① 原文此处将横关爱造的职位误称为"原执行董事"（former executive director）。横关爱造在大正8年（1919年）《改造》创刊时任初代主编，昭和25年（1950年）任改造社董事长（社长）。

插图1　爱因斯坦和爱尔莎夫妇、山本实彦和山本美（Yoshi Yamamoto）夫妇、稻垣守克（Morikatsu Inagaki）与托尼·稻垣（Tony Inagaki）夫妇、石原纯与其他人，可能拍摄于东京，1922年11月22日（图片经杉元贤治财产管理人与讲谈社有限公司许可使用，并承蒙阿耳伯特·爱因斯坦档案馆惠允）。

　　但是在仅仅五个星期后，山本实彦代表改造社就给爱因斯坦寄了一份正式的邀请函和包含如下条款的合同：在东京进行六场科学讲座，在日本的多个城市进行六场通俗讲座。酬金包含差旅费与住宿费在内，总计2000英镑。[28] 1922年3月中旬，爱因斯坦向他的密友与同事保罗·埃伦费斯特（Paul Ehrenfest）承认他"无法抵挡东亚女妖①的诱惑"。[29] 没过多久，他致信石原纯说自己因为要参加9月于莱比锡举行的德国科学家与医生协会的年会，所以动身前往日本的计划时间要推迟一个月。[30] 这一年8月，日本帝国学士院通过欢迎爱因斯坦的一项决

8

①　这里的"女妖"原文为 Siren，即希腊神话中以美妙歌声诱惑水手，使船只触礁沉没的怪物。爱因斯坦用"女妖"来表达他难以抗拒东亚对他的诱惑魅力。

议，而日本政府也正在准备一个"友好的欢迎"。[31]但是并不是所有人都热情欢迎爱因斯坦，长冈半太郎在东京帝国大学的学生之一土井不昙（Uzumi Doi）就致信爱因斯坦表达对相对论的强烈批评态度。土井不昙要求爱因斯坦"回归正道，从那个自你26岁以来就笼罩着你的毁灭性的魔咒下解放出来"。[32]

在与日本方面协商邀请事宜之时，爱因斯坦透露出踏上远东之旅的部分动机："被您邀请去东京使我感到非常高兴，尤其考虑到我对东亚民族及其文化长久以来的兴趣。"（第十二卷，文件246）[33]在抵达日本三个星期后，爱因斯坦在一篇文章里写下了到目前为止他对日本的印象，并重新谈及他接受邀请的原因："但当收到山本让我前往日本的邀请时，我立即决定进行这次预计历时数月的伟大旅行，尽管理由只有一个，那就是如果有机会去亲眼看看日本，却错过时机的话，我将永远不能原谅自己。[……]在我们国家，这片土地比其他任何地方都更加笼罩在神秘的面纱之下。"[34]

爱因斯坦将进行日本之旅的消息，使得中国人再次考虑之前邀请他在中国讲学的计划。但是爱因斯坦与中国方面之间的协商情况比较复杂，而且在某种程度上是有争议的。1920年9月，北京大学校长蔡元培曾邀请爱因斯坦前去讲学。[35]显然，当时正在柏林访问的北京大学地质学家朱家骅代表蔡元培当面与爱因斯坦进行了协商。据朱家骅讲，爱因斯坦允诺在其美国之行结束后下一次海外访问就是去中国。1922年3月，在得知爱因斯坦计划访问日本后，朱家骅致信爱因斯坦重新商讨访问北京大学事宜。他告诉爱因斯坦，北京大学实际上想邀请后者在北大待上一年。但是朱家骅从中国驻柏林大使馆那里了解到，爱因斯坦已经通知过他们，因为已承诺要访问日本，他只有两个星期时间在北京进行一个系列讲座。[36]爱因斯坦回复说，自己之前不能接受后者起初提出的财务条款与过长的停留时间，不过现在情况发生了变化，日方提出的讲学报酬让他觉得可以接受之前中国提出的访问邀请。因此他同意为期两个星期的对华访问。[37]1922年4月初，中国驻德国公使魏宸组向爱因斯坦转达了蔡元培提出的举行系列讲座并每月支付1000华币（约合120英镑）酬金的建议。[38]爱因斯坦重申他愿意前去讲学，但是要求大幅提高酬金。[39]同年7月底，北京大学接受了他提出的条件。[40]

　　和预期中的中国之行类似，爱因斯坦巴勒斯坦之行计划的起源与为他的到来所作的最初准备工作也有些错综复杂。[41]但是与计划的远东之旅不同的是，巴勒斯坦之旅的酬金并不成问题。早在1921年末他的较为成功的美国之旅结束后，爱因斯坦似乎便有意访问巴勒斯坦，去亲自参观当地的犹太人社区伊休夫（Yishuv）的定居点。当时哈伊姆·魏茨曼向他建议："目前去巴勒斯坦还不是非常紧迫。"然而魏茨曼确实曾恳求爱因斯坦再进行一次为期两个月的美国之行。[42]我们所掌握的最早的爱因斯坦重新考虑访问巴勒斯坦的证据是1922年9月底的文件。在爱因斯坦与柏林的犹太复国主义者的最初接触中扮演了重要角色的德国犹太复国主义运动领导者库尔特·布卢门菲尔德（Kurt Blumenfeld），在爱因斯坦离开柏林踏上远东之旅的那一天与他见了面，之后布卢门菲尔德提及爱因斯坦已经接受雅法的犹太复国组织巴勒斯坦办事处主任亚瑟·鲁平（Arthur Ruppin）发出的访问巴勒斯坦的邀请。[43]爱因斯坦计划在从爪哇返回柏林的航程中前往巴勒斯坦。[44]然而这次访问的时间将会比较短暂——只有十天。根据布卢门菲尔德的说法，爱因斯坦强调了这次在巴勒斯坦短暂停留"不算对巴勒斯坦的正式访问"。他引述爱因斯坦的话："应该专门直接去巴勒斯坦，而不是在访问其他国家之后顺便前往那里。"[45]关于被缩短的旅行计划的报道在10月6日和随后几天里见诸媒体。随即有消息澄清说这并不是最初计划的旅行，爱因斯坦从远东返航后将在巴勒斯坦停留"几个月"。也有媒体报道爱因斯坦的这次短暂旅行的目的是"了解这个国家的情况"，他将"专门[……]访问耶路撒冷希伯来大学，那里的人们相信爱因斯坦可能会在这里进行几次演讲"。[46]

但是，在媒体发表这些最初的报道的同时，爱因斯坦与魏茨曼以及犹太复国运动工作人员内部之间也在进行着关于巴勒斯坦之旅的通信。魏茨曼显然并未知晓布卢门菲尔德与爱因斯坦最近的会面，他向爱因斯坦建议："或许你也会途经巴勒斯坦，你可以在返程中从塞得港绕道"。因为爱因斯坦已经从柏林启程，所以他的继女（也是秘书）伊尔莎回复魏茨曼说，如果没有特别情况阻碍的话，她的父母将会前往巴勒斯坦。在她看来，如果魏茨曼那时也能在那里的话，那将是"对他们（爱因斯坦夫妇）来说极大的快乐"。她估计爱因斯坦夫妇将在1923年2月到达巴勒斯坦。但是魏茨曼不得不在1922年11月紧急访问巴勒斯坦，随后展开了在美国的长时间的筹款之旅。[47]

在魏茨曼致信爱因斯坦十天后，鲁平将其从布卢门菲尔德处得到的消息告诉了犹太复国组织执行委员会。消息说爱因斯坦接受了邀请，并计划于1923年2月底或3月初抵达巴勒斯坦。鲁平相信这次访问对于犹太复国主义组织来说具有"重大的宣传价值"，对筹划中的希伯来大学项目而言尤其如此。鉴于犹太复国主义组织在爱因斯坦的美国之旅的经历（在这次旅行中爱因斯坦这位卓越的客人背离了"政党路线"），[48] 布卢门菲尔德认为"绝对有必要"不但让"Sicma[原文如此]金茨贝格"[49] 陪同爱因斯坦，而且让一位女性陪同爱尔莎·爱因斯坦，最好是罗莎·金茨贝格（Rosa Ginzburg）。[50] 这样的话爱因斯坦夫妇在这趟旅行中都有犹太复国主义组织官方的人"罩着"。关于希伯来大学方面，犹太复国组织执行委员会应该联系魏茨曼，了解"将哪些规划介绍给爱因斯坦教授，如何解释"。[51]同时鲁平要求魏茨曼告知执行委员会"关于希伯来大学规划的意见有哪些是官方立场"。在布卢门菲尔德看来，这一点是很有必要的，因为如果不给爱因斯坦任何指示，"那么就会存在这样的危险：他会对随便说给他听的意见表示赞同，从而可能会削弱他这次旅行的宣传效果"。[52]

爱因斯坦与西班牙科学界之间关于可能访问西班牙的联系开始于1920年。在爱因斯坦1923年2月底与3月初的讲学之旅之前，西班牙方面至少两次试图邀请他来访。1920年4月，阿根廷数学家胡里奥·雷伊·帕斯托（Julio Rey Pastor）曾邀请爱因斯坦前往马德里与巴塞罗那举办系列讲座。爱因斯坦告诉他的好友弗里茨·哈伯（Fritz Haber）他"肯定 [……] 要去西班牙"（第十卷，文件162），[53]但是这一期望中的旅行没有实现。一年多之后的1921年7月，数学家埃斯特万·泰拉达斯·伊拉（Esteban Terradas é Illa）邀请爱因斯坦在巴塞罗那大学冬季或春季学期讲学。然而爱因斯坦拒绝了这个邀请，因为他想在1922—1923年访问西班牙。[54]

（12）然而一个戏剧性的形势变化，使得爱因斯坦计划的远东之旅的背景变得完全不同。就在这一变化发生的数天之前，他向好友海因里希·赞格尔（Heinrich Zangger）暗示说，鉴于自己最近的巴黎之行和围绕他在国际联盟智力合作委员会成员身份问题的麻烦，他渴望能换个环境。爱因斯坦吐露出自己"渴望清静"，前往远东的旅行意味着"在公海上享有12个星期的安宁"。[55]

1922年6月24日，也就是爱因斯坦致信赞格尔六天后，德国外交部长瓦尔特·拉特瑙（Walther Rathenau）在光天化日的柏林街道上，被右翼极端主义者枪杀。[56]这场暗杀成为尚处于发展初期的魏玛共和国的一个标志性事件。这起刺杀事件在德国公共生活的绝大多数领域内激起了愤慨，但右翼极端除外。紧随这个事件后，是大规模的游行和罢工，局势高度紧张，一场可能的内战一触即发。拉特瑙葬礼的那天出现了支持魏玛共和国的大规模游行。在德国国会大厦内所作的一个演讲中，总理约瑟夫·维尔特（Josef Wirth）抨击了魏玛共和国的保守派敌人，称他们为这场谋杀的同谋。政府发布了多种针对右翼团体的法令，并最终通过了旨在保护魏玛共和国的立法。[57]

这场刺杀事件也是爱因斯坦人生中的一个分水岭。爱因斯坦本来已经对当时的险恶政治环境有所了解，这一刺杀事件更使他认识到，作为一位德国公共生活中杰出的犹太左翼人士，他处于实实在在的人身危险之中。在致拉特瑙的母亲的吊唁信中，爱因斯坦称赞他的这位将载入史册的朋友"不仅具有卓越的理解力和领导力，而且还属于那些为民族之间的和解的道德理想献出生命的犹太伟人之一[……]我认为他的离去是不可弥补的损失"。[58]在一篇发表的纪念文章中，爱因斯坦写道，"一个耽于幻想的人不难成为一个理想主义者；而[拉特瑙]却是一个入世的理想主义者，世事洞明，远超常人"。但是爱因斯坦也坦白地提出了对拉特瑙的批评："我对他就任部长一事感到遗憾。鉴于德国受过教育的阶层中的大多数人对犹太人的态度，我认为，在公共生活中，犹太人应当采取一种自尊而低调的态度。不过我还是没有想到，仇恨、盲目和忘恩负义会达到这样的极端程度。"[59]

爱因斯坦的第一任妻子，米列娃·马里奇（Mileva Marić）对爱因斯坦"也属于被某些人——我不知道是什么人——阴谋打击的对象之一"这一消息感到"震惊"。[60]柏林的记者弗里德里希·施特恩塔尔（Friedrich Sternthal）恳请爱因斯坦为了他自己的人身安全考虑采取谨慎小心的措施，向他警告"德国民族主义以及类似群体"对他的"无

插图2　瓦尔特·拉特瑙遇刺现场，柏林，格吕内瓦尔德，1922年6月24日（承蒙"格兰杰收藏"
[Granger Collection]惠允）。

限仇恨"。[61]爱因斯坦的亲密合作者与朋友赫尔曼·安许茨-肯普费
（Hermann Anschütz-Kaempfe）则邀请爱因斯坦在基尔长期停留。虽
然这个邀请与刺杀事件并无直接联系，但邀请的时间就在刺杀事件的
第二天，应该也不是巧合。[62]爱因斯坦答应携妻子在一周之后前往，并
写道："拉特瑙的遇刺让我极度震惊，而且引起社会的巨大骚动。不幸
的是，德国政府能否成功控制各个反对势力还有疑问。军队看起来尤
其不可靠。为了对外策略目的而捏造出来的鄙视道德的旧传统现在国
内也开始产生恶果。"在爱因斯坦看来，这些问题并不仅限于柏林。他
对杰出剧作家恩斯特·托勒（Ernst Toller）身陷巴伐利亚监狱遭受监
禁一事进行谴责，并哀叹："啊，诗人和思想家的民族，你已经变成了

什么样子!"[63]

刺杀事件现在重新燃起爱因斯坦最初的愿望，即永远离开柏林。[64]
7月11日，他告知居里夫人，自己将辞去在普鲁士科学院与威廉皇帝
物理研究所所长的职务，以便"离开喧嚣的柏林，以求能够再次平静
地工作"。[65]一天之后，他告诉他的朋友与同事马克斯·冯·劳厄
（Max von Laue）自己已"名义上"远离了柏林，尽管他实际上还在那
里。[66]爱因斯坦当时正在打算为安许茨-肯普费的陀螺仪工厂工作，并
在基尔购买一栋别墅。[67]

仅在四天之后，谋杀带来的恐惧有所消退，爱因斯坦就改变了想
法。经过"冷静考虑"之后，他写道，自己在基尔的工厂中没有什么事
情可做，他将继续住在柏林。依爱尔莎之见，虽然爱因斯坦受到拉特
瑙被刺一事的强烈影响，"产生一种感觉：离开这里，找个安宁的地方
工作"，但是，到现在"他意识到这种安宁是一个假象。想要躲藏起
来，最好是在柏林"。尽管如此，她承认"日本之行以后，他就想辞去 15
这里的正式职务"。[68]

刺杀事件也影响了爱因斯坦出席公共场合的意愿。他决定不在9
月于莱比锡举行的德国科学家与医生协会的一百周年庆祝会上发表已
经计划好的演讲。在致马克斯·普朗克（Max Planck）的信中，爱因斯
坦提到了自己受到的人身威胁，被警告不要留在柏林，以及不要"在
德国国内任何公众场合露面。原因是我已经成为民族主义谋杀者的目
标之一"。在这封信的草稿之中，爱因斯坦直接指出了"打算杀害"他
的"德国民族主义"分子。爱因斯坦将他所处的困境归咎于媒体："所
有的困难都是因为我的名字在报纸上出现得太频繁，激起渣滓们的不
满。"[69]无论如何，爱因斯坦这次离开柏林的长远之行的背景已经搭建
完成。

对旅行日记的分析

在下文中，我们将试图通过对日记文本与其他相关历史资料的仔细研读，来"剖析"爱因斯坦旅行日记的深层含义。

我们将特别关注爱因斯坦对他在旅行中遇到的一些国家的国民和民族的看法，并将他做出的这些评论置于有关西方人的东方世界与"东方人"形象的历史学与文化研究的语境中。我们将考察爱因斯坦访问的每个国家当时的语境。他在旅行之前对这些群体的先入之见，以及他通过何种视角看待到访的地区。我们将思考爱因斯坦如何在他的旅行中表达他的观点，以及这些观点是否因为新的经历而发生改变。

另一个主题是这次旅行在多大程度上改变了爱因斯坦对自己——同时作为一个犹太人，一个德国人和一个欧洲人——的看法。这次旅行在多大程度上改变了他关于自我与他者的概念？他对民族性格的概念的看法是什么？接下来，我们还会对爱因斯坦的看法与和他同时代的东方学者（Orientalist）、殖民主义者与种族主义者的看法进行比较。

此外，我们将考察爱因斯坦的旅行对他到访的国家所产生的影响。他的访问对欢迎他的社会有何影响？当地的媒体对他的到访是如何反应的？平民百姓与爱因斯坦的接触对大众对他的看法又产生了怎样的影响？他的旅行受到了哪些政治与外交因素的影响？不同的科学共同体受到了什么影响，它们对相对论的反应如何？作为科学知识的传播者，爱因斯坦扮演了何种角色？

最后，我们将思考这次旅行对爱因斯坦个人来说意味着什么，并考察他的旅行的性质、方式，以及对他个人的影响。我们还将尽可能地得出关于爱因斯坦的个人信念、个人偏见以及意识形态构建的更广泛的结论。

爱因斯坦对黎凡特与黎凡特人的看法

爱因斯坦远东之旅途经的第一个地区是黎凡特①。在旅行开始之前，"黎凡特人"这个词让爱因斯坦联想到的东西很可能不是正面的。1919 年 10 月，布拉格犹太复国主义者、时任犹太复国主义组织大学委员会干事的胡戈·贝格曼（Hugo Bergmann）表达了他对筹划中的耶路撒冷希伯来大学的学术水准的关切："我们不想敷衍了事，也不打算在黎凡特这个偏僻地区已有的低水平大学中再添一所。我们希望能够建立一所尽管资源有限但是在各方面仍然都能满足所有标准的好大学。"[70] 在一篇同时期的文章中，贝格曼用更具有说服力的方式强调了这一观点："[我们]必须注意绝不能建立一所低水平的大学，一所黎 [17] 凡特式的大学，这并不会丰富我们的文化财富，而且犹太人也不会承认这所大学是自己的民族大学。"[71] 贝格曼提倡为计划中的犹太大学设立学术高标准，显然也不是什么新主张。在几个星期之前，爱因斯坦在一封致物理学家同事保罗·爱泼斯坦（Paul Epstein）的信中表达了他支持这样的标准："我们必须确保这所大学与其他欧洲好大学相比也是毫不逊色的。当然，这里并不缺乏优秀的人才。"[72] 似乎可以设想，爱因斯坦在提到"欧洲质量更好的大学"时，并没有想到"来自黎凡特这个偏僻地区"的大学。我们可以从贝格曼与爱因斯坦的叙述中明确得出的一个结论是，他们明显地把自己的文化定义为欧洲文化。

爱因斯坦关于黎凡特与黎凡特人的看法，在自己眼见为实后就发

---

① 黎凡特（Levant，源自古意大利语 levante，意为太阳升起之处），是历史上对位于意大利东部的地中海国家的地理称谓。广义上讲，它特别指希腊半岛和爱琴海中的希腊岛屿、土耳其的地中海沿岸地区、塞浦路斯、黎巴嫩、巴勒斯坦、历史上的叙利亚和埃及。狭义上讲，这个词仅限于地中海东岸及其腹地，即今天的叙利亚、黎巴嫩、以色列、巴勒斯坦、约旦等国和土耳其哈塔伊省（Hatay）的地区。这大致相当于近东幼发拉底河和西奈河之间的地区。

生了变化。在海上航行五天后，爱因斯坦夫妇到达苏伊士运河北端的塞得港。爱因斯坦对自己抵达港口以及初次遇到当地人的描述生动而有趣："在港口，一大群小船里坐着各种各样的黎凡特人，他们大声尖叫着，比划着手势，涌向我们的船。喧嚣声震耳欲聋，好似来自地狱。上层甲板变成了集市，但没人买什么东西。只有一些英俊健壮的年轻算命师有所收获。土匪般的肮脏的黎凡特人，看起来英俊而优雅。"[73]

这段文字显示出爱因斯坦于塞得港遇到阿拉伯商人时既为他们所吸引，又对他们怀有排斥的心理。他描述的是几乎所有感官的冲击。尽管这些欧洲人是在一艘日本轮船上，但是当地的东方人却像是在冲击西方文明本身。从爱因斯坦使用的语言，我们可以清晰地认识到这一点："一大群""尖叫""涌向""来自地狱""喧嚣声震耳欲聋""集市""土匪般的"以及"肮脏"。然而与此同时，当地人也有着吸引力："看起来英俊而优雅。"

在接下来的几句话之后，就可一窥爱因斯坦如何看待展现在他眼前的这一景象的端倪："在［港口的］墙壁和建筑物的立面上有一种经常在热带地区的绘画中出现的绚烂色彩。"因此，他对这一景象的看法很大程度上受到他对东方的视觉（还有我们将看到的文字）成见的影响。

但是根据爱因斯坦观念中的二元性——吸引与排斥，也有一些行为规矩的黎凡特人。他在到达运河南端的苏伊士港时写道："阿拉伯的小商人驾船溯流而上。他们是英俊的沙漠之子，身材魁梧，黑色的眼睛闪闪发光，比塞得港的人更有教养。"[74]这种对黝黑、挺拔秀丽的阿拉伯人的描写，可能是来自著名德国作家卡尔·迈（Karl May）笔下的一部19世纪东方背景的历险故事。[75]

当爱因斯坦从远东返航再次到达塞得港时，他的反应不再是好坏

17

参半的，而是只有负面成分："城市中有很多外国人，也有少不了的宵小无赖。"[76]"无赖"一词（德语为 Gesindel，也有"社会的垃圾"的意思）完全可以被视为排外性（xenophobic）的表述。

爱因斯坦对印度人与僧伽罗人的看法

我们所掌握的资料未能帮助我们深入了解在远东之行前爱因斯坦对印度人的看法。在海上航行二十天后，他在科伦坡遇到了印度人。当坐在一架人力车上时，他羞愧于"自己参与到对待人类的如此丑行中"，然而却无可奈何："因为这些数量骇人的以国王形式出现的乞丐涌向每一个外地人，直到那个外地人在他们面前投降为止。他们知道如何央求乞讨，直到对方动摇为止。"这段话揭示出他对高贵等级会发生反转的信念。[①]在谈及他们在城市街道上的生活时，爱因斯坦提到他们"原始的生活"，居高临下的口气很明显。他也认为"气候阻碍他们思索超过前一刻钟或后一刻钟的事"，这一态度显示出爱因斯坦相信地理决定论以及人们对印度人智力低下的论断。他简洁地记录当地人"在大堆污秽和重度恶臭中栖身"，并推测他们几乎没有什么需求：他们"做得少，需求也少。简单节俭的生命循环"。爱因斯坦认为他们狭小的居住环境使"个体不可能有任何独特的存在"。他觉得这些印度人比自己在塞得港看见的喧闹的黎凡特人强："没有野蛮行径，没有市场闹哄哄的气氛，而是安静自如，但也不缺乏某种轻松愉快。"他也将遇到的印度人的所谓坚忍克己归因于地理决定论："在这种气候下，我们难道不也会变得像印度人一样？"[77]这一句显示出爱因斯坦对当地人

---

① 此处原文为 This statement reveals his belief in a reversed nobility。在爱因斯坦看来，印度或僧伽罗的乞丐成了这个社会的国王，从而颠覆了通常的社会等级制度。

的矛盾态度：对于他们对艰难困苦的忍耐力，他抱有一定程度的同情，但是他似乎也对因这些困苦使他们变成如此模样持批评态度。

爱因斯坦夫妇在返航中再次访问了科伦坡。这次爱因斯坦的描述则是相当负面的。他觉得"当地人""纠缠不休"。其中一位人力车夫"完全是赤裸裸的原始人"。在一天的游览结束后，爱因斯坦夫妇一回到科伦坡，"那些人力车苦力就向我们扑来"。[78]在这里，爱因斯坦的欧洲文化再一次象征性地受到冲击。而且他使用"苦力"与"原始的"等词语来形容当地人，表明了自己的优越感。

爱因斯坦对中国与中国人的看法

在此远东之旅以前，爱因斯坦对印度人的看法如何，我们缺乏资料，但是在此行之前，他确实有几次提到过中国人。有趣的是，爱因斯坦在一月有余的时间内两次提到他对中国人的看法，其中一个非常正面，然而另一个则很负面。1919年3月，爱因斯坦开始关注犹太民族主义与在巴勒斯坦的犹太复国事业，并开始发表一些看法。在其中的一次发言中他写道："最使我感到愉快的是犹太人国家在巴勒斯坦的出现。在我看来，我的同胞们要比那些令人发指的欧洲人更有同情心（或者至少不那么野蛮）。或许在这世界只留下中国人时，情况才会变好。他们用'强盗'这个集体名词来称谓欧洲人。"[79]

但是在4月他致信苏黎世的朋友埃米尔·齐歇尔（Emil Zürcher），说到俄国正在被"强盗团伙的头目"劫持。在爱因斯坦看来，"这些团伙大多是从中国人中招募而来的。对我们来说，前景也不错！"[80]这可

以被解释为担忧中国人可能会接管欧洲。^①

我们找到了爱因斯坦在1919年年底写下的透露出他内心对中国人的看法的又一言论:"我的朋友[米歇尔]贝索马上要回专利局工作。这个可怜的人把自己与动物分得太开——只有想法,没有意志,佛陀理念的化身。他或许更适合于东方。这是前天晚上我和几个优秀的中国人在一起时突然想到的,他们并不像我们一样痴迷目的性和实用性。这无论对于他们,还是对于中国长城(Chinese Wall)来说都太糟糕了!"⁸¹这一颇为矛盾的言论很有意思。一方面,爱因斯坦似乎对自己看到的佛教生活方式的积极影响持赞赏态度;另一方面,他似乎觉得这样的生活方式对西方来说并无意义,并且暗示中国人缺少对目的性和实用性的关注将会最终导致其文明灭亡。

在黎凡特与"东方人"(Orientals)首次相遇的几周后,爱因斯坦到达了新加坡,在这里他见识到了一类完全不同的"东方人"(Easterner)。

虽然在新加坡逗留期间,他主要是想通过与当地犹太社区领导人 ²¹ 玛纳西·迈耶(Mannaseh Meyer)接触来为希伯来大学筹集资金,但是爱因斯坦确实也评论了当地居住的中国人。在迈耶为欢迎爱因斯坦而举行的两场活动之间,爱因斯坦写道:"然后我们穿过唐人街(熙熙攘攘,时间不够看,只能嗅)。"⁸²爱因斯坦的感官再次受到当地人的冲击。第二天,他谈及自己对中国人的总体印象。在他看来,他们"能通过勤奋、节俭和子孙众多排挤其他所有民族。新加坡几乎完全被他们掌握。他们作为商人颇受敬重,远胜于被认为靠不住的日本人"。⁸³与他在1919年4月所担心的差不多的是,爱因斯坦最担忧中国人出生率奇高的后果。另外,"几乎完全被他们掌握"这一说法也显示出他认

---

① 这里的英文可以有好几种不同理解。作者的理解只是一种。

为有被中国人支配的危险。

　　一个星期后爱因斯坦抵达香港，他又一次见到了当地中国居民。他的言论包括了从对中国人的困苦的同情，到一定程度上对中国人的非人性化的评价。爱因斯坦起初对"那些每天为了5分钱，必须敲打搬运石头的饱受折磨的男人和女人"表现出同情。就这样，"中国人就因为他们的生殖力，被无情的经济机器残酷惩罚"。在他看来，"他们在无力和迟钝中难以意识到这一点，但是看到这些让人难过"。因此，尽管爱因斯坦有着对一只被虐待的宠物的类似的同情心，但是他似乎认为中国人缺乏完整的人性。这一点在之后他参观中国内陆地区后的评论中展现得更为露骨："勤奋，肮脏，愚钝的人民。房子看上去千篇一律，蜂房一样的阳台，所有东西都挤靠在一起，单调无趣。码头后面是一个接一个的小餐馆。在餐馆前面用餐的中国人并不是坐在长椅上，而是蹲着吃，像欧洲人在树林中大小便一样。所有这一切都悄然地进行着。甚至小孩看上去也无精打采，麻木迟钝。"于是爱因斯坦从这样的景象里得出了他带有种族色彩的（如果不是种族主义的）结论："如果这些中国人取代了其他所有种族的人，那将是一件很遗憾的事。对于我们这类人来说，仅仅是这样的想法，就觉得特别沮丧。"[84] 很明显爱因斯坦在一定程度上相信了西方人设想的"黄祸"威胁。最有意思的是，爱因斯坦在三年多之前的1919年4月曾得出相似的结论，而就在那次的一个月之前，他的结论还是截然相反的，即希望"令人发指的欧洲人"消失，只留下中国人。

　　在香港停留期间，爱因斯坦记下了自然景色的美丽（physical beauty），觉得这与当地中国人的简陋住所形成鲜明的对比。登上香港岛最高的太平山顶后，他记下了看到的"宏伟景色"。他也提及了欧洲人与中国人在乘坐登山缆车时是要分开坐的，不过并未对这种歧视现

21

象发表意见。

在日记另外一段落里，爱因斯坦引述了他遇到的葡萄牙教师们所说的话：他们坚称"中国人无法接受合乎逻辑思维的训练，他们尤其缺乏数学天分"。他并未以任何方式对此表示怀疑。此外，爱因斯坦的仇外心理还附带严重的极端厌女情绪："我注意到了男人与女人之间的差别很小；我不明白，中国女人究竟有什么样的致命魅力，能让她们的男人如此着迷，以至于他们无法抵御后代的巨大祝福。"[85]

数天之后爱因斯坦抵达上海，再次接触当地居民。他的评论依然带有尖刻、非人性化的语气：在看到一场中式葬礼后，他认为这种葬礼"对我们来说是未开化的"，"街道狭窄"的中国人居住区"挤满了行人"，"空气中永远弥漫着各种各样的臭味"。他继续说道："即便是那些沦落到像马一样工作的人也没有给人留下痛苦的印象。一群没有主见的奇特民众［……］很多时候，与其说像人，不如说更像机器人。"但是爱因斯坦找到了一处避难所可以躲开这一切：当中式菜肴不合自己胃口时，他在一对德国学者夫妇处找到了"安全港（字面的意义也契合）"。在到访乡下一座村庄时，他对当地居民做出了更加非人性化的假设："我们仔细参观了佛寺。附近的人似乎对它的美无动于衷。"[86]由于爱因斯坦不可能知道村民的想法，所以显然这只是他个人的一种推测（projection）。

爱因斯坦在返程中再次到访了上海，在这里他重申了大多数已经提及的所谓的民族特征。但是也强调"所有人都赞扬中国人，但也一致认为他们在涉及商业技巧时智力低劣"。[87]

爱因斯坦对中国人的看法明显地充满了矛盾：他既同情他们所处的悲惨境地，又在一系列非常令人不安的言论中将其非人化。他似乎真的担忧中国人可能会取代世界上其他所有民族。

关于西方人对中国与中国人的看法的研究，向我们揭示出爱因斯坦所持的印象与刻板的模式与自19世纪50年代开始在西方世界流行的关于中国的负面形象高度一致：中国人被许多西方人视为邪恶、野蛮、残暴与蒙昧的化身，具有肮脏、恶臭、贫困、邋遢、迷信等特征。[88]就像爱因斯坦所描述的，西方人的看法注意到了中国的绝美景色与肮脏的城市和乡村之间的鲜明对比。[89]但有趣的是，在第一次世界大战后（在爱因斯坦遇见中国人之前不久），西方世界出现了对中国人更为积极的印象。世界大战的残暴，使得一些知识分子更乐意接受东方理念。[90]

流产的中国之旅

如前文所述，爱因斯坦曾有意访问北京两周，在那里举办系列讲座。但是在他从欧洲启程之前，中国的政治动荡已经影响了爱因斯坦完成原计划的决心。不过他仍然希望有可能在中国待上两至三周，在北京或一些沿海城市做演讲。[91]然而在访问日本期间，爱因斯坦计划的中国讲学之旅因严重的沟通问题而搁浅。[92]1922年12月初，爱因斯坦在日本访问期间，时任北京大学校长的蔡元培致信爱因斯坦，询问预计到达中国的日期，并热情地表示"整个中国正准备张开双臂欢迎您"。[93]两星期之后，爱因斯坦回复道，"虽然我本人非常愿意，并且之前还有正式约定"，但是如今接受这份邀请已经太迟了。他声称自己白白等了五周，也没有收到来自北京方面的消息，因而断定北京方面不再想让他前往中国。在信中，爱因斯坦表达了他的希望，即这一"令人遗憾的误解"能在未来得到补偿。[94]

爱因斯坦对日本与日本人的看法

与在远东之旅之前与中国人只有寥寥几次接触不同，爱因斯坦在出发之际已与来自日本的学者建立了一些重要的联系。据人们所知，他最早接触日本人是在1909年3月的伯尔尼，对方是物理学学生桑木或雄（Ayao Kuwaki）。[95]第二年，他对日本物理学家石原纯撰写的一篇涉及有质动力的相对论文章表示赞赏，并说道，"这是［……］到目前为止关于这一课题唯一一篇有点意思的文章"。[96]十年后，爱因斯坦对桑木或雄（已成为物理学教授）翻译自己关于相对论的通俗书籍感到"非常高兴"："我还清楚地记得您访问柏林的情形，特别是因为您是我认识的第一位日本人，实际上是第一位东亚人。那时，您渊博的理论知识令我感到惊异。"（第十卷，文件246）[97]在后来准备起程前往远东的时间里，爱因斯坦与日本人的通信几乎都与前文所述来自改造社的访问日本的邀请有关。但是读者肯定会回想起在协商过程中的一个阶段，当爱因斯坦不满于邀请函中列出的资金条款时，他称日本人是"真正的骗子"。（第十二卷，文件292）[98]之后不久，他向爱尔莎抱怨，"现在看来我会在柏林待很长时间，因为那些该死的日本人把我好好的计划搅得一团糟"。（第十二卷，文件303）[99]然而如前文所述，关于旅行酬金的难题最终得到解决。

让我们看一下在这次访问之前爱因斯坦头脑中形成的关于日本的概念。如前所述，对于东方的渴望是爱因斯坦接受访日邀请的动机之一。正如研究西方世界对日本的看法的历史学家指出的那样，这种"来自东方的诱惑"正是前往日本旅行的重要推动因素。[100]1900年在法国巴黎举行的世界博览会促进了日式风格在西方的流行，吸引更多的西方人考虑前往日本。这种对日本艺术与风俗的狂热喜爱被称为"日本主义"（Japonism）。[101]但是爱因斯坦对日本的兴趣还有其他更为富于异国情调（和奇想）的来源。在旅行期间的一次采访中，爱因斯坦提及在访问日本前，出生于希腊的爱尔兰裔作家与记者小泉八云（Lafcadio Hearn，于1896年入籍日本）的作品对他有关日本的看法产生的影响。由于受小泉八云笔下的"小人国"（"Lilliputian land"）①的影响，爱因斯坦说自己在访问日本以前，认为日本是一个"童话故事中的有着小房子和矮人的国度"。¹⁰²

插图3　爱因斯坦与爱尔莎在东京商科大学，1922年11月28日（承蒙东京一桥大学惠允）。

---

①　利力浦特（Lilliput）是英国作家乔纳森·斯威夫特（Jonathan Swift，1667—1745）1726年的小说《格列佛游记》（Gulliver's Travels）中的一个岛屿，上面居住着很小的人，他们的身高只有普通人的十二分之一。lilliputian似乎是可以用作形容东西小，小泉八云在《陌生日本之一瞥》（Glimpses of unfamiliar Japan）里描写日本时用到过这个词，并用elfish、tiny，small，little和miniature等很多措辞来形容日本的人或物很小。

抵达日本三星期后，爱因斯坦在关于日本的印象的文章中也指出自己对日本整体上怀有神秘感："人们看到许多日本人在我们那里孤独地生活，勤奋地学习，友好地微笑。没人能了解藏在这种谨慎的微笑背后的情感。"在这篇文章中，爱因斯坦承认"我对日本的所有了解，无法组成一个（这个国度的）清晰的画面"。[103]

爱因斯坦于1922年末到访的日本，正经历着剧烈的政治、社会与文化变革。开始于1912年的大正时代，是一个"国际主义、世界主义、世俗主义与民主化似乎正在替代之前主要着重于民族塑造的明治时代狭隘的主张"的历史时期。[104]第一次世界大战结束后的数年见证了日本的工业化与现代化。欧洲与美国正开始对日本文化施加影响。一批倾向西方的知识分子正在成长。受基督教、自由主义以及激进理念的影响，妇女参政、劳工以及学生运动也开始兴起。外国科学家受邀访日，首批科学期刊也出现了。[105]虽然在大正时代见证了自由主义精神的兴起，但是也潜伏着政治恐怖的暗流：在爱因斯坦访日的前一年，日本首相原敬（Hara Kei）被刺杀。社会福利项目也开始实行。民主精神是一种"帝国民主制"：帝国的外交政策受到主流政党的支持——政党之间的差别并不在于支持或者反对帝国主义，而是"缓进派"还是"激进派"的帝国主义。[106]

在轮船上遇到日本人以及到达日本后，爱因斯坦对日本与日本人的看法分别是怎样的呢？他与日本人的相遇又如何改变了他的观点呢？[107]

与对中国人的苛刻观点形成令人惊讶的对比，爱因斯坦对日本人的看法非常正面。在海上航行的第一天，他对日本人的第一印象是这样的："他（日本人）不找麻烦［……］愉快地履行了属于他自己的社会职能；对自己的群体和民族感到自豪［……］虽然谨言慎行，但待人也并不完全生疏见外；因为作为一个非常社会化的人，他个人似乎没有什么需要隐瞒掩饰的东西".[108]虽然这是正面的描述，但是爱因斯坦似乎认为日本人缺乏完整的人性 —— 他明确认为日本人的个性没有得到充分的发展。他对日本女性的第一印象几乎是漫画式的：他描述她们"和孩子们[在甲板上]缓慢走着。她们穿着华丽，满脸茫然，像从一个模子里刻出来的。黑眼睛、黑头发、大脑袋、碎步急行".[109]在船上度过三个星期后，爱因斯坦似乎并未深入理解与他同行的日本乘客的谜一般的本性："日本人相当虔诚。奇怪的家伙[们]，他们的国家同时也是他们的宗教".[110]他对日本音乐的初次领略也加深了他的疏远感：他觉得日本人的音乐"很有异国情调"，他们的歌唱使得他"头晕目眩".[111]

在抵达日本后，爱因斯坦立即喜欢上这个国家的景色。他游览的第一座城市是"街道明亮得不可思议"的京都。这一印象与他对刚访问过的中国城市的强烈鄙夷之情形成鲜明的对比。他也被"奇妙的古代日式建筑"深深吸引。学童"最讨人爱"，学校可谓"美丽"，景色"壮丽"。并且小泉八云写的故事里的"小房子与矮人"真实存在！他马上记下了"精致的小房子"与"咔嗒咔嗒的，在街上小步疾走"的"优雅的小个头的人们"。爱因斯坦很珍视在日本遇到的整洁、秩序与安静的行为举止。他认为"日本人朴实正派，总体来说相当讨人喜欢"，因此爱因斯坦依据自己所见定义了日本的民族特征。[112]

在与山本实彦、改造社的职员稻垣守克以及漫画家冈本一平（Ippei Okamoto）一起前往日光市旅行时，爱因斯坦似乎与他们建立了密切的关系，并开始把他们视为真正的个人。当他不得不应付神户的德意志协会时，爱因斯坦承认"至少在日本，我宁愿与日本人打交道"。[113]之后的日本东道主们似乎更加让他着迷。

尽管对日本怀有赞赏之情，但是在一场关于"日本在接触欧洲之

27

前的世界观"的谈话之后，爱因斯坦也对所谓的日本人缺乏对科学的好奇心感到疑惑不解。他的结论意味深长："看来这个民族对知识的需求比不上对艺术的需求，[难道这是]天性使然？"[114]通过自问这种相较于西方人的所谓智力劣势是否属于内在遗传这一问题，爱因斯坦流露出自己认为不同民族之间存在智能差异的观点。²⁹

在身处日本三个星期之后，爱因斯坦最后使用"舒适"（gemütlich）一词来形容他与日本东道主们的聚会。[115]在那之前，"舒适"一词只被他用来描述他与欧洲伙伴（最主要是德国人）之间的关系。看上去，到这时爱因斯坦感受到日本人的人情味远超初遇之时，那时他只是以漫画的方式描述对方。几天后，他对日本人"丝毫不带任何讥讽或怀疑"的态度表达出了衷心的欣赏。接下来，他发表了近乎于对日本与她的人民的爱的宣言："有着其他地方的人都不具有的纯洁灵魂。人们不得不热爱和尊敬这个国家。"[116]一星期后，他在致两个儿子的信中写道："相较于我迄今所认识的所有其他人，日本人更吸引我[……]：安静、谦虚、聪明，懂艺术而又体贴，没有什么是为了表象，一切都为了实质。"[117]

在他所写的关于日本印象的文章里，爱因斯坦指出了他所看到的西方人与日本人之间最主要的差异。他强调自己觉得日本人的家庭凝聚力更牢固的观点，并声称不表达自己的感受这一传统使得日本人能够比邻而居，甚至那些"在情感上不和谐的人"之间也能做到。他不赞同这会导致一种"内在的贫乏"的观点。他觉得尽管自己不能深入观察日本人的心灵，但是可以通过艺术深入了解他们的灵魂："在这方面，我几乎是在不停地惊叹和钦佩。大自然和人似乎统一起来，产生了一种不同于任何其他地方的独特风格。所有真正起源于这个国家的东西，都是精致而愉悦的，不是抽象的形而上学，而是始终紧密联系着大自然既有的东西"。[118] 在很大程度上，爱因斯坦的这些评论与历史学家指出的同时代的西方人对日本的看法是一致的。相应的，西方人眼中的日本艺术的核心特征是"朴素、实用、简约"。人们认为日本人的特点是他们"对自然的热爱"以及"与自然和谐"共存。日本的园林被看作是"和谐概念和日本人独特的与自然世界的密切联系"的典型表达形式。[119] 有趣的是，这些看法忽视了"许多著名的园林是在战争与社会动荡时期建造的"这一事实。[120] 此外，实际上日本人与自然的关系是矛盾的。[121]

爱因斯坦与日本女性的相遇感受呈现截然相反的两个极端。在一次有"一些艺妓"参加的宴席中，他认为"非常年轻"的艺妓的舞蹈与年长艺妓的"非常有表现力和性感的面部""令人难忘"。爱因斯坦提到在他与爱尔莎"被礼貌地送走"后，宴席会进入"更放松的第二部分"，暗示将会有豪饮和带有更多调情的内容。这一点通过他随后与稻垣守克就"艺妓和道德等"话题的讨论中的言论得到进一步确证。[122] 从爱因斯坦的措辞来看，人们并不清楚他是否坚持西方人普遍持有的视艺妓为娼妓的误解。

他对女性看法的另一极端则是对有身份的日本妇女的理想化。在访问结束时，爱因斯坦将她们看作"像花儿一样的生命"，[123] 由此显示出他起初对她们的漫画般夸张的看法并未有超越外在表象上的重大进步。在他致山本实彦的妻子山本美的告别信中，爱因斯坦展现出一个高度理想化的日本妇女与日本家庭的形象："您将永远代表日本女性的理想典范。安静，欢快，[……]您是家庭的灵魂，您的家庭似乎是一个珠宝箱，您可爱的孩子们像珠宝一样放在里面。在您身上，我真正地看到了你们人民的灵魂以及他们对高雅和美丽的古代文化的崇敬。"[124] 由此看出，爱因斯坦一方面将可敬的日本女性看作是装饰品，另一方面又将她们视为日本民族灵魂的化身。这只能解释为他想表达的意思是日本文化与社会的装饰性本质就是其精髓所在。在某种程度上，爱因斯坦对日本女性两极化的印象符合西方人对东方女性对立的刻板印象：优雅、装饰性的蝴蝶夫人和被看作东方的祸水红颜的龙夫人。[125]

插图4　爱因斯坦与爱尔莎参加一场有艺妓陪同的清酒酒会，东京，时间可能为1922年11月25日（承蒙纽约利奥·贝克学会惠允）。

爱因斯坦对日本艺术甚为钦佩，并视其为"日本精神"的体现。[126]他觉得日本戏剧"在某种程度上非常具有异国情调"。[127]尽管爱因斯坦承认自己为日本音乐所着迷，最后还是对其持批评态度，否认它是"一种主流的高等艺术形式"。他认为日本的绘画与木雕是日本艺术的最高表现形式。他最为欣赏日本艺术家的一点是，"他永远都以明晰和简洁的线条为最高原则。强调将画视为一个整体"。[128]

爱因斯坦对日本接受西方文化的态度是矛盾的。他认可"日本人羡慕西方的智力成就，怀着伟大的理想主义，成功地深入科学之中"。但是他也警告日本人"不要忘了完美地保持自己所拥有的、优于西方人的伟大特征：对生活的艺术塑造，对个人需求的谦卑和质朴，以及日本精神的纯净和安宁"。[129]在这一方面，爱因斯坦所表达的观点与其他访问日本的西方人的观点相似。访问日本的历史学家指出，一些西方人不情愿看到日本被西方化或现代化，"因为这会削弱'异国情调的'目的地的'他者存在'（'otherness'）"。[130]

我们可以看到，在为期六个星期的日本之行中，爱因斯坦对日本的看法经历了剧烈的变化。在登上邮轮之后，他所发现的日本的真实面貌便殊异于旅行之前他头脑中的日本形象，在抵达日本之后更是如此。在旅行期间，他对日本的观点也发生了明显的改变。随着日本之旅的进行，爱因斯坦对日本社会与文化的了解也更为深入，对东道主的看法似乎也更加人性化。和对中国人的观点一样，爱因斯坦的许多关于日本人的看法都符合当时西方人的观点：仰慕日本艺术与建筑，认为日本人与自然之间有着独特的密切关系，觉得日本人重视集体，个人归属于集体。但是西方也存在对日本人的负面的刻板印象：他们被认为具有排他性，会用不公平的手段竞争，两面派以及富于侵略性。[131]正如我们所看到的，爱因斯坦的态度也是矛盾的：既欣赏日本人，又对他们表现出优越感，尤其是他认为日本人的智力能力逊于西方人。

旅行在德国国内产生的反响

1922年12月20日，爱因斯坦在广岛湾附近的庙宇与群山游览漫步，突然间收到德国驻日大使威廉·佐尔夫（Wilhelm Solf）的一封从东京发来的电报。突然之间，爱因斯坦的日本之旅在德国引发了政治争议。佐尔夫通知德国外交部说，《日本广告报》（*Japan Advertiser*）在12月15日发表了一篇报道，声称记者与评论家马克西米利安·哈登（Maximilian Harden）在柏林进行的对图谋刺杀他的人的审讯中作证说，"爱因斯坦教授前往日本是因为觉得自己在德国不安全"。[132]佐尔夫担心这篇报道可能会对"爱因斯坦这次访问就德国而言所带来的十分有利的效果"造成不利影响，请求爱因斯坦通过电报授权自己否认这项指控。[133]在回应中，爱因斯坦承认在拉特瑙遇刺后，他的生命就一直受到威胁。虽然一种"对远东的向往"对他接受来自日本的邀请起了重大的作用，但"需要暂时远离我们祖国的紧张氛围"也是一个因素。[134]

爱因斯坦对巴勒斯坦的看法

爱因斯坦于1923年2月2日到达巴勒斯坦，这时的巴勒斯坦正经历来自不同方面的变革。位于巴勒斯坦的英国托管政府仅在爱因斯坦到访的两年半之前才建立：赫伯特·塞缪尔爵士（Sir Herbert Samuel）在1920年7月开始履职高级专员。在第一次世界大战后，犹太人的移民活动呈现增长态势——这个"第三次阿利亚"（Third Aliyah，"阿利亚"即移民潮之意）的移民大多来自东欧。在爱因斯坦来访之时，巴勒斯坦总人口数（主要为阿拉伯人）约为60万，其中犹太人为8.6万。在这一时期，政治局势高度紧张：1921年5月，雅法发生了阿拉伯居民攻击犹太居民的事件，托管当局平息了这场暴乱，前后共导致47名犹太人和48名阿拉伯人死亡。1922年6月发布的《丘吉尔白皮书》（*The Churchill White Paper*）重申了《贝尔福宣言》（*The Balfour Declaration*）的内容，但也向阿拉伯人保证会限制犹太移民人数。"第三次阿利亚"也显著增加了巴勒斯坦的农业定居点数量。此外，巴勒斯坦的工业化与电气化也已奠定了基础。在三座大型城市中，现代城市模式开始成型。自治团体伊休夫（*Yishuv*）的建立也取得了显著成就。因第一次世界大战的影响，爱因斯坦到访之时的巴勒斯坦的经济状况很糟糕。犹太经济界不能为所有犹太人以及新来的移民提供工作岗位。[135]

到过中东的历史学家们提出了这样一个问题：前来巴勒斯坦的到访者们究竟是"早已为他们原本所在的社会的价值理念所影响"，还是"不加批评地接受了当地的习惯与风俗"。[136]同样，研究德国犹太人前往巴勒斯坦的历史学家强调，需要在"双重背景"看待旅行记录："操德语的犹太人的社会与文化处境以及在巴勒斯坦的犹太人口的状况"。另外，旅行者们来到这个国家时已经有了事先形成的理想目标，他们经历的真实情况会强化这种理想目标，或是与其抵触，又或者，他们会不顾真实情况，并"将他们的理想价值理念投射到巴勒斯坦人民身上"。[137]

人们也会将犹太复国主义者的巴勒斯坦之旅置于更为广泛的环境中进行审视，这一环境即关于东方主义和对"东方"的多重性（经常彼此矛盾）感知的文化争论。因为巴勒斯坦位于东方，而来此定居的人中东欧移民占大多数，犹太复国主义者们不得不努力克服欧洲人将东方与东欧看作"西方或欧洲文明的理念的两个对立面"的观念。对一些相信欧洲人的"文化使命"的犹太复国主义者而言，东方是一片"落后"的区域，"必须植入西方文明"。在其他人看来，犹太复国主义

33

和东方的接触，与欧洲殖民强国和被殖民者的关系在根本上是不同的。[138]

鉴于研究中东之旅的历史学家们提出的深入见解，我们可以提出下列问题：爱因斯坦头脑中的意识形态价值与观点，是如何影响他看待在巴勒斯坦见到的现实，他的访问是否又以某种方式影响了这些价值与观点？对爱因斯坦而言，这个国家的意义是什么？他是通过什么视角来看待这个国家的？他是否把巴勒斯坦看作是必须植入欧洲文化的落后地区，或者他是否赞同另一些犹太复国主义者的观点，即认为他们的努力在本质上与欧洲殖民主义者的努力有着根本的不同？

爱因斯坦旅行日记中关于巴勒斯坦的最初内容，就直接揭示了他踏上这片对他的中欧人视角而言甚为陌生的土地后所产生的感受。在初次到达这个国家时，他看到"植被非常稀少的平原[……]橄榄树、仙人掌和橙子树"。[139]在耶路撒冷老城内散步时，他最为生动的印象是这座城市的美丽与脏乱。对于在犹太复国主义者移民巴勒斯坦之前就已经存在的传统而虔诚的旧有犹太人社区伊休夫，爱因斯坦的看法显然是消极的："然后到了圣殿护墙（哭墙），愚钝的同族兄弟在那里大声祷告，脸对着墙，以摇摆的方式来回弯曲身体。只有过去却没有现在的人们，令人可悲。"[140]爱因斯坦对极端正统犹太人的负面看法可能受影响于他在童年时对未同化犹太人的看法，也有可能受影响于犹太复国主义者对旧伊休夫的看法。[141]

与他对旧伊休夫的负面看法形成鲜明对照的是，爱因斯坦对巴勒 [36] 斯坦的现代犹太人社区，即新伊休夫的看法则是非常积极正面的。他赞赏新伊休夫所具有的充满活力的开创精神及其城市化发展，其最为显著的表现就是首个全犹太人的城市——特拉维夫的快速扩张。

爱因斯坦表面上对新伊休夫表现出极端热忱的一个原因，可能是他的犹太复国主义东道主们没有让爱因斯坦见到社区的内部矛盾。虽然他参观了私人农场、合作农场以及集体制农庄，但是他似乎不了解当时乡村农场（*moshavot*，莫夏夫）的私人农场主与基布兹（*kibbutzim*）的拓荒者（*halutzim*，哈鲁兹）之间关于"希伯来劳工"问题的冲突。这一问题牵涉到私人农场雇用阿拉伯劳动者的行为，基布兹希望这些农场只雇用犹太劳动者。[142]

与伊休夫内部纷争被压制截然相反的是，爱因斯坦清楚地知道巴勒斯坦的犹太人与阿拉伯人之间持续升温的民族冲突。爱因斯坦到达巴勒斯坦的时间，距离阿拉伯城镇雅法（Jaffa）发生暴乱之时不到两年。但是在其所有的叙述中，局势的潜在爆发性都被轻描淡写。爱因斯坦对巴勒斯坦的阿拉伯居民的第一印象，显示出他对后者的看法具有理想主义（也有些许优越感）的成分："这种凛冽宏伟的大自然，以及衣衫褴褛、黝黑而优雅的阿拉伯之子，有着超凡的魅力。"[143]

在旅行期间，爱因斯坦仅有少数几次接触到了阿拉伯社区的代表。他只与温和派代表进行了会面：耶路撒冷市长拉格卜·纳沙西比（Raghib Al Nashashibi），几位加利利的名流，以及阿拉伯作家阿西斯·多梅特（Asis Domet），他在当地的阿拉伯人中是一位边缘人物。对于这一地区的民族紧张态势，爱因斯坦似乎对阿拉伯人与犹太人双方各打五十大板："最为困难之处来自于知识分子——而且并不单单来自于阿拉伯知识分子。"[144]

37　　　但是爱因斯坦在海法逗留时，可能也说了一些关于阿拉伯人的并非积极的话。根据德国犹太复国主义者赫尔曼·施特鲁克（Hermann Struck）的记载，爱因斯坦说道："如果这里没有犹太人，只有阿拉伯人，那么这个国家就不需要出口[生产]，因为阿拉伯人没有什么需求，只以自己种植的作物为生。"如果爱因斯坦确实说过这句话，这一让人不安的言论就表现出了他认为当地阿拉伯居民"没有需求"的刻板观点，而这一观点可能受到犹太复国主义者对阿拉伯民众的主流印象的影响。[145] 我们已经知道爱因斯坦赞同科伦坡的土著居民也几乎没有需求这一殖民主义观点。根据施特鲁克的记录，爱因斯坦曾说他相信巴勒斯坦的未来"将会属于我们"（即属于犹太人的）。[146] 当爱因斯坦在巴勒斯坦北部旅行时，他对"向考古学家出售土地时漫天要价"的阿拉伯地主表达了厌恶情绪。[147] 从这一点来看，爱因斯坦似乎深受旅行中被灌输给他的犹太复国主义叙事的影响。

然而爱因斯坦对巴勒斯坦的阿拉伯人与犹太人的冲突做出最令人不安的评论，则是在回到德国之后。他声称相较于农业定居者们所面临的两个"祸害"——债务与疟疾，"阿拉伯问题变得无关紧要了"。[148] 爱因斯坦含蓄地将社区之间冲突的当事双方中的一方说成是"祸害"，显示出他的民族宽容的限度。

爱因斯坦的日记揭示出他深为巴勒斯坦的风景与宏伟建筑着迷。但是在后来的叙述中，他表明自己与巴勒斯坦人民的相遇才是最让他激动的。[149] 他尤为欣赏其中的两个群体：年轻的犹太农业定居者和从事城市建设的犹太工人。这既是由于他对劳工犹太复国主义目标的支持，也是因为他希望犹太人能够对社会与经济作出比以往更大贡献 [38] 因为对年轻的东欧犹太人怀有特别的钟爱，由年轻的俄国犹太拓荒者担负公社的农业，这件事让爱因斯坦兴奋不已。[150]

至于巴勒斯坦对爱因斯坦的意义，很明显在爱因斯坦看来，这个国家给流散的犹太人带来预期的积极心理影响，其重要性超过巴勒斯坦的移民、定居安置与经济前景。他认为"巴勒斯坦不能解决犹太人问题，但是巴勒斯坦的复兴将会意味着犹太民族灵魂的解放与复苏"。他相信它会"成为一个道德中心，但是不能吸纳很大一部分犹太人"。[151]

在这次旅行之前，爱因斯坦认为这片土地意义非常，而经过实际访问，这一点也没有发生改变。有趣的是，一回到柏林，爱因斯坦便不再谈及他起初的重访巴勒斯坦并做稍长驻留的计划。

与在他之前来访的旅行者相似，按照自己的观念看到的现实强化了爱因斯坦对犹太复国主义定居点事业的观点与看法。同时，当地犹太人社区所取得的成就给他留下了深刻的印象，爱因斯坦因而进一步确信了这些犹太定居者的奋斗努力非常值得他继续投入大量时间与精力支持。尤其是他对（主要是）来自俄国的定居者的积极观点得到证实，加深了他原本对来自东欧的年轻犹太人抱有的同情。

然而在关于巴勒斯坦之旅的编史学语境中，爱因斯坦对巴勒斯坦的观念应该如何归类？针对圣地（the Holy Land）的来访者所持的多种观点，以色列历史学家约书亚·本－阿里耶（Yeshoshua Ben-Arieh）提出了一种类型学。[152]爱因斯坦的观点可被归为其中的三种类别。他在一定程度上视巴勒斯坦为"《圣经》与圣殿之地"。但是这方面显然对爱因斯坦而言并非十分重要。很大程度上，他把这个国家看作是一片"带有异国情调的东方国度"—— 当他置身于耶路撒冷老城之中以及对沙漠的景色和那里的居民做出反应时尤为如此。然而最为重要的是他将巴勒斯坦视为"孕育新的开始的土地"。[153]他相信特拉维夫的现代化城市发展具有积极影响，也相信农业定居点事业能够培养出"正直的人"，[154]因而加深了对这些"新犹太人"的同情。

对于巴勒斯坦地处黎凡特地区之内，爱因斯坦又是如何看待的呢？我们可以得到如下结论。他虽然认为耶路撒冷老城"带着东方式的异国风情"，[155]但是他似乎认为新伊休夫（没有直白地这么说）是典型的欧洲风格。实际上爱因斯坦所赞赏的伊休夫的所有方面都是源自欧洲，仅举几例：耶路撒冷的花园式城郊、比萨列（Bezalel）艺术学校的仿东方风格的艺术品、莫夏夫与基布兹中"意气相投"的俄国人、赫茨利亚（Herzliya）中学的学生们进行的体操训练，以及位于特拉维夫和海法的现代设施与工厂。此外，至于爱因斯坦是否认为巴勒斯坦需要引入欧洲文化或融入黎凡特环境的问题，他明确主张这个国家应该欧洲化。另外，很显然爱因斯坦在处理新的视觉信息时联想到的是欧洲的事物——他将在当地见到的宏伟建筑与类似的欧洲建筑进行对比。他明确相信犹太复国主义者事业将会非常有益于这一地区的各族人民。我们甚至可以把他的这次访问中的焦点，即在位于斯科普斯山（Mt. Scopus）上的耶路撒冷希伯来大学未来的校址上发表演讲视为其最为明显的观点的表现。锡安（Zion）又一次成为西方知识的发源点。

爱因斯坦对西班牙与西班牙人的看法　　40

　　不同于旅途中到访的其他主要国家，爱因斯坦没有在为期三个星期的西班牙之行前说过任何可以揭示他对西班牙与西班牙人的看法的话。但是，我们确实有一个来自他的一位家庭成员的间接证据。1920年，爱因斯坦邀请他的继女伊尔莎在计划的西班牙之旅中担任陪同。作为回应，伊尔莎写道，自己"为了准备我们的旅行，一直在唱'美丽的西班牙在遥远的南方'"。（《爱因斯坦全集》第十卷，文件173）[156]因此，我们似乎可以推测爱因斯坦在一定程度上把西班牙看作一个有异国情调的远方国度。

　　抵达西班牙时，爱因斯坦人在旅途已有四个多月。无怪乎他的日记中关于西班牙这一段的内容很少。[157]所以关于他对西班牙与其人民的真实看法，我们可以研究的内容并不多。[158]在巴塞罗那停留的开始，他提到"那里的人们很可爱"。在马德里，爱因斯坦对他所遇见的一些个人做出了评论。他认为诺贝尔奖得主拉蒙－卡哈尔（Ramón y Cajal）为"了不起的老思想家"。[159]他形容国王阿方索十三世（King Alfonso XIII）"朴素而威严，我欣赏他的举止"。对于王太后，他写道："后者展示了她的科学水准。人们注意到，没人把自己的想法告诉她。"[160]爱因斯坦在日记中没有将西班牙人作为一个整体进行任何描述。唯一能向我们提示他对西班牙人的看法的只言片语来自他接受荣誉博士学位的记录："典型的西班牙式的讲话，激情四射"。[161]因此，伊尔莎在为她后来并没有参与的旅行做准备时唱的歌的歌名，实际上表明爱因斯坦觉得西班牙人带有异国情调。

爱因斯坦同样很少评论他在西班牙之旅中参与的休闲活动。很明显他从西班牙方面提供的文化活动与日间旅行中获得了乐趣。在巴塞罗那，他记载道："民歌、舞蹈、餐厅。这一切多美好啊！"[162]埃尔·格里科（El Greco）的一幅画"是我所见过的最深奥的画之一"。他关于短途旅行的记载很简要，却显示出真挚的热情："我生命中最美好的日子之一。灿烂的天空。童话一样的托莱多。"在游览埃斯科里亚尔修道院（El Escorial）之后，他写道："美妙的一天。"[163]

旅行对爱因斯坦关于欧洲人的看法产生的影响

爱因斯坦与东方居民的相遇是如何影响他对自己的参照群体——欧洲人——的看法的？我们已经知道在1919年早期，即第一次世界大战结束几个月后，爱因斯坦表示对"那些令人发指的欧洲人"感到厌恶。[164]然而他对旅途中遇到的欧洲人的看法在极为积极与断然消极的两个极端之间摇摆。我已经提到过爱因斯坦将"舒适"一词几乎只用于形容自己的欧洲朋友和熟人的情形。对他而言，自己的朋友斐司德夫妇（Pfisters）在上海的家是一个"安全港"，让他能够逃避使他这个西方人的感官和肠胃感到极度不适应的中国事物。[165]然而就在他刚刚结束为期不短的日本之旅后，他认为在上海的欧洲人"是懒惰的，自负而空虚"。[166]但是爱因斯坦蔑视欧洲人最为强烈的措辞，是在他对科伦坡僧伽罗人居住区最为贫困的居民所拥有的斯多葛式生活态度发出赞赏后："人们一旦正确看待这些人，就不再会欣赏欧洲人，因为后者更放纵更残忍，更粗鲁并且更贪婪——而不幸的是，这却给他们带来实用上的优势，能够着手于大事并将之付诸实践。"[167]总之，爱因斯坦对欧洲人的看法明显是矛盾的。在日记中他对欧洲人既欣赏又排斥。

爱因斯坦与殖民主义

　　爱因斯坦对中东与远东的访问正值帝国主义时期。但是关于爱因斯坦的研究并没有提及他对德国近期的殖民历史的看法。他青年与成年早期的大部分时间里，即1884年至1919年，德国是一个殖民国家。[168]而且德国人的殖民意识形态不同于法国人和英国人，因为"德国人对所谓被征服的他者有认同"。[169]

　　在访问香港期间，他清楚地表达了对殖民统治的立场："他们［即英国人］对治理的理解值得赞赏。警察由外来的身材魁梧的黑皮肤印度人担任，从来不让中国人干。英国人为后者设立了一所真正的大学，以拉拢那些发了财的中国人。这一点谁能比得上？可怜的欧洲大陆人，你们不知道如何通过宽容化解民族反抗运动的危险。"[170]这清晰地揭示了爱因斯坦热衷于他所认为的英国人实行的"开明殖民主义"和

"开化使命"。此处描述的拉拢当地精英的方法在殖民主义历史上广为人知。殖民国家培训当地精英服从自己的命令，镇压他们的同胞。[171] 在科伦坡，爱因斯坦同样对英国的殖民统治表示了赞赏："英国人的治理无可挑剔，没有不必要的欺骗。我没有听到任何人对他们有不满。"[172] 有趣且值得留意的是，在巴勒斯坦访问期间，爱因斯坦对英国托管当局对当地的统治没有表达出积极或消极的看法。但是他确实对其认为的英国高级专员的"高尚的人生观"表达了赞赏。[173]

研究殖民主义的历史学家对"投射"（"projection"）与"交易"（"transaction"）这两个重要词语进行了区分，来描述殖民者与被殖民者的关系。传统的研究更多地关注殖民者将其"欲望、预言或自我厌恶"投射到被殖民者这一行为。[174] 近期的研究侧重于欧洲人与原住民之间的交互式的关系，并偏好使用"交易"一词。后一种方式考虑到了殖民地对殖民者的自我认同产生影响的潜在可能。[175] 这一方法也指出殖民者与被殖民者双方之间存在的"接触区"（"Contact Zones"）。这些"接触区"是"作为迥然不同的文化之间经常以高度不对称的主从关系相遇、冲突、斗争的社会空间"。[176] 我们可以将爱因斯坦在科伦坡与那位人力车夫的相遇视为在这样一个接触区的重要相互作用。虽然他声称非常不情愿让自己享用人力车夫的服务，但是最后还是顺从了当时情势，这等于是配合了殖民主义的压迫，尽管是出于被动。

为了了解爱因斯坦支持"开明殖民主义"的背景，关键是要指出，并不是所有欧洲人都"在相同的程度上与殖民主义和帝国主义同流合污"。[177] 一些人完全不赞同殖民主义意识形态。例如，19世纪早期的德国探险家与地理学家亚历山大·冯·洪堡（Alexander von Humboldt）与他所访问及研究的土著人口之间的关系就被定义为"反殖民性质的"。更为重要的是，冯·洪堡承认即使土著人口被视为与众不同，但

41

他们的基本人性是永远不应被怀疑的。[178]但是正如我们所看到的，至少在一定程度上爱因斯坦数次否定了他者的人性。

爱因斯坦对东方与东方人的看法

巴勒斯坦裔美国籍知识分子爱德华·萨义德（Edward Said）在他影响深远的关于东方主义的著作中为这个词给出了三种定义。其中只有一种与我们的目的有关："西方用以控制、重建和君临东方的一种方式"①。[179]萨义德的著作对殖民研究与文化研究产生了巨大的影响，并引发了许多争议和讨论。[180]我们不能在这里深入讨论，但是其著作中的主要论点——即相较于一个地理学上的现实，西方人眼中的东方更多的是一种意识形态建构——却是难以质疑的。

对东方主义总体上的研究，尤其是对德国和犹太人的东方主义的研究，非常有益于帮助我们理解爱因斯坦头脑中的东方形象。在东方学专家的眼中，对西方世界而言，伊斯兰的东方被视为"基本的他者"。东方主义最主要的目的是使西方的意识形态与统治合法化。完成合法化的方式是建立二元观点：东方人被视为低级的、野蛮的、缺乏管教的、暴力的、未开化的、幼稚的、非理性的、狂热的、停滞的、异国的、挑逗性的，并且（有时候）性感的。与之相反，西方人被视为高级的、文明的、有节制的、成熟的、理性的、有活力的、具有启蒙性的，以及熟悉的。然而这种二分法实际上比上面更为复杂：东方既对西方具有吸引力，又让西方感到厌恶；西方认为东方与自己既存在相同点，也存在不同点，西方对东方既显示出自卑感，又显示出优越性。

---

① 译文采自萨义德著，王宇根译，《东方学》，1999 年版，三联书店，第 4 页。

西方人眼中，作为异邦的东方既有吸引力也让人排斥的原因之一是东方代表着西方自己"原始落后"的过去。[181]所以这些印象产生的原因就在于西方人将其拒绝承认的自身特点投射到东方身上。

德国人对东方与东方人的看法在很大程度上受到了卡尔·迈在19世纪晚期和20世纪早期的著作的影响。作者的"另一个自我"，主角卡拉·本·奈姆斯（Kara Ben Nemsi）被描绘成理想型的德国人与欧洲人：他的自制力与东方人的情绪性做对比展示。但是卡尔·迈对东方人的看法实际上具有矛盾性：他认为他们"喜怒无常"且"热血冲动"。因此，一些东方人能够用西方的礼仪来教导，但是其他人则无法同化。[182]第一批卡拉·本·奈姆斯小说出版于1892年，爱因斯坦当时13岁，他可能阅读了这些小说并受了它们的影响。我们未掌握任何显示出他认真读过这些小说的直接证据。

有关犹太东方主义的研究考察了犹太人的东方观的多重层次："犹太人被深深地卷入了对东方与欧洲内部东方人的双重概念化中。在19世纪晚期，将东欧视为'半个亚洲'（halbasien）的概念 [……] 在始终存在的'犹太人问题'的背景下获得了特别的共鸣。"在反犹主义话语中，"正是因为犹太人来自东方且拥有东方人的本质，所以犹太人是外国人"。对于已融入西欧、中欧国家的犹太人而言，东欧犹太人"代表着被他们高兴地抛弃掉的犹太传统中的'亚洲'成分"。但是对于犹太复国主义者之中年轻的一代而言，东欧犹太人（Ostjude）构成了一个更真实的犹太人的反神话：[183]"衬托出西方犹太人的肤浅、急于效仿和同化"。[184]在这种犹太复国主义观点中，西方犹太人被视为"老迈、虚弱和衰退。与之相反，巴勒斯坦的犹太开拓者们则是健康和正宗的"。[185]对大多数犹太复国主义者而言，东方被认为是落后的地区，必须植入西方文明。[186]

45

爱因斯坦对东方的印象又是如何与东方学家的意识形态取得一致的呢?

当年轻的爱因斯坦在伯尔尼担任讲师时,有一次他的妹妹玛雅(Maja Einstein)来看望他。她向学校的一位执事询问她的哥哥在哪个教学楼授课,得到的回答让她震惊:"什么,那个……俄国佬是你哥哥?他对俄国人的恶语几乎就要脱口而出。"[187]因此,爱因斯坦本人被错认为一个东欧犹太人,来自欧洲的"东部"。

在他真正见识到中东与远东几年前,爱因斯坦把他自己与所有犹太人都看作是东方人。1917年8月,他为自己拒绝让急件递送员来递送信件进行辩护,称犹太人是"亚洲的儿女",暗示亚洲人不会匆匆忙忙做任何事。一天后,他主张懒惰是一项美德,并建议他的朋友赞格尔对人生浮沉不要太在意,要像"我等懒惰的东方人"那样。[188]尽管这些话可能只是戏言,但是它们依然显示了当时爱因斯坦心里的自我形象。身处第一次世界大战后柏林的动荡环境中,爱因斯坦提到了日常生活带有极大的不确定性。他声称,作为对此的反应,人们(包括他在内)"都接受了某种'东方宿命论',并从中获得安慰"。[189]看上去,爱因斯坦明确赞同这种顺从(resignation)的态度。所以,与视犹太人为东方人的反犹太主义的负面观点相反,在所有这些列举的例子中,爱因斯坦将身为东方人视作正面属性。

爱因斯坦在其旅行日记第一次提到"东方"与"东方人"是在海上航行的第三天,这一天他穿越了墨西拿海峡:"两边都是光秃秃的朴素的山地景观。城镇也同样朴素,地平线占据视野。低矮、平坦的白色房屋。总体印象:东方式的。温度持续上升。"除此之外,日记中只有四处出现了"东方"一词。在新加坡,一场欢迎爱因斯坦的宴会的举办地是"一个宽敞的具有东方风格的休息厅"。新加坡的"高湿度"

让爱因斯坦想起了"温室。这里面有某种东方式的魅力"。在耶路撒冷老城内，他描述了熙攘忙乱的景象："斜穿（相当肮脏的）城市，挤满了熙熙攘攘的各种神职人员与不同种族的人，很吵，带着东方式的异国风情。"在塞得港，他称当地的总督为"宽脸的东方人"。[190] 所以，他很明显地将光秃秃的山景、低矮的房子、高温潮湿以及不同肤色种族的混杂与东方联系起来。与踏上这次旅行之前他对东方持完全积极的态度不同，以上所举的日记内容显示出他的态度只是稍微积极，中性，在耶路撒冷的例子中还非常消极。有意思的是，在旅行期间他没有写下感觉自己是一个东方人的文字。

爱因斯坦是否赞成东方学家所深信的欧洲人的统治？我们看到，他明确支持某种"开明"形式的殖民主义。虽然他确实不赞成以残酷的方式对待被殖民者，但也的确相信西方的殖民使命。我们可以认为他的这种支持态度，很大程度上是因为他认为西方人在当地土著人口的教育现代化中发挥了非常积极的作用。

他是否将东方主义的二元论应用于他所遇到的当地居民？有大量的例子显示出他的确这样做过，至少是在一定程度上。例如，他记录了对在苏伊士运河未开化的黎凡特人、科伦坡嚣张的乞丐、中国那些无精打采的劳工和村民以及所谓智力低等的中国人与日本人的负面印象。此外，在马赛撩人情欲的"体态丰腴的妇女"，[191] 东京的轻浮艺妓都符合某些场合下异国的性感情调的刻板印象。在这些具体事例中，人们不会觉得爱因斯坦是从消极的角度看待这些异国风情。在许多事例中，他也对所遇到的外国人赋予明显正面的属性（其中一些人属于被他认为同时具有负面特征的群体，这与西方人对他者的看法具有矛盾性是一致的）。一些具有肯定看法的例子包括苏伊士运河有礼貌的阿拉伯人，科伦坡那些高贵的斯多葛式乞丐，有修养和文化的日本人，

45

精致且有礼貌的日本女性。他甚至在各方面大力中伤中国人的同时，也对其严酷的困境抱有相当大的同情。

至于犹太人与犹太复国主义者对东方主义的看法带来的影响，爱因斯坦则是完全认同犹太复国主义者所相信的通过东欧犹太人，尤其是已定居在巴勒斯坦的那些人的影响而使西方犹太人经历精神复苏的潜在可能性。

至于他是否在旅程中感觉自己像一位欧洲人，爱因斯坦在这方面似乎很矛盾。我们已经看到了他在日记中偶尔表示出对欧洲人的厌恶。但是他坚决主张他所到访的国家应接受西方的文化和科学，在日本还是在有限的程度上，在巴勒斯坦则更为强烈。尽管具有这种矛盾性，但是看起来可以得出这样的结论：他在旅程中是非常以欧洲人自居的。

爱因斯坦的凝视

研究现代主义的历史学家发现了"两种强大的客体化凝视（objectifying gazes）——父权制的凝视，即［……］'男性凝视'，以及殖民主义凝视，即'帝国的凝视'"。[192]这两种凝视在爱因斯坦的旅行日记里是以什么方式显现的呢？

作为一位西方旅行者，爱因斯坦的凝视的一个重要方面就是他的先入之见。这种先入之见影响了他看待遇到的风景与人物的方式。爱因斯坦的旅行日记显示出他经常是透过欧洲人——尤其是瑞士人和德国人——的"透镜"看待事物。在香港，环绕海湾的群山让他想起阿尔卑斯山山麓。在抵达日本的神户海峡时，他的第一印象是类似挪威海岸边的峡湾（fjord）的图像。京都街道上节日般的灯光让人联想到慕尼黑的十月节（Oktoberfest），而坐落于附近风景中的寺庙又让他想起意大利文艺复兴时期的建筑。在巴勒斯坦，他把加利利海与日内瓦湖相比较。在拿撒勒，德国式客栈让他感觉像在家一样。

爱因斯坦的凝视的第二个方面就是在他与土著人接触时的实际凝视（或注视）行为。爱因斯坦在这方面的第一个评论是在他初次访问上海的时候："和我们这样的欧洲游客，滑稽地互相凝视——爱尔莎戴着看起来带有挑衅的长柄眼镜，令人印象深刻。"彼此互相凝视这一事实表明了西方人与当地居民之间的相互关系。当爱因斯坦夫妇游览上海附近的一个鲜有欧洲人来访的村庄时，他们遇到的情况是"这里互相凝视比在城里还滑稽"。[193] 在离开日本后的返程中爱因斯坦夫妇到访了科伦坡附近的小城尼甘布（Negombe），他以有趣且玩笑式的口吻表达出他们与当地人的互相凝视："不管我们走到哪，都被人好奇地看着，就像我们在家时看到僧伽罗人一样。"[194] 他与当地土著居民的近距离接触增强了自己的西方人身份意识。正如安·卡普兰（E. Ann Kaplan）所说："相较于待在家中，人们在旅行时的身份认知会更自觉地带有民族性的成分。"[195] 因此，爱因斯坦在东方与当地人接触的一个重要结果就是加强了旅行中作为欧洲人的身份认同。

爱因斯坦的凝视中更进一步的方面是其男性特征。在文化研究领域内，"男性凝视"一词用来描述将女性展现为男人享乐的客体对象的行为。[196] 爱因斯坦在日记中多次特地记录了他遇见的女性，使我们能够不止一次领略他对女性的看法。他对女性的凝视可以大致分为愉悦的和不那么愉悦的这两种经历。在他的日记第一篇中，爱因斯坦在登船之前注意到了前文所述马赛的"体态丰腴的妇女"。这可能显示出在航行开始时，他渴望在船上过一段更加无忧无虑的生活。

我们已经知道爱因斯坦在访问人口众多的中国城市时是如何看待

并理解中国女人的。他对这些女人的描述非常负面，视其为受害者，甚至完全否认她们的女性气质。我们也注意到了他对日本女性的观点⁵⁰呈现两极化。在返程中，他记录了若干与女性相处的愉快经历。当爱因斯坦结束日本之旅并再次到达上海时，他在新年前夜（除夕夜）一场庆祝会中"坐在漂亮的来自维也纳的女士旁边"。这似乎是这一晚唯一的精彩之处："除此之外，嘈杂无比，对我来说，悲哀。"[197] 在槟城，他看见了一个"漂亮、纠缠不休的女乞丐"。[198] 在科伦坡，"一位极其美丽的僧伽罗年轻女子"给他留下了深刻的印象。[199] 在巴勒斯坦，他当即表述了见到赫伯特·塞缪尔爵士的"朴实能干而又活泼的儿媳"而产生的喜悦之情。[200] 她是唯一一位 —— 当然，除爱尔莎之外 —— 爱因斯坦在整部日记中直呼其名（Hadassah）的女性。[201]

但是爱因斯坦的凝视并不仅仅是"怀着帝国主义的意图环视四周，试图占有物品的［白人］男性［……］的凝视"，[202] 尽管这也是他的凝视中不可缺少的组成部分。作为一名德国犹太人和局内/局外人双重身份的人，爱因斯坦的凝视是一种"双重意识"，即"一个人总是通过他人的眼睛来看待自我的一种意识"。[203] 所以，在被其他人凝视的时候，爱因斯坦也在凝视自己。在他的旅行之中，爱因斯坦陷入了"帝国的凝视"与非犹太人的凝视的两难之间，在前者中他是将其他人客体化的人，而在后者中他成为了被客体化的对象。而作为一位名人，他陷入其他人的凝视的程度更深，并且 —— 在他的海外旅行过程中 —— 随着他的国际文化偶像的形象逐渐在人们心中树立，他自己被客体化的程度也变得更深。

爱因斯坦与"他者"

有关他异性（alterity）的文化研究可以帮助我们更深入地了解爱因斯坦日记中对他者的描述。旅行者与土著人之间的关系的基础是"自我"/"他者"二分体。旅行者在内心中将"自我"的映像投射到了"他者"身上。[204]"他者"是"一张画布，自我的最好与最坏的特点都可以被投射其上，并加以审视"。[205]按照维米克·沃尔坎（Vamik D. Volkan）的说法，外国人是"适宜外化的目标"。那些人们内心因过于痛苦而不能处理的问题被投射到了他者身上。[206]西方旅行者在定义外国的他者时"所依据的并非他或她①的自身实际，而是自我施行的规则"。旅行者用滤光镜去比较"他所知晓、熟悉的世界与陌生的、他者的世界之间的相似之处和不同之处"。[207]在这一过程中，"将要被他者化的人群统一处理成总体性的'他们'，并进一步提炼成符号性的'他'（标准成年男性样本）"。[208]

在爱因斯坦的日记中，"自我"/"他者"的二分法又是如何展现的呢？他将哪些特性投射到了"他者"身上呢？从他在航行开始时所阅读的材料中我们可以断定，这次旅行几乎立即激发了爱因斯坦对更深度的内省的渴望。所以，阅读关于体格、人格特征的专著促进了他对自我的关注。[209]推动爱因斯坦渴望进行更深层次的自我了解的因素可能是他旅行前就想到自己在船上会有空闲时光，以及一路上会遇到不同国家的代表。至于爱因斯坦在看待"他者"时使用的滤光镜，我们已经知道其本质在很大程度上是带有欧洲色彩的。在日记中爱因斯坦多次将与外国人的接触描述为某种形式的侵犯。这些侵犯的形式可能是让他的感官不舒服（例如苏伊士运河的刺耳嘈杂、新加坡华人居住区

---

① 指对方。

的恶臭）。或者，一些侵犯具有侵扰性（例如科伦坡人力车夫没完没了地揽生意、犹太复国主义者恳请他移居巴勒斯坦）。

至于他所鄙视的那些外国人的特点，则包括咄咄逼人、一意孤行、无精打采、落后、智力低下和愚笨。但是这里存在着一个有趣的矛盾：我们已经知道爱因斯坦偶尔也赞成遵守传统和持漠不关心与慵懒的态度。他所欣赏的"他者"的品质包括真诚、讲究卫生、遵守秩序、有教养、品德高尚与优雅。与此矛盾的是，他有时也喜欢质朴、杂乱、无序和污垢。 52

爱因斯坦采用两种方式对"他者"进行同质化。例如他经常将"日本人"写为单数形式来指代这个国家的全体人口。相反，他总是用复数形式指代中国人（有一处例外）。这似乎表示他与中国人之间的情感隔阂更大。这是可以理解的，因为他可以用来了解日本人的时间要多得多。此外，正如我们所了解到的，在其日本之旅过程中，随着与东道主和旅伴的关系逐渐发展，爱因斯坦眼中的他们，也更富于人性化。

爱因斯坦与民族性格

一个通常用以区分"自我"与"他者"的办法是对其他民族的成员进行定型，再赋予他们一个不变的"民族性格"。这些对民族的刻画方式"起到老生常谈般的作用 —— 即通过不断地重复让人耳熟能详"。对于相信民族性格的人而言，能够熟悉、认可和认出这些刻板印象，要比了解相关的实际经验真相更有用。民族性格的使用有两个层次。在表面层次上，"在心理层面上对民族性格形成的刻板印象，将特定个人特点视作民族性格"。然而在更深的层次上，"一个民族的'性格'［……］是这个民族有别于其他民族的一套核心的性情特征，并成为这个民族在世界中的表现与行为的根源和解释"。在提出这些核心特征的过程中，"某些特点被挑选出来加以强调，原因在于它们在下面两种意义上具有典型性：它们被认为能代表这一类型，并且它们是独特且引人注目的"。[210]

我们分析爱因斯坦对他在旅行中遇到的外国民族和族群的看法，可以看出他似乎非常明确地深信"民族性格"及其基本特点。他多次运用概括性的语言，并构建刻板印象来向日记的读者传达他对与之交往的一些民族的成员的印象。我们也看到了他只需较短的时间就可以构建出这种印象。在登上远洋邮轮的第一天，他就形成了对"日本人"（单数形式）的看法。他显然相信凭自己对一个民族的少数代表的最初印象，就能深入了解整个民族的所谓"性格"。与该民族成员的多次接触只会强化他头脑中的第一印象。

因为两个原因，爱因斯坦相信"民族性格"显得尤为有趣。首先，正如我在其他地方所说的，爱因斯坦并非民族主义者。根据我对爱因斯坦和犹太复国主义的研究，我得出结论：他不是犹太民族主义者，而是一位犹太"种族优越主义者"（ethnicist），也就是对自身所属的族群特点持有"积极评价的自我认知心态"。但是与民族主义者不同，他或她不认为自身的种族区域必须获得政治独立性。[211]其次，虽然爱因斯坦坚信自己的科学研究中需要依赖经验证据，但是让人惊异的是，在运用民族的刻板印象时他却可以省略这一检验。因此，我们似乎可以得出这样的结论：爱因斯坦之所以喜好民族特性，是基于他的人格中的更深层的情绪需求。

爱因斯坦、种族与种族主义

对种族概念的历史学研究和对种族主义的社会学研究，可以帮助我们理解爱因斯坦使用"种族"（race）一词的方式，以及他对外国民族和族群的负面评价是否应当被视为种族主义者。⁵⁴

尽管启蒙运动时期与19世纪上半叶的许多杰出思想家，如伏尔泰、康德、黑格尔与马克思都持有激进的思想，但是他们并不相信种族间是平等的。[212]在19世纪末期，种族的概念在欧洲知识界的许多学科群体中演变为一个"科学范式"，导致了"科学种族主义"的出现。[213]19世纪80年代，"生物学反犹主义"的激进右翼追随者们越来越频繁地提出关于犹太人具有所谓"遗传缺陷"的言论。[214]这种事态发展引发了犹太知识分子去找寻他们眼中的"定义犹太民族身份的客观标准"。因此，知识分子关于中欧犹太人身份的言论中开始包含种族理念。[215]在德国，主要是犹太复国主义者利用对犹太人身份的"本质主义观点"来巩固他们的论据以及"逐渐灌输民族自豪感"。[216]但是，一些温和与极端的犹太同化主义者也开始涉猎犹太身份的种族定义。[217]其中一些人，例如奥托·魏宁格尔（Otto Weininger）、阿图尔·特雷比奇（Arthur Trebitsch），甚至瓦尔特·拉特瑙实际上都接受了"雅利安种族意识形态"的主要论点。[218]甚至一些主流犹太复国主义理论家，例如马克斯·诺尔道（Max Nordau），也接受了犹太人具有所谓"堕落的特质"的言论。[219]在这一时期，种族概念对定义犹太人的集体身份有着重要作用，之所以来自犹太人内部，主要原因包括，在西欧犹太人社区中宗教的影响显著减弱，缺乏统一的语言，以及缺少一片独立的犹太人定居土地。因此，一个共同的祖先，以据称是"科学的"理论为基础的一份共有的"血缘的"或"种族的"遗产，便被认为是犹太人身份的最为典型的特征。[220]许多德国犹太复国主义者鼓吹犹太人的

"种族纯洁性"，认为在不同德国犹太社区间的通婚率不断增长的情况下应"保护"这一纯洁性。亚瑟·鲁平支持左翼犹太复国主义者的目标，也赞同犹太人应与巴勒斯坦的阿拉伯人和平共处，甚至连像他这样的温和派领袖也赞同犹太人的"种族纯洁"理想。[221] 一些德国的犹太复国主义者也赞成犹太人具有"种族相异性"（"racial otherness"），并认为犹太人与德国人是两个互不相容的实体。[222] 但是研究德国犹太人的历史学家却主张，犹太民族主义者中的那些种族理论的支持者"从未明确接受种族优越性学说"。[223] 同时，这一点并没有阻碍德国犹太复国主义宣传机构声称犹太人在道德、智力、情感方面更为优秀。[224]

近来以种族主义为研究对象的社会学家在最基本的层面上将这一现象定义为"对人性的否认 [……] 以及一个使不平等合法化的方法"。[225] "自我"与"他者"的对立统一"居于所有种族主义的核心位置"。[226] 一个人将自身所在的群体与"他者"进行区分的过程（即"种族分类"）可被定义为"主要参考（据称是）内在的和/或者生物学的（通常是表型的）特征界定群体范围并将人们划分进这些范围的过程"。[227] 罗伯特·迈尔斯（Robert Miles）和马尔科姆·布朗（Malcolm Brown）将种族主义定义为一种意识形态，在这一意识形态中"生物学和/或躯体特征"被用作"确定人口类别的标准。[……] 这些人口被描绘成拥有一个天然的、不变的起源和身份，并因此具有天生的差异"。被视为目标的群体"必定会被赋予额外的（负面评价的）特征。[……] 这些特征或推论可能是生物或文化方面的"。[228] 被予以负面评价的群体"在意识形态上被描绘成具有威胁性"。这种意识形态"可能会采取一个理论相对清晰的形式"。但也可能表现为"人们构建出并用于应对日常生活的刻板印象、形象、属性与解释等拼凑成的缺乏逻辑的大杂烩形式"。[229]

在踏上远东之旅前，爱因斯坦是如何使用"种族"这一词语的
呢？我们发现他首次使用这个概念的实例是在第一次世界大战期间。
在定义"民族"一词时，他提及了其重要组成部分，包括种族、共同
体、语言，"也许还有宗教"。[230]约两年后，他提出了一个类似的观点，
这次他列举种族、禀性与传统作为犹太民族的核心特征。在试图解释
反犹主义时，爱因斯坦声称非犹太人对犹太人的嫌恶并不是由后者另
类的特点所引起，而是因为犹太人的存在这件事本身。对他而言，这
种对"外族人"的嫌恶事出必然。[231]两天后，在一封致德国犹太同化主
义者中央组织的带有讽刺语气的信中，他甚至断言反犹主义并不是一
个有害的现象，可能正是因为反犹主义，"我们才得以作为一个种族存
在下来"。[232]一年多之后，他关于种族在犹太民族的形成中所起的作用
的观点似乎有些改变："我们犹太人应在多大程度上将自己视为一个
种族或者民族，或者应在多大程度上完全按照传统形成一个社会共同
体，对此我尚无明确的看法。"（第十二卷，文件181）[233]我们不能确定
究竟是什么因素导致爱因斯坦的观点发生了变化，但是这可能与他在
数月前与美国犹太人团体领袖以及美国的犹太民众的接触有关，前者
并未让他感到欣喜，后者则给予了他热情的欢迎，爱因斯坦对其看法
积极。[234]

爱因斯坦在旅行日记中曾三次使用"种族"一词。在香港与来自
中东的犹太人后裔见面后，他写道："我现在坚信，犹太种族在过去的
1500年间保持得相当纯正，来自幼发拉底－底格里斯地区的犹太人与
我们这种犹太人非常相似。"同一天，他说出了我们已经分析过的那句
让人不安的话："如果这些中国人取代了其他所有种族的人，那将是一
件很遗憾的事。"[235]最后，是在他描述耶路撒冷的"非常肮脏的"老城
中的景象时："挤满了熙熙攘攘的各种神职人员与不同种族的人，很

吵，带着东方式的异国风情"。[236]

从这些关于爱因斯坦对种族的看法的资料中，我们可以得出什么结论？我们能够将他看作一个种族主义者吗？在他先前的陈述中，非常明确的是，在使用"种族"一词时，他所指的是在血缘上有共同起源的族群。犹太人是一个独特的实体，作为一种几乎独一无二的生物"存续"至今。很明显，爱因斯坦——与他所处时代的其他德国犹太人知识分子类似——是用种族分类的方法来定义犹太人的民族身份。他明确地把犹太人视为一个很容易与其他种族和民族区分的"种族"。我们知道爱因斯坦把表型特征作为犹太人与非犹太人之间区分彼此的方式：他对读小学的"孩子们对人种特征的敏锐意识"感到震惊。[237]由于他并不认为犹太人比其他种族有什么优越的特点，看起来在这一时期，爱因斯坦承认有种族差异，但并不属于种族主义者。

在爱因斯坦相信表型特征为民族标志的背景下，我们应该提及他为冈本一平创作的广为人知的爱因斯坦漫画手书的说明文字，在这幅漫画里，他的鼻子被夸张地画得很大，显然可以看作是刻板印象中的"犹太式"鼻子。说明文字的内容为"阿耳伯特·爱因斯坦或作为思想容器的鼻子"。[238]这句话既是他对自己"典型"犹太式鼻子的自嘲，也是他对把大鼻子视为所谓犹太民族特点的反犹主义的流行刻板印象的嘲讽。这一文字隐含的讽刺是犹太人典型的大鼻子与他们明显的高智能之间存在明显的关联。但是，如同我们所见到的，爱因斯坦本身同意这种刻板印象，并且因为在孩童时他就获得了这些刻板印象，所以似乎可以肯定地认为它们是爱因斯坦头脑中根深蒂固的信念的一部分。

爱因斯坦在日记中使用"种族"一词的方式，可以加深我们对他头脑中这一词语的概念的理解。犹太种族突然间成了"保持着自己纯

洁性"的一个种族,因而也暗示着它可能会被爱因斯坦不赞同的异族 58
通婚所玷污。这一言论揭示出爱因斯坦似乎赞同像亚瑟·鲁平那样的
认为需要保护犹太人"种族纯洁性"的德国犹太复国主义者。使用消
极含义的词语(例如"肮脏""挤满"和"很吵")描述耶路撒冷老城的
熙熙攘攘的景象,泄露出爱因斯坦不易察觉的种族主义意向。相比之
下,爱因斯坦旅行日记中关于日本人、中国人和印度人的所谓智力低
下的生物学原因的记录文字则绝非轻描淡写,可被视为种族主义
的 —— 在这些例子中,其他民族被描绘成在生物学上是劣等的,这是
明显的种族主义的特征。而那让人不安的评论 —— 中国人可能会"取
代了其他所有种族的人",也将这一点显露得非常充分。在这里,爱因
斯坦将外国"种族"视为威胁,正如前文所述,这是种族主义意识形
态的特点之一。然而让现代读者最受刺激的冒犯之辞,是他佯装不明
白中国男人怎么会喜欢上自己的女人并和她们生下孩子。

鉴于这些实例,我们不得不做出这样的结论:爱因斯坦确实在日
记写下了不少带有种族主义和将对象非人化的评论,其中一些非常令
人不悦,尤其是对现代读者而言。在这些私下言论中,爱因斯坦认同
了所谓的其他"种族"的劣等性,这样一来,他似乎超越了上文提及
的德国犹太人和犹太复国主义知识分子所持的公开的"种族论"
(racialism),而根据历史学研究,这些人并未声称犹太人具有任何优
越性。[239]我当然不相信爱因斯坦赞同一个"理论上相对一致的"种族
主义。并且他显然没有积极主张施行任何具体措施应对来自其他种族
的所谓"威胁"。但是他似乎并未对一些排斥性的措施,例如香港的种
族隔离制度感到特别不安。因此,即使爱因斯坦并不认同一个成熟完
备的种族主义意识形态,我还是明确坚持爱因斯坦的种族主义有时应
归入"不太连贯的刻板印象、形象、属性与解释等拼凑成的大杂烩"[240] 59

这一类，他用这些东西来证明他设想的不同民族成员间的差异具有合理性。

爱因斯坦旅行的性质

关于爱因斯坦在远东及更远地方旅行的性质，现代旅游史研究能够给予我们什么指导呢？

旅行经常被视为审视自我的一次历程。[241]意大利微观历史学家爱德华多·格伦迪（Edoardo Grendi）将工业时代的旅行定义为"不寻常的常态"（the exceptional normal）。[242]以旅行史为研究对象的历史学家迪安·麦坎内尔（Dean MacCannell）也曾说过类似的话，他写道："旅行者寻找着某些经历、物品和场所，它们能够使旅行者重新发现在日常生活中已经疏远的结构。"现代旅行者会在他们到访的外国土地上寻找更高的真实性。[243]在殖民主义时代，这或是涉及"对外国的人与物做心理加工，方法是将其置于熟悉的舒适的种类中去……或是将其构建成'他者'：异国的、性感的、劣等的、优越的、危险的"。[244]对"真正的他者"的追求也被视为在追求"真实的自我"。[245]一个人对外国人的印象是从他自身所处的文化圈的概念预先塑造出来的。[246]

许多研究旅行历史的历史学家对"旅行者"（traveler）与"观光者"（tourist）做出了区分：前者"具有开拓性和主动性"，后者则是"回应式的，遵循既定的途径，按照预定的方法寻求预期的体验"。[247]爱因斯坦的海外之旅发生在现代大众旅游兴起的背景下。在德国，第一次世界大战之后人们旅行的意愿骤然增强。与战前时期不同，旅行不再被看作少数人的特权，而是全体人口中越来越多的阶层可以获得的商品。[248]

能否把爱因斯坦的远东之行看作一次自我探索的旅程？它是否发 60 生在一个"不寻常的常态"的氛围中？他是否尝试着重新找到一个被他疏远的［社会］结构？

从他的海上航行的第二天开始，爱因斯坦似乎便准备打算将这次旅行作为一次进行更深度的自我发现与自我反省的机会。而温度的上升看起来让这个打算变得更为可行："太阳让我神清气爽，并消除了在'自我'和'本我'间的距离。"接下来爱因斯坦提到了在船上的最初几日，自己一直在利用闲暇时间阅读前文所提及的德国精神病学家恩斯特·克雷奇默（Ernst Kretschmer）撰写的关于生理学与人格类型之间关系的专著。起初他发现这本书对自己没多少意思："我可以［……］对许多旁人这样分类，但不包括我自己，因为我的类型是一种绝望的混合型。"但是到了第二天，他透露出这本书帮助他深刻理解了自己的性格，从而给他留下了深刻印象。"昨天阅读克雷奇默的著作还是让我心神不安。感到仿佛是被钳子抓着一样。过度敏感转化为冷漠。在青春期时，内心羞怯，与世隔绝，在自我与他人间隔着一块玻璃板。无缘无故地猜疑。以纸上世界来替代。强行压制性欲的冲动。"[249]

事实上，可以从符号和心理学的层面，将这次旅行解释为对爱因斯坦的心灵的突然访问，一段探索他的"处于暗处的心灵"（"Heart of Darkness"）的旅程。在航行开始的几个星期里，当温度突然升高，在靠近赤道第一次应对热带的高温时，尤为如此。爱因斯坦的日记里提到了"温室一样的气温"以及自己处于"不自觉的昏昏欲睡状态"（vegetative state），我们也看到他声称黎凡特人"好似来自地狱"。

爱因斯坦又是哪一种旅行者呢？并无迹象表明他在整个航行期间的任一部分曾参考过旅行指南或地图。在一定程度上，他的旅行在本质上类似于旅游套餐——当然不是大众套餐，而是为个人，一位贵宾 61

定制的旅游。这种旅游模式明显不同于爱因斯坦以前在欧洲境内的旅游，在选择目标地点与线路时拥有很多的自主权。前往像莱顿、基尔、劳特阿赫（Lautrach，位于德国南部）以及苏黎世这样的地方，也使他能经常短期离开柏林。海外旅行则成为一个新方式，让爱因斯坦得以更长期地远离"令人不安"的柏林。

爱因斯坦的日本之旅的性质是什么？他的游览项目与日程安排都被改造社与接待他的学术机构牢牢地控制着。只有两次爱因斯坦夫妇是在没有当地人陪同的情况下不受约束地短暂访问了一些地方。鉴于语言沟通障碍，出现这种情形可以理解，但是它也表明了爱因斯坦的旅行方式。此外，没有证据表明他参与了日本巡回演讲行程的选择。

他似乎非常乐意在选择目的地时完全被动，实际上几乎所有的决定都交由他人。

除了分出旅行者和观光者，研究中东旅行的历史学家补充提出了第三类访问者：朝圣者。朝圣者的目标是建立起"尘世与天国之间的联系"；旅行者注重对到访地的个人体验，而观光者则是成批地在组织好的旅游行程中完成访问。[250] 在巴勒斯坦，爱因斯坦是一位朝圣者，还是旅行者，抑或是观光者？

关于这个问题，正如他的旅行日记所反映出来的那样，爱因斯坦的叙事在本质上完全是世俗的——偶尔几处提及《圣经》中的人物并不足以使其圣地之行成为一场宗教朝圣。但是，这次圣地之行是否是一场世俗朝圣，他是一位旅行者还是观光者？虽然爱因斯坦坚持在开往卢德的列车上坐二等座（尽管已经为他预订了卧铺席位），[251] 但是并没有迹象表明爱因斯坦在访问期间吃了苦。从旅行开始至结束，他的住处——从耶路撒冷的高级专员官邸到海法的私人住所，再到拿撒勒的德式客栈——都令人感觉舒适。此外，也没有迹象表示他想通

59

过旅行来建立"尘世与天国之间的联系"。爱因斯坦寻求证据来证实在访问之前便已形成的关于犹太人定居事业的看法，这是我们能够将他的巴勒斯坦之行看作一次世俗朝圣的唯一凭据。

那么我们能否将爱因斯坦定义为前往巴勒斯坦的"旅行者"呢？他在这个国度的旅行似乎没有足够的独立性，不具备这样的资格。可以明确的是，没有迹象表明他在旅行时曾自主安排事项。爱因斯坦似乎也没有时间（或意愿）为将要到来的旅行做准备。爱因斯坦私人图书馆中只有一本关于巴勒斯坦的图书保存至今，这本书是作者、左翼旅行作家阿图尔·霍利切尔（Arthur Holitscher）在1922年8月送给爱因斯坦的。但是，爱因斯坦从未翻开过这本书。[252]

爱因斯坦此行唯一符合旅行者的定义的地方，是他对遇见的人物和地点持有独立见解。尽管他对犹太复国主义东道主们展示给他的成就感到非常鼓舞，并且尽心致力于协助推动他们的目标，但是我们不能推断爱因斯坦完全为他们的努力所倾倒，也没有证据表明他完全认同他们的目标。这一态度类似于他与犹太复国主义总体上的关系，也就是处于一个临界距离。[253]如同我们所看到的，爱因斯坦主要是将巴勒斯坦视为推动那些他更为重视的目标的工具而已：治愈"患有沉疴的犹太人灵魂"，以及改善犹太人在非犹太人眼中的地位。

因此我们可以做出这样的推论：爱因斯坦的巴勒斯坦之行可以被视为一次犹太复国主义观光，或者更确切地说，是一位身处犹太复国主义环境中的观光者的访问。爱因斯坦的东道主们呈现给他的是犹太复国主义的叙事，提供给他的是一次经周密安排与精心协调的巴勒斯坦之行，向他展示的只是他们想让他看到的地方，并未告知他犹太人内部的矛盾冲突，还让他远离带有争议性的人物与地点。对此，爱因斯坦本人要负大部分责任，因为没有证据表明他曾请求与更激进的阿

60

拉伯人代表见面，或者请求参观可能并不令其惬意的区域。但是他是否以犹太复国主义者的眼光来看待这个国家呢？因为爱因斯坦的思维非常独立，我们推测他是用自己的眼光来看待这个国家的。但是，鉴于他被安排进行了一次宣传性的参观，人们也可以认为在参观之时，他戴着一副有着浓厚犹太复国主义色彩的眼镜。

这次旅行对爱因斯坦本人产生了怎样的影响呢？和其他旅行者类似，爱因斯坦觉得旅行让人晕头转向。[254] 我们可以看到许多证明例子。在日记中，他混淆了数个地名。他分别将新加坡与科伦坡、海法与雅法弄混，并且始终把香港的名字写错。另一个显示他感到迷惑的例子是，他一开始将"1月1日"写成了"12月32日"。

这次漫长的旅行对他与妻子爱尔莎之间的关系产生了怎样的影响呢？日记中有一些显示他们夫妻之间的关系的小片段。实际上旅行中发生的第一件事就是爱因斯坦的"夫人在边境处走失了"。[255] 在新加坡，爱尔莎被"配有大壁橱和一个大的洗衣盆的洗手间""吓坏了"。[256] 在启程离开东京前，两人因匆忙打包行李一事而争吵。[257] 自京都开始，爱因斯坦决定不带爱尔莎，自己前往大阪。在他回去之后，他不得不面对"被单独留在家里的夫人的怒火"。[258] 在槟城，大浪使返回邮轮变得危险，爱因斯坦不无挖苦地记载道，"爱尔莎（Else）[259] 很害怕，不过仍有力气抱怨"。在塞得港，爱因斯坦记下爱尔莎患病时自己单独出来散步，有种"解放的感觉"。从此事可以看出，这次两人同行的漫长旅程对他们之间的和谐程度产生了一些影响。[260]

作为一个内向且不喜欢大型欢庆场合的人，爱因斯坦在访问各国期间又是怎样应付向他袭来的社交应酬呢？就在抵达日本后的第二天，在东京，为爱因斯坦举行的欢迎活动显然使他应接不暇："抵达酒店，在巨大的花环和花束间，完全筋疲力尽。之后还有：贝利纳夫妇

64

65

61

插图 5　爱因斯坦与爱尔莎在前往日本的"北野丸"号蒸汽邮轮上，1922 年 10 月（承蒙日本邮船历史博物馆惠允）

（Berliners）的拜访，像被活埋。"[261] 在首都度过日程满满的一天后，爱因斯坦回到旅店后感觉"累死了"。[262] 在这类文字中最为有趣的无疑要数日本之旅将要结束时写下的一句话："但我累死了，我的身体被运回了门司。"[263] 抵达巴勒斯坦时，爱因斯坦将那里的社交活动描述为"滑稽的事情"，明显表示出他不喜欢社交活动。[264] 在西班牙，他进一步地将社交任务形容为"一如既往地折磨人"。[265]

因此，难怪爱因斯坦在邮轮离港和返航时充分享受着在船上的那份与世隔绝，并在日记中反复记下他是多么地珍惜在宽阔公海上的安宁与寂静。在返回欧洲的航程刚开始的时候，他致信诺贝尔物理学奖评审委员会代主席斯万特·阿伦尼乌斯（Svante Arrhenius）说："而且漫长的海上旅行非常有益于思考和工作——这是一个没有书信、拜访、会议和魔鬼的其他发明的天堂！"[266] 人们甚至可以认为，远洋航行才是推动爱因斯坦海外旅行的首要动机，而巡回演讲则是次要的收获以及他为漫长的远洋航行休假必须付出的代价。但是紧张的日本之旅也令爱因斯坦陷入矛盾情绪，不知道以后是否应该再次展开这种辛苦的远行。在12月中旬，他从京都致信他的两个儿子："我已决定不再总是这样在世界各地闲游；但自己还能推掉这些吗？"[267]

爱因斯坦在旅行期间的科学研究

与爱因斯坦在往返远东沿途受到的所有公众关注和繁忙的日程安排相比，在远洋邮轮上的闲暇时光使他得以在很长一段时间内不受打扰地从事研究。有关去程中进行的关于"引力－电力问题"研究的证据较少——他只有两次提到了自己的思考与计算。但是在返程中，爱因斯坦着力于处理英国天文学家亚瑟·爱丁顿（Arthur Eddington）新近提出的统一场理论方法中的技术难题。1923年1月10日之后不久，爱因斯坦完成了他一直在着手撰写的论文。[268]旅行日记中的记载和旅行通信中的评论，证实了爱因斯坦对于这次安静思考的机会感到欣慰。例如，在手稿快完成之际，他致信丹麦物理学家尼尔斯·玻尔说道："这次旅行是美妙的。我对日本和日本人心醉神迷。我肯定您也会这样。此外，海上旅行对一个喜好苦思冥想的人来说，是一个美妙的存在——像一座修道院。"[269]

诺贝尔物理学奖

在刚到上海时，爱因斯坦接到瑞典皇家科学院秘书克里斯托

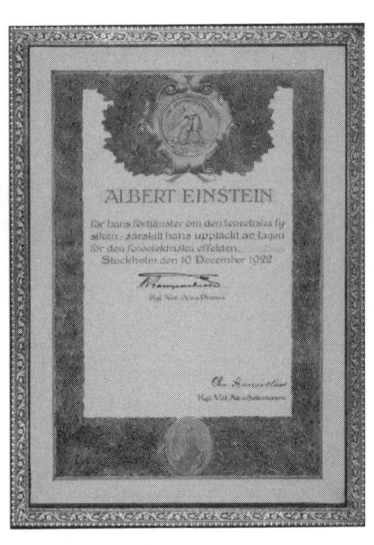

插图6　诺贝尔物理学奖证书，1922年12月10日（承蒙耶路撒冷希伯来大学阿耳伯特·爱因斯坦档案馆惠允）。

弗·阿伦尼乌斯（Christopher Arrhenius）发来的电报，得知自己被授予1921年度诺贝尔物理学奖。[270]大约在当年9月17日的时候，他已收到阿伦尼乌斯发出的将授予他诺贝尔奖的第一个暗示。[271]马克斯·冯·劳厄甚至建议爱因斯坦重新考虑一下是否前往日本："根据我昨天得到的可靠情报，11月将有事情发生，你最好12月份能在欧洲。"[272]虽然这两封信件都没有明言诺贝尔奖，但是我们有把握认为爱因斯坦了解这一正在酝酿的事情。尽管如此，他还是致信阿伦尼乌斯说，按照合约他必须进行这次演讲之旅，并且不能推迟行程。[273]有趣的是，爱因斯坦没有在日记里记下诺贝尔奖的事。

相对论的接受与爱因斯坦访问的影响

随着自己提出的广义相对论被证实，爱因斯坦在1919年11月一夜成名，享誉世界。正如我们所知，随后的几年里他到欧洲多地旅行。这背后主要有两个推动因素：传播他的理论和重建被第一次世界大战割断的德国科学共同体与外国科学共同体之间的国际合作。[274]根据德国科学史家于尔根·雷恩的说法，"科学成了国际合作的信使，爱因斯坦则成为这种合作的主要倡导者"。[275]他踏上这些旅程时是如此紧张不安，以至于在1920年底嘲讽自己是一个"在相对性中旅行的人"。[276]半年后，爱因斯坦第一次离开欧洲大陆，前往美国与英国进行访问。[277]

在这一节中，我们将考察爱因斯坦往返远东之行中游历的国家对相对论的接受情况。因为一些杰出的科学史家已经对这些地方对相对论的接受程度做了广泛的研究，所以我在这里对他们的深入见解做出总结。[278]我们也将探索爱因斯坦的到访对被访问的国家产生了哪些其他形式的科学与非科学方面的影响。

1917年相对论首次被介绍到中国，引进者是曾在日本学习物理学的中国学生。贝特兰·罗素于1921年在北京举办了关于相对论的系列讲座。罗素的讲座和爱因斯坦的短暂到访，使得"关于相对论的中文出版物数量激增"。在中国，相对论"迅速被接受，几乎毫无争议"。科学史家胡大年将这种"几乎独一无二"的接受，归因于吸引中国知识分子的相对论的革命性形象以及"中国缺少经典物理学传统"。[279]

在旅行中最为重要的目的地日本，爱因斯坦与相对论是如何被接受的？爱因斯坦的日本之旅很明显获得了极大的成功。无论他到哪里都被当作名人，他的来访引起媒体的轰动，听众们满怀热情地参加他的科学和通俗讲座，座无虚席。对相对论怀有兴趣的人并不限于公众，日本皇室、政界与商界人士都被这位杰出的来访者所吸引。[280] 而使这次旅行获得积极成果的一个保证因素是改造社富有成效的公关活动。他们开展了"一场与中央以及地方报纸的竞争性合作"，《改造》杂志推出的爱因斯坦特刊售罄，四卷本的日文版爱因斯坦著作集（这是世界上首部这一类型的出版物）在爱因斯坦访问日本期间及之后售出4000册。[281] 尽管爱因斯坦的日本之旅是唯一一件可以被定义为"经过精心策划的媒体事件"，但是科学史家托马斯·格利克（Thomas F. Glick）认为爱因斯坦的理论在日本的接受程度与其他地方差不多。[282] 但是，"改造社发起的宣传攻势也受到了些许反对和抵制"，一些保守的知识分子对爱因斯坦的到访并不报以热情。[283] 他的理论也被有些人误解。"相对性"（relativity）这一词语"误导并娱乐了许多日本人"。其汉字形式类似于表达"情侣之间性关系"的词语，这甚至成了帝国议会（Imperial Diet）上谈论的话题。[284]

爱因斯坦为期六个星期的日本之旅产生了怎样的影响呢？一个重要的结果是日本社会对科学的兴趣得到提升。[285] 正如我们在爱因斯坦

69

与桑木彧雄和石原纯的早期联络中所看到的，相对论很早便被介绍进日本。爱因斯坦的到访对年轻一代的日本科学家产生了重要的影响。但是，也有人批评说与爱因斯坦交流的时间几乎都被年长的科学家占去了，日本科学界的年轻人因而没有充足的时间来与他交流沟通。[286]

这次旅行也包含了重要的政治层面内容。爱因斯坦在神户和京都分别会见杰出的基督教改革家以及劳工活动家贺川丰彦和山本宣治（Senji Yamamoto）。[287]他也与更加激进的政治团体进行了接触。日本无产者同盟给爱因斯坦的信显然受到过当局的审查。日本无产者同盟向爱因斯坦询问对"日本的xx帝国主义政府"的看法。被删减的词语可能是"侵略"。他们也询问爱因斯坦对日本青年有何期望。[288]爱因斯坦在回信中表示他主张将工人阶级组织起来。但是，他警告不要发起"仅仅是为了反对"而反对的运动。这一立场爱因斯坦在其他场合也表达过。[289]他还提醒人们警惕军国主义的危险。[290]

这次访问对德国的外交政策也不无裨益。在爱因斯坦到访之前，德国科学就为日本社会所景仰。[291]由于从旅行开始直至结束他都被视为一位德国科学家，所以这次旅行的成功也被看作德国的一项重要成就。德国驻日大使威廉·佐尔夫向柏林方面报告时说到了"爱因斯坦的访问对德国极有利的影响"。但佐尔夫担忧马克西米利安·哈登在柏林作出的声明会有损于德国。[292]

在巴勒斯坦，人们对相对论又是做何反应呢？正如在其他许多国家一样，所谓相对论不可理解的神话也流传到了巴勒斯坦，而这也是爱因斯坦理论在当地接受度的不可缺少的组成部分。在爱因斯坦访问巴勒斯坦的时候，这个国家的学术基础设施处在刚刚起步的阶段。虽然爱因斯坦在耶路撒冷和特拉维夫举行了关于相对论的讲座，但是媒体与政治领导者的整体反应还是觉得无法理解相对论。似乎举办这几场讲座这件事本身比讲座内容更重要，这表明它们的民族意义比科学意义更重要。在爱因斯坦到访期间，数篇关于相对论的文章见诸报端，在一定程度上促进了爱因斯坦的理论在伊休夫的普及。[293]

爱因斯坦的巴勒斯坦之旅产生了怎样的影响呢? 显然，当地的犹太复国主义者向爱因斯坦这位杰出的贵宾展开了主流犹太复国主义叙事，涉及的内容包括犹太人的定居事业、伊休夫有何需求、犹太定居者与当地阿拉伯居民的关系等。显而易见，（东道主们）安排访问行程的目的就是尽可能从好的方面展示犹太人社区的成就。为了促进当时犹太复国主义旅游业更加全面地发展，设立的目标是"吸引已经对犹太复国主义感兴趣的犹太人前来访问，并确保让他们带着对犹太复国主义事业有利的印象离开"。[294]正如我们所见，内部的矛盾冲突被轻描淡写。阿拉伯民族主义的中心也很明显地被排除在参观路线之外，比如在不到两年之前曾发生过暴力冲突的雅法。除了与英国托管当局的代表进行一些讨论之外，爱因斯坦极少有机会接触到犹太复国主义之外的其他说法。巴勒斯坦的犹太复国主义当权者着重强调爱因斯坦这次访问所带有的民族层面的（national），甚至是救赎的意义。在他们的讲话中，爱因斯坦这位客人被称颂为"一位天才"，甚至被视为一位被他们等待了"两千年"的半救世主式人物。[295]有意思的是，与巴勒斯坦举国上下对这次来访的焦点——爱因斯坦在希伯来大学的未来校址上发表讲话——的热烈关注截然相反，爱因斯坦在日记中只是简短提及这件事，并未显露出他对这一重要时刻的情感。在后来对访问的描述中，爱因斯坦对这一事件只字未提。

很显然，犹太复国主义者利用了这次旅行来达到宣传目的。这一点在本-锡安·莫辛森（Ben-Zion Mossinson）的公开讲话中尤为明显，他肆无忌惮地声称爱因斯坦正在学习希伯来语，并打算在耶路撒冷定居。可以将这些例子看作犹太复国主义者对爱因斯坦不懂希伯来语的嘲弄。

位于伦敦的犹太复国主义组织也强调了爱因斯坦的访问在民族层面上极为重要的意义。在欢迎爱因斯坦前来巴勒斯坦时，哈伊姆·魏茨曼赋予了他一个以前，包括在巴勒斯坦和大流散时期从未被给予的民族角色，即民族复兴者这一角色。[296]

犹太人社区对爱因斯坦本人的反应与看法，可以从当地媒体对他来访的报道得以一瞥。对爱因斯坦的溢美之词充斥着夸张成分，对他的吹捧也没有止境。伊休夫兴起的"爱因斯坦热"在其访问日程中最重要的节目——到位于斯科普斯山的希伯来大学进行一次标志大学成立的科学演讲——到来之际达到高潮。日报《国土报》（*Ha'aretz*）称其为一个"民族节日和科学节日"。爱因斯坦登上讲台发表演讲被媒体视为一个神圣的时刻。《托拉》（*Torah*）[①]又一次从锡安山分发出去。爱因斯坦这位尊贵的来访者被看作"将要建立在锡安山之上的崭新科学圣殿"中的祭司长。[297]爱因斯坦成了一个民族的偶像。他似乎意识到这一点，在给犹太复国主义领导人阿图尔·鲁平的明信片上，他在自己头像外边画上光环，就是一个表现。[298]

1908年，数学家埃斯特万·泰拉达斯·伊拉与物理学家布拉斯·卡夫雷拉（Blas Cabrera）首次将相对论介绍到西班牙。他们也是在1919年之后的相对论主要传播者。因为西班牙研究型科学家不多，数学家们成了拥护接受相对论的主要群体。相对论的主要"消费者"是新近出现的主要由工程师与医生构成的"科学中产阶级"。相对论的

---

① 《托拉》（*Torah*），又译《妥拉》，是犹太教的核心。它可以指《希伯来圣经》（*Tanakh*）24部经中的前五部，也就是一般常称的《摩西五经》（*Pentateuch*）。也可以被用来指从《创世记》开始，一直到《希伯来圣经》结尾的所有内容。

许多重要支持者都是保守派天主教徒。向大众普及相对论使得这个理论成了"同时吸引不同社会阶层与话语领域（domains of discourse）的文化界现象"。相对论在科学界内最主要的反对者是天文学家科马斯·索拉（Comas Solá）。[299]

爱因斯坦对西班牙的访问产生了多层次的影响。访问促使大众对科学的印象产生重大的改变，这一改变可能在访问之前便已开始。随着爱因斯坦被视为"科学威望的象征"，西班牙的知识精英越来越倾向于接受"作为文化的一部分的纯科学"。科学中产阶级的目标在于取代旧的政治与文化精英阶层，后者对于相对论的所谓"不可理解性"深感困难。[300]这次访问也不乏政治方面的内容。尤其是加泰罗尼亚民族主义者试图利用这位卓越的客人达到其意识形态方面的目的。[301]

科学史家从这一时期对相对论的反应和接受情况中得出了怎样的⁷³总体结论呢？

正如雷恩所指出的，爱因斯坦之行"推进了当地科学共同体正在进行中的解放运动，这种解放运动旨在为基础科学争取社会中更重要的角色"。[302]格利克得出的结论是对相对论的接受"迫使科学家直面他们自己与他们所研究的学科"。[303]因此，爱因斯坦与他的理论声名鹊起"引发了人们对科学与特定学科在一个国家共同体的地位，以及地区科学传统与世界科学传统之间关系的思考"。[304]

对于科学理论的接受问题，一种较新的方法是研究科学知识的传播性质。帕蒂尼奥蒂斯（Patiniotis）与加夫罗卢（Gavroglu）提倡一种抛弃传统的接受研究的方法。与其关注知识从"'中心'向'边缘'"的传播，即接受研究的思考方式，他们更愿意关注"被'边缘'吸收的见解与实践"。[305]这一方法可能得益于先前提到的玛丽·路易斯·普拉特（Mary Louise Pratt）提出的"接触区"概念，在这里发生了"文化汇融"（transculturation）。在"文化汇融"过程中，"居于从属或是边缘地位的群体会从占支配地位的或宗主国文化向其传播的材料中进行挑选并创造"。[306] 至于相对论"吸收"这一概念运用在爱因斯坦远东之行期间访问国家的科学共同体，迄今还没有人撰写这方面的详细研究著作。

结　论

从爱因斯坦这次为期六个月、跨越半个世界的旅行中，关于其性格、整体的观点与看法以及旅行方式，我们能够得出什么结论呢？

74　　我们已经知道爱因斯坦在开始远洋航行后很快就进入了一种精神状态，加深了对他自己和他将要遇到的不同民族的人的身份的内省。而旅行也迫使他面对自己的多重身份：种族上是犹太人，国籍上是德国人和瑞士人，洲际归属是欧洲人，从半球上划分则属西方人。

旅行日记能够帮助我们深入了解爱因斯坦在国外时的旅行方式。与他在欧洲内部地区的旅行形成鲜明对比的是，爱因斯坦在海外旅行时显示出更大的被动性。他乐于让到访国家的东道主们负责所有的事项安排。他愿意在很大程度上交出自主权以换取更多的便利。这次长距离旅行也使他有机会长时间地远离"令人不安"的柏林。

爱因斯坦的旅行方式，形成了一个令人着迷的并列关系（juxtaposition）。尽管这次旅行的参与者只有他与爱尔莎，理论上应该呈现出偏个人旅行者的特征，但实际上其性质却类似于为游客提供一揽子服务的旅游。

另一个有趣的问题是：爱因斯坦的访问使得哪一方的需求获得了更多的满足，是他的东道主还是他本人？在日本，他确实需要履行改造社制定的紧密繁忙并让人筋疲力尽的日程安排。但是，与此同时他也利用了这次旅行来传播推广自己的科学理论。能够长时间离开柏林的危险政治环境，对爱因斯坦而言也不失为一个不小的额外好处。在巴勒斯坦则是他的东道主获利更多。对犹太复国主义者而言，这位最为卓越的非犹太复国主义者的（non-Zionist）犹太名人的来访是一次惊人的宣传成就。对爱因斯坦来说，自己数年来一直在支持巴勒斯坦的发展，旅行主要是满足对这个国家的好奇心。他也有机会在希伯来大学的一个决定性时刻到场出席活动，而这所大学是他最重视的犹太事业。

至于爱因斯坦所持信念，我们明确得出以下结论。我们已经看到了许多爱因斯坦信奉地理决定论的例子。随着温度持续上升，他声称自己"深信古典时代的希腊人和犹太人的生活氛围没那么让人沉闷。从那以后，精神生活活跃的地区向北转移，这绝非偶然。单调呆板的生活更容易"。[307]

旅行日记也显示，他认为遗传学因素比环境因素更重要。在访问香港以及接触当地的犹太人社区时，中东裔与欧洲裔犹太人之间的相似性给爱因斯坦留下深刻印象。他倾向于遗传学因素的态度，可能与其生物学世界观有关。[308] 相较于后天培育，爱因斯坦更相信先天本性。具有讽刺意味的是，实际上这正与他主张的地理决定论相矛盾。

日记所揭露的爱因斯坦所持看法的另一个有趣的方面，是他对体面（respectability）与道德的态度。在许多例子中他表露出对恶臭和污垢的认可（主要是在中国），但是他也深深尊敬日本人爱干净的习惯和他们的无可挑剔的举止。鉴于爱因斯坦对资产阶级的体面持总体鄙夷的态度，这一矛盾颇为引人注意。

旅行日记也揭露出爱因斯坦性格中一些引人注目的矛盾之处。虽然他深深厌恶民族主义，但是他坚定相信民族性格。尽管爱因斯坦对受压迫者抱以很大的同情，甚至有时会耻于自己成为了剥削他们的同谋，但他却明显持有东方学家式的观点，主张"开明"形式的殖民主义。此外，他并非总是认可当地民众的基本人性。虽然他对遇到的一些土著居民所遭受的苦难感到不安，但赞成一些令人反感的种族主义观点，尤其是所谓生物学因素造成的日本人和中国人智力低下的观点。此外，他甚至害怕中国人取得种族主导地位。

　　这部日记也帮助我们在一定程度上了解爱因斯坦对自己的看法。他经常表现出一副不得不应对许多挑战者发起的多重攻击的样子。在这一点，他象征性地扮起了主角，踏上了一次向"土著人"宣传相对论（暗示西方文明）的求索之旅——或许甚至可以称得上是一次十字军东征或传道之行，即使面临着对方的许多"攻击"企图。正如他的日本东道主所说的那样，爱因斯坦到达东京时的场面"就像欢迎一位凯旋的将军"。[309] 爱因斯坦以英雄自居，也符合他最喜欢用来自嘲的德国诗句："可是这个勇敢的施瓦本人并不害怕。"[310]

　　旅行日记中表达的许多展现民族成见和种族主义的言论不禁让人产生这样的疑问：这些观点符合爱因斯坦的人道主义者的公共形象吗？说真的，爱因斯坦的这些观点与其开明的公共言论和对进步事业的支持难道不矛盾吗？这位"人文主义价值观的和蔼的偶像"[311] 怎么可能会带有如此多的偏见？

　　一个明显的解释是，爱因斯坦从未打算出版这部旅行日记。他写下这部日记或是出于将其作为备忘录以作今后参考之用，或如前文所述，是为留在柏林的继女们写的。这样可以解释爱因斯坦的更加宽容和谨慎的公共言论与其坦率且（有时）冒犯性的私人笔录之间存在的差异。旅行日记使爱因斯坦能够探索他内心更加非理性与更直觉的一

73

面，也使他能够更自由地表达出他个人的偏见。

另一个解释是，爱因斯坦明显怀有智力方面的优越感。当他觉得一个民族智力低下时，其人道主义情怀便已到尽头。[312]此外，也可以认为，尽管爱因斯坦公开倡导人权，但是其生活的中心是科学而非人性。

一个更进一步的解释是，与他早早就在公众中树立了在政治上支持进步的和左翼事业的形象相反，爱因斯坦作为著名的人道主义者的公众形象，是在他写下这部日记后才树立起来的。在第二次世界大战之后的岁月里，爱因斯坦这一形象变得尤为高大。

在远东之旅中，爱因斯坦面临的主要挑战之一，就是在"他者"中辨认自己以及辨认自我之中的"他者存在"（"Otherness"）。我们已经看到他并非总能成功做到这一点。但是我们不应该在评估时做过度的评判。另外，对我们来说，面对这位文化偶像令人不快的方面，并因而承认我们自己性格中令人不安的方面，绝非惬意之事。在如今这个越来越不宽容的世界中，在"他者"中辨认我们自己以及在我们自身中辨认其"他者存在"，仍是一项尤为困难的挑战。

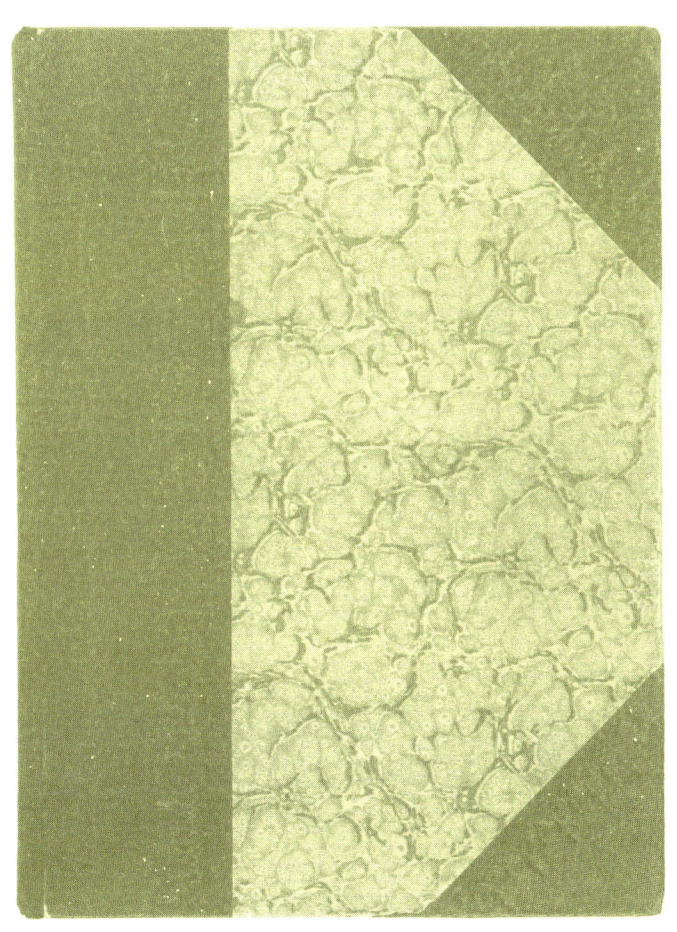

旅行日记
远东、巴勒斯坦、西班牙 [1]

1922 年 10 月 6 日至 1923 年 3 月 12 日

6. Oktober. Nachtfahrt im überfüllten Zuge nach Wiedersehen mit Besso und Chavan. An Grenze Frau verloren. Sonnenaufgang kurz vor Ankunft in Marseille. Silhouetten unter flacher Häuser, von Pinien umgeben. Marseille. Enge Gassen. Üppige Frauen. Vegetier-Leben. Wir wurden von bieder scheinendem Jüngling ins Schlepptau genommen, in gräusslichem Wirtshaus nächst der Bahn abgesetzt. Käse im Morgenkaffee. Weg ins Schiffsbureau und zum alten Hafen nebst altem Stadtquartier. Am Schiff energische Abfertigung des Spitzbuben, der beleidigt abfuhr, nach federloser Fahrt zum Hafen auf Kofferwagen über ungeheuer holperiges Pflaster Marseilles. Dort nur mündliche Gepäckrevision. Freundlich empfangen von Schiffsoffizier. In Kabine behaglich eingerichtet. Jungen japanischen Arzt kennen gelernt, den ein Münchener Mediziner mit einem flammenden Ultimatum an die Gelehrten der Entente-Länder hinausgeworfen hatte.

8 X. Besichtigtes Vormittag im Hafen. Mittags Abfahrt bei heller Sonne. Fast nur Engländer und Japaner auf dem Schiff. Stille, feine Gesellschaft. Nach Aufenthalt am Hafen wunderbarer Blick

10月6日。与贝索（Besso）[2]和沙旺（Chavan）[3]相聚之后，登上拥挤的火车，夜行。夫人[4]在边境处走失了。10月7日，快到马赛时，太阳升起来了。被松树环绕着的简朴平房的轮廓呈现出来。马赛，狭窄的小巷。体态丰腴的妇女。呆板单调的生活。我们中了一位看似诚实的年轻人的套，把我们带到车站附近的一家糟糕透顶的客栈里。在早餐的咖啡里发现了甲虫。去船务办公室办事，然后前往老城区附近的旧港口。乘着行李车沿着马赛那极其坑洼不平的石路，一路颠簸到达港口。在船上，[5]费了好大力气才把那个无赖打发走。他气鼓鼓地离开了。在那里，仅做口头询问的行李检查。受到了船务工作人员的友好接待，舒适地安顿下来。结识了一位年轻的日本医生。他是被一位慕尼黑医生给轰出来的，对方还丢给他一份给协约国学者的具有煽动性的最后通牒。[6]

10月8日。在港口度过一个安逸的上午。一位身材圆胖的俄罗斯犹太妇女，认出我是犹太人，友好地和我打招呼。中午，在明媚的阳光下起程。实际上船上几乎只有英国人和日本人了。安静的、体面的一群人。驶出港口后，眺望

插图7　"北野丸"号蒸汽邮轮（承蒙日本邮船历史博物馆惠允）

auf Marseille und die es säumenden Hügel.
Dann an größeren Kalkfelsen vorbei. Küste weicht
langsam links zurück. Gespräch mit europäisiertem
japanischem Arzt Miyake aus Fukuoka.

Nachmittags 4 Uhr Rettungsprobe. Alle Passagiere
müssen – mit ihren in der Kabine aufbewahrten Rettungs-
gürteln angethan – an der Stelle zur Musterung
erscheinen, an der das für sie bestimmte Rettungsboot
im Falle der Gefahr zu benennen ist. Schiffsmannschaft
(lauter Japaner) freundlich, genau ohne Pedanterie, ohne
individuelle Note. Er (der Japaner) Port unproblematisch, impersönlich,
füllt heiter die ihm zugefallene soziale Funktion
aus, ohne Prätension, aber stolz ~~aber~~ auf seine Gemein-
schaft und Nation. Das Aufgeben seiner individuellen
Eigenart zugunsten der europäischen gehört nicht an
seinem Nationalstolz. Er ist impersönlich, aber nicht
eigentlich verschlossen, denn als vorwiegend soziales
Wesen scheint er für seine Person nichts zu besitzen,
das zu verschließen oder zu verbergen er das Bedürfnis
haben könnte.

9. X. 4 Uhr Morgens großer Krach. Um die Schiffsreinigung.
Große Rücksichtslosigkeit an Menschen und Sachen. Das Schiff
ist wie abgeschlecht. Es wird schon bedeutend
wärmer. Die Sonne erquickt mich und nimmt

马赛和周围山丘的美景。随后经过华丽而陡峭的白色石崖。海岸线慢慢地向左退去。与来自福冈的已欧化了的医生三宅［速］交谈。[7]

下午4点，安全演习。所有乘客必须——穿着放在他们客舱里的救生圈——在一个检查地点报到，那里配备有在危险时让他们乘载的救生艇。船员们（全是日本人）很友善，严谨而不死板，但缺乏个人特征。他（那个日本人）不找麻烦，不彰显个人色彩，愉快地履行了属于他自己的社会职能，不矫揉造作；对自己的群体和民族感到自豪。尽管欧化的日本人舍弃了日本独有的作派，但这并没有削弱其民族自豪感。虽然谨言慎行，但待人也并不完全生疏见外；因为作为一个非常社会化的人，他个人似乎不拥有什么需要隐瞒掩饰的东西。

10月9日。凌晨4点，传来大声的嘈杂。这是由于清洗船只的缘故。人和物都非常干净。这船就像被舔过了一样。天气已经变得暖和多了。太阳让我神清气爽，

die Kluft zwischen „ich" und „es" weg. Ich beginne
mit der Lektüre von Kretschmers Körperbau
und Charakter. Wunderbare Schilderung der
Temperamente und ihres physischen Habitus.
Kann viele Mitmenschen so objektivieren,
mich selber aber nicht, weil hoffnungsloser
Mischtypus. Gestern las ich Bergsons Buch
über Relativität und Zeit. Merkwürdig, dass
ihm nur die Zeit aber nicht (auch) der Raum
problematisch ist. Er scheint mir mehr
sprachliches Geschick als psychologische
Tiefe zu haben. Bei der Objektivierung des
Psychischen-Gegebenen macht er sich wenig
Skrupel. Er scheint aber das Relativitätstheorie nicht so sehr
zu begreifen und setzt sich mit ihr recht
in Gegensatz. Die Philosophen tanzen beständig
um den Gegensatz Psychisch-real und Physikalisch-
Real herum und unterscheiden sich nur durch
Wertungen in dieser Beziehung. Entweder erscheint
ersteres als „blosses Individualerlebnis" oder letzteres
als „blosse Gedankenkonstruktion". Bergson
gehört zur letzteren Gattung, objektiviert aber
unvermerkt in seiner Weise.
    Habe wieder über das Problem Gravitation-Elektri-

并消除了在"自我"和"本我"间的距离。我开始阅读克雷奇默（Kret-schmer）的《体型和性格》（*Körper und Charakter*）。[8]他关于外貌及其性情的描述非常精彩。因此，我可以对许多旁人这样分类，但不包括我自己，因为我的类型是一种绝望的混合型。我昨天读了柏格森（Bergson）关于相对论和时间的书。[9]奇怪的是，对他来说，有问题的只是时间而非空间。在我看来，他熟练运用语言的能力强于他的心理深度。他对心理因素的客观处理并不是很谨慎。但他似乎确实掌握了相对论的实质，而且并不反对它。哲学家时常就心理真实与物理真实这两个对立面发生意见分歧，而差异只来自于价值评价。要么是表现为"单纯的个人经验"的前者，要么是"单纯的思维构造"的后者。柏格森属于后一种类型，但却在不知不觉中以"他的"方式将其对象化。

我一直在思索引力－电的问题。

zu Tod nachgedacht. Finde, dass Weyl doch
Recht hat, dass ein ... Feld bezw. eine Invariante
als losgelöst vom Elektrischen keine Realität
hat, also auch nicht mathematisch
nicht objektiviert werden kann. Ich
glaube aber, dass die ... endgültige
Lösung weiter von Riemann abliegt
wie bei Weyl, glaube auch, dass abgelöst
von Elektromagneti dem Elementargesetz
der vektoriellen Parallelverschiebung unmittel-
bar nichts entspricht, und dass dieser Form
über Riemann hinaus,
rechnen als Grundlage der Theorie keine
objektive Berechtigung hat. Dagegen scheint
es mir doch möglich, dass man an der
Feldtheorie wird festhalten können, ob
auch am Ausdruck der Naturgesetze durch
Differentialgleichungen, scheint zweifelhaft.
16.X. Heute Morgen links ... Stromboli
vorbeigefahren. Dampfwolken. Prachtvoll in
Morgensonne.

einer einzige Vulkan-Kegel ragen aus dem Meer

觉得外尔（Weyl）是对的；一个独立于电场的$g_{\mu\nu}$场，或者说不变量ds，不具备实体，因此也不能用数学的方法客观化。但我认为最终解离黎曼（Riemann）比离外尔更远，也认为（独立于电磁场）没有任何东西直接对应于平行矢量位移的基本法则，我并不认为这种形式主义作为理论基础比黎曼（理论）更具备客观合理性。然而，在我看来，人们确实有可能坚持场论；用微分方程表达自然规律是否也能保留下来，这一点似乎值得怀疑。[10]

10月10日。今早，左舷驶过斯特隆博利岛（Stromboli）。滚滚的蒸汽云团。[11]壮丽的朝阳。

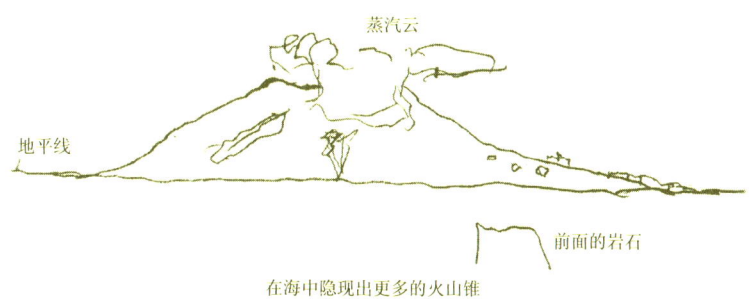

蒸汽云

地平线

前面的岩石

在海中隐现出更多的火山锥

3

Laue berauschende Luft. Stahlfarbenes Meer.
Italienische Festlandküste ... wollstg.
Tagarbeiterinnen krabbeln mit Kindern herum.
Sehen blumig und verwundert aus, fast
wie ... stilisiert. Schwarzäugig, schwarzhaarig
großköpfig trippelnd.

Wer gestern noch erschüttert von Sekt ... von
Kretschmer. Fühlte mich mit Zange gepackt. In Gleich-
gültigkeit verwandelte Hypersensibilität. In Jugend
innerlich gehemmt und weltfremd. Glasscheibe
zwischen Subjekt und anderen Menschen. Unmotiviertes
Misstrauen. ... Ersatzwelt. Asketische An-
wandlungen. Ich bin Oppenheim für das Buch
dankbar. —

Herrliche Fahrt am Mittag durch die Meerenge
von Messina. Kahle ernste Berglandschaft zu
beiden Seiten. Städte ebenfalls ernst, Vorherrschen
der Horizontale. Niedere flache weiße Häuser.
Orientalischer Gesamteindruck. Temperatur steigt
maßlos. Bin überzeugt, dass die Griechen
und Inder des klassischen Altertums in weniger
erschlaffender Atmosphäre lebten. Es ist kein
Zufall, dass die Zone lebhaften geistigen Lebens
seither nordwärts gerutscht ist. Unser angenehmer

令人陶醉的和煦之风。冷青色的海。弥漫着略带意大利陆地特色的云雾。日本妇女和孩子们[在甲板上]缓慢走着。她们穿着华丽，满脸茫然，像从一个模子里刻出来的。黑眼睛、黑头发、大脑袋，碎步急行。

昨天在阅读克雷奇默的著作后仍感到震撼。心仿佛被牢牢地攫住。过度敏感转化为冷漠。年轻时内向、不谙世事。在自我与他人间隔着一块玻璃板①。无缘无故地猜疑。以纸上世界来替代②。强行压制性欲的冲动。为这本书我要感谢奥本海姆（Oppenheim）。[12]

中午穿越墨西拿海峡的航行非常美妙。两边都是光秃秃的朴素的山地景观。城镇也同样朴素，地平线占据视野。低矮、平坦的白色房屋。总体印象：东方式的。温度持续上升。我深信，古典时代的希腊人和犹太人的生活氛围没那么让人沉闷。自那时起，精神生活活跃的地区向北转移，这绝非偶然。单调呆板的生活更容易。

---

① 指这种性格的人以冷漠的态度看待其他人，就好像在他们自己的自我与其他人之间有一道玻璃屏障。也就是说，他们无法与其他人直接联系。

② 按照克雷奇默的划分，这类性格的人认为，书中的知识比书外的"实践"世界更多。德文原文为 Papierene Ersatzwelt（纸制的替代世界）。

das Vegetieren. Das Streben nach Zufrieden-
heit hier leichter zu befriedigen, weil es selbst
zum lebhaften Wünschen fast schon zu warm ist.

11.X. Sonniger Tag. Himmel reinlich. Meer etwas bewegt
Glaube jetzt, dass Seekrankheit auf Orientierungs-
schwindel beruht, nicht auf Änderungen der sichtbar-
baren Schwere nach Richtung und Größe.

12.X. Strahlender Tag. See ruhig, fast windstill.
Atmosphäre ganz durchsichtig. Horizont scharf. Fast
windstill. 7½ Uhr Felsgebirge von Kreta steil ins
Meer abfallend. Abends wunderbarer Sonnen-
untergang — purpurn mit fein beleuchteten
schmalen Windwolken. Dann glänzender
Sternenhimmel mit stark heraustretender
Milchstr. bei lauer Luft. Mittags Ankunft
Port Said. Vormittags Gespräch mit Italie-
ner und japanischem Touristen. Beide stark
europäisiert — bis zum Ausdruck
des Gesichtes. Ersterer sehr vorsichtig und
realistisch. Abends Gespräch mit Hamburger
Exporteur. Zweideln und nüchtern.

13. Mittags Port Said. Wasser grün, bevor Küste
sichtbar. Im Mittelmeer tief blau. Lange
künstliche Damme mit Leegebläuen Gräben. Hinter

在这里，更容易心满意足，因为太热了，没有多余的心思想别的。

　　10月11日。晴天。天空泛白。大海有些不平静。我现在觉得，晕船是因缺乏方位感造成的眩晕引起的，而不是直接由方向和幅度造成的明显变化引起的。

　　10月12日。光芒四射的一天。大海平静，几乎无风。大气层完全是透明的。地平线清晰，风平浪静。早上7点半，能看到克里特岛的石崖了，它陡峭地矗立在海中。晚上，美妙的落日 —— 海风吹起了狭长的云，云闪着美丽的光，把落日映衬成了紫红色。随后，在柔风中，极其显眼的银河，天上星光熠熠〈中午抵达塞得港〉。上午，与石井[13]和日本律师谈话。两人连外貌表情都很欧化了。前者相当谨慎和现实。晚上，与一位汉堡出口商聊天，他年纪在60至70岁之间，精明而冷静。

　　10月13日。中午。下午3点，塞得港。在看到海岸之前，海水是绿色的。在地中海，海水是深蓝色的。形状不规则的石块筑起的长长的人工水坝。

soweit vom Meer sichtbar europäisch. Malerische
ägyptisches Segelschiff vom Typus

Im Hafen Gewimmel von Kähnen mit
schreienden und gestikulierenden Levantinern
in allen Schattierungen, die sich auf unser
Schiff stürzen. Wie von der Hölle ausgespien
Ohrbetäubender Lärm. Das obere Deck
in Bazar verwandelt, aber niemand
kauft etwas. Nur einige hübsche athletische
junge Wassersäger haben erfolgt Sonnenuntergang
Himmel lokal und sehr intensiv gerötet, wie
flammend. Auf der Gegenseite Manöver u. Gebäude
ein jenes scharfen Farbe, die oft auf Tropenbildern
festgehalten. Abends Unterhaltung mit franz. Beamten
Dann Begegnung mit japanischem Schraubendampfer. Nationale Begeisterung
14. Erwachen bei Kanalfahrt durch Wüste
Kühle Temperatur. Palmen, Kamele. Herrwald
gelbe Farbe. Blick oft auf ungeheure Sandflächen
von Buschwerk Kraut unterbrochen. Dampfer
Begegnung im Kanal. Weite Wüstenblicke. Grüner
Bittersee. Hügelufer in glänzende Beleuchtung

从海上所能看到的房子是欧式风格的。有如下类型的美丽的埃及帆船。

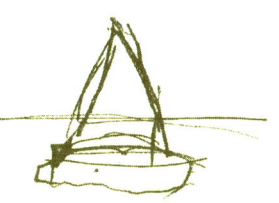

　　在港口，一大群小船里坐着各种各样的黎凡特人。他们大声尖叫着，比划着手势，涌向我们的船。喧嚣声震耳欲聋，好似来自地狱。上层甲板变成了集市，但没人买什么东西。只有一些英俊健壮的年轻算命师有所收获。土匪般的肮脏的黎凡特人，看起来英俊而优雅。夕阳西下，天空局部变得鲜红，好像燃烧似的。在[港口的]墙壁和建筑物的立面上，有一种经常在热带地区的绘画中出现的绚烂的色彩。傍晚时分，与来自暹罗①的法国公职人员交谈。与一艘日本的姊妹蒸汽邮轮相遇。船员们爆发出民族主义的热情。日本人热爱自己的国家和民族。

　　10月14日。在穿过沙漠的运河航行中醒来，气温凉爽。¹⁴棕榈树、骆驼。刺眼的黄色。经常可以看到一望无际的黄沙地带，间或有几丛杂草遮挡。在运河中相遇蒸汽邮轮。辽阔的沙漠景色。绿色的（大）苦湖。¹⁵山丘岸边，光芒四射。

---

① 泰国在 1939 年 6 月 24 日之前，以及 1945 年 9 月至 1949 年 7 月的称呼。

Wunderbar klare Luft. Dann letzter Teil des
Suez-Kanals bei Mündung Stadt Suez
Villenviertel der Kanal Verwaltung sehr hübsche
braune Häuschen mit Palmen. Freundlicher
Anblick nach so viel Wüste. Beidseitig
Felsengebirge. Ausläufer des Sinai Arabische
Mündung lichte segeln hierbei. Sind schöne
Wüstensöhne, stimmig, strahlend schwarzgrau
und munterlicher als in Port Said.

Bucht verbreitet nach Abfahrt. Sonne ver-
schwindet nach 6 über ägyptischem Wüsten-
Gebirge. Lokale rotviolette Färbung bei prächtigen
Villen etc. Ferner rötlichgelber Widerschein
im Osten. Dann wundervolle sternhelle
Nacht Milchstr nach nie so schön gesehen.
Flecken mit deutlicher Begrenzung. Längliche
Flecken treten deutlich seitlich heraus.
Nachts nackt mit Ventilator. Nicht beschwerlich.
15. Im ersten Meer bis bedeckten Himmel
ohne Licht bis Ufer. Himmel leicht bedeckt.
Morgens kurzer Regen. Treibhaustemperatur.
Mittags an zwei flachen kleinen Kohleninseln
vorbei.
16. Zwei Wasserrecht neben Dampfer

非常纯净的空气。之后,(经过)苏伊士运河的最后部分。在河口那里,即苏伊士市,运河管理者的别墅区相当漂亮。房屋有游廊,种着棕榈树。在经过那么多的荒漠之地后,这里的景色宜人。两边都是光秃秃的岩石山。西奈半岛延伸。阿拉伯小商贩驾船溯流而上。他们是英俊的沙漠之子,身材魁梧,黑色的眼睛闪闪发光,比塞得港的人更有教养。

起航后海湾变得宽广。6点后,太阳在埃及的荒漠山岭后消失。在类似玉特力山[①]山峦壮观剪影的映衬下,局部天空呈现偏红的紫罗兰色。[16]此外,在东面还有红黄色的反光。然后是妙不可言的灿烂星光之夜。从未见过银河如此之美。星星点点,界限分明。从银河边缘可以清楚地看到稍拉长的星点。晚上光着身子,吹着电扇。舒适愉快。

10月15日。在红海阴沉沉的天空下,看不到岸。天空有些阴沉。早上有短时阵雨。温室一样的气温。中午经过了两个平坦的小珊瑚礁。

10月16日。在蒸汽邮轮附近看见了两条有着巨大的背鳍和尾鳍的鲨鱼。

[①] 玉特力山(Ütliberg),位于苏黎世西郊,海拔871米,登上山顶可以俯瞰整座苏黎世城和苏黎世湖的美景。

gesehen mit gewaltiger Rückenflosse und
Schwanzflosse, Temperatur zunehmend,
aber noch erträglich. Wunderbarer Sonnenuntergang.
Wetterleuchten im Osten mit rötlicher Mehrdoppelwand
Östlicher Himmel blaugrau, weiter oben rötlich
Venus glänzt wunderbar und spiegelt sich
im Meer.

17. Abends bei hellem Himmel mächtiges
Ferngewitter auf der arabischen Seite. Fast
jede Sekunde Blitz auf kleinem Winkelraum.
Darauf erhob sich starker Wind bei steigendem
Seegang.

18. Bei starkem Seegang morgens Ausgang des
roten Meeres erreicht. Arabische Felsengebirge
sichtbar; die aus dem Meer ragende Einzelberge
glänzen rötlich in Morgensonne.

19 Darmkatharrh mit abscheulichen Hinterboden.
   Japanischer Professor eilt zu Hilfe

20. Wieder einigermassen flott. An Somaliküste
(Kap) vorbeigefahren. Herrlich in Nachmittags-
sonne beleuchtetes Gebirge. Frische Brise
mit mässigem Seegang.

25. Korallen-Inseln passiert mit Palmenhainen
   In der Nacht Tropenregen. Jetzt 9½ Uhr fener

还有飞鱼。温度在上升,不过完全可以忍受。美妙的日落。东面的倒影映在发红的海面上。东方的天空是灰蓝的,更远的则略带红色。金星闪耀,映入海中,十分美丽。

10月17日。晚上,在明亮的天空下,在阿拉伯半岛方向的远处有强烈的暴风雨。几乎每秒都有闪电落在小角落,随即大风刮起,海面涌动。

10月18日。早上,在强劲的浪涛中抵达红海的出口。阿拉伯山脉清晰可见。孤零零的山峰在海中若隐若现,在晨曦中闪着红光。

10月19日。肠炎,伴着让人非常难受的痔疮。

日本教授赶来救治。[17]

10月20日。邮轮恢复到正常状态。经过索马里海岸(角)。[18]午后的阳光照亮了山崖,十分灿烂。微风拂面,海浪适度。

10月25日。经过生长着棕榈林的珊瑚岛。晚上,下起了热带雨。现在9点半,

Tropenregen sichtbar (bei wechselnd bedecktem Himmel).

Bei Annäherung an den Aequator nahm vom arabischen Golf an die Bewölkung immer zu. Im Oktober liegt die meist bestrahlte Partie der Erdoberfläche am Aequator. Dort steigt die mit Feuchtigkeit gesättigte Luft auf und sondert dabei Wasser aus. Von beiden Seiten (Nord und Süd) strömt Luft nach (Winde der subtropischen Zone, abgelenkt durch Erddrehung). Jahreszeiten verschieben die Zone maximaler Erwärmung und damit den ganzen Phänomen - Komplex nach Norden oder Süden. Immer überschießt Land das Temperaturmaximum im Gegensatz zu Meer, weil es viel stärker erwärmt wird.

Die starken aufsteigenden Luftstöme begünstigen auch Gewitterbildung. Wir sahen oft Wetterleuchten ohne oder bei schwacher Wolkenbildung.

Im arabischen Golf viele Haiwischen und fliegende Fische. Im offenen Meer,

（在正在变幻的阴沉天空下）能看得见远处的热带雨。

在接近赤道时，从阿拉伯湾开始，云量增多。在10月，地球表面受到光照最多的部分（层）[1]就位于赤道。湿度饱和的空气在这里上升，水分由此凝结。空气从（南北）两侧流入（亚热带地区的风，因地球自转而转向）。升温最高的地区随着季节移动，由此使整个复杂的气象向南移或北移。此外，与海洋相反，陆地可在短时间内温度迅速升到很高，达到极值。

强烈的上升气流也有利于风暴的形成。我们经常在没有或者只有微弱的云层时看到片状闪电。

在阿拉伯湾有许多鲨鱼和飞鱼。在深达几千米的公海里看不到这类鱼。

---

[1] 凡尖括号内的文字，均为爱因斯坦写好后觉得不对，后用斜线删掉的。下同，不一一注明。

97

das anderere tausend Meter tief ist, sah man nichts dergleichen. Es dringt wenig Licht auf den Meeresboden, also schwache Pflanzenwuchs am Boden, geringe Fauna unten, und entsprechend oben.

In der Nacht des Schiffs-Irene Glaubten Unglücke. Waren aber nur Schallsignale wegen Unsichtigkeit der Luft bei starkem Regen, für den Fall von Schiffsbegegnungen. Temperatur sehr erträglich, nur die Kabine sehr heiss, zwischen einer Schiffswand und einem an Maschinen Raum grenzenden Gang. Hatte viel unter Unpässlichkeit zu leiden. Japanischer Arzt stets hilfreich. Ich wurde auf dem Schiff viel und mit ohne Ende photographiert, hauptsächlich von Japanern.

Gestern habe ich die elektromagnetischen Vakuum-Gleichungen $\left(\frac{\partial^2}{\partial x^2} - \frac{1}{c^2}\frac{\partial^2}{\partial t^2}\right)$ im Sinne der Weyl-schen Geometrie umgerechnet, in der Hoffnung, einen Ausdruck für die Stromdichte zu finden. Es kommt aber unbrauchbares Resultat $\varphi''^a \varphi_a$ heraus.

98

光线很少渗透到海底，海底的植物生长得也比较弱，下层的动物群稀少，上面更是如此。

晚上，船上的警报声响起。以为出了事故，但这只是由于在大雨中能见度差，为了防止船只相撞而拉响的声信号而已。温度完全不算难受，只是在船舱内才相当热（船舱一边是被太阳照射的船体侧舷，另一边隔着走廊就是轮机舱）。经常觉得不适；日本医生总是乐于助人。[19] 在船上我常常应邀拍照，自己一人或与人合照，主要是日本人。

昨天我根据外尔的几何重新计算了真空中的电磁方程 $\left(\frac{\partial \varphi^{\mu\nu} \sqrt{g}}{\partial x_\nu} = 0 \right)$，希望能找到一个电流密度的表达式，但得出的是一个没有用的解 $\varphi^{\mu\nu\alpha}\varphi_\alpha$。

28. Gestern Abend erreichten wir uns unter erheblicher Verspätung ~~Hook~~ Colombo. Bevor die Küste sichtbar war kamen wir in schweres Tropengewitter mit Wolkenbruch, sodass das Schiff halten musste. Als es sich um 9 Uhr aufhellte, zeigte es sich dass wir dem Hafen nahe waren. Ein Lotse kam im Ruderschiff heran und bald landeten wir neben einem anderen japanischen Dampfer. Wir sahen hier zum ersten Mal einen älteren Inder, feines vornehmes Gesicht mit grauem Bart, der uns zwei Telegramme brachte und – um Trinkgeld flehte. Noch andere Inder sahen wir, braune bis schwarze schmige Gestalten mit ausdrucksvollem Gesicht und Körper und ergebenem Wesen. Sie sehen aus wie in Bettler verwandelte Edelleute. Unaussprechlich viel stolzes und Deprimierendes ist da vereinigt.

Heute Morgen um 7 Uhr setzten wir aufs Land über und besahen uns mit den Flötze zusammen das Hindu-Viertel von Colombo und einen buddhistischen Tempel. Wir fuhren in einzelnen Wägelchen, die von burkelischen

10月28日。昨晚我们接近〈Honk〉①科伦坡的时候，耽搁了很久。我们在看到海岸线前遇到了强烈的热带风暴，伴着大暴雨，以至于必须停船。当天气在9点放晴时，才发现我们已经在港口附近了。一位引航员划着小艇过来。我们很快便停靠在了另一艘日本蒸汽邮轮边。我们在这里第一次看到了一位年长的印度人，面容英俊高贵，胡须花白，给我们带来了〈一〉两份电报，并——祈求小费。我们还看到了其他印度人。他们身材矫健，肤色从棕色到黑色，脸庞和身体的表现力丰富，举止谦逊，看起来像是变成了乞丐的贵族。诸多难以言状的自负感和落魄感交织在一起。

我们在今早7点登陆，与迪普拉特（Du Plâtre）夫妇一起参观了科伦坡的印度社区和一座佛寺。[20]我们各自坐着人力车，由孔武有力

---

① 这里的 Honk 本意指香港。

und doch so feinen Menschen im Laufschritt
gezogen worden. Ich habe mich über geschämt
an einer so abscheulichen Menschenbehand-
lung mitschuldig zu sein, konnte aber
nichts ändern. Denn diese Bettler in Königs-
gestalt stürzen sich scharenweise und
auf jeden Fremden, bis er vor ihnen kapi-
tuliert hat. Sie verstehen zu flehen und
zu betteln, dass einem das Herz wackelt.
Auf den Strassen des Eingeborenen-Viertels
sieht man diese feinen Menschen, wie sie
ihr painstvres Leben verbringen. Sie machen
bei aller Feinheit den Eindruck, als wenn
das Klima sie verhinderte, mehr als eine
Viertelstunde nach rückwärts und vor-
wärts zu denken. In grossem Dreck und
respektablem Gestank hausen sie zu
ebener Erde, thun wenig und brauchen
wenig. Einfachster wirtschaftlicher Kreislauf
des Lebens. Viel zu zusammengepfercht,
um dem Individuum ein Sonderdasein
zu ermöglichen. Halbnackt zeigen sie die
feinen und doch kräftigen Leiber und
die feinen, geduldigen Gesichter. Nirgends

102

却又如此有教养的人快步拉着。我为自己参与到对待人类的如此行为而感到非常羞愧，但却不能改变什么。这些数量骇人的以国王形式出现的乞丐①涌向每一个外地人，直到那个外地人在他们面前屈从为止。他们知道如何央求乞讨，直到对方动摇为止。在原住民区的街道上，人们可以看到这些有教养的人如何过着他们原始的生活。[21]尽管有很多美好之处，他们给人留下这样的印象：好像气候阻碍他们思索超过前一刻钟或后一刻钟的事。他们在大堆污秽和重度恶臭中栖身，做得少，需要得也少。简单经济的生命循环。太多人挤在一起，以至于个体不可能有任何特殊存在。他们半裸着，展示着健康有力的身体，以及姣好、有耐心的脸庞。没有一个地方的人

---

① 德文日记此处用语是 diese Bettler in Königsgestalt，英译本为 these beggars in the form of kings。这些乞丐尽管穿得很破，但气势压人。

Geschrei wie bei den Levantinern in Port Said. Keine Brutalität, kein marktschreierisches Leben, sondern stilles, ergebenes Vor-sich-Hinleben, das einer gewissen Heiterkeit nicht entbehrt. Wenn man diese Menschen recht ansieht, kann man an Europäern kaum mehr Freude haben, weil sie verweichlichter, brutaler und so viel roher und Begehrender aussehen — und darauf beruht leider ihre praktische Überlegenheit, ihre Fähigkeit, grosse Dinge in Angriff zu nehmen und durchzuführen. Ob wir in diesem Klima nicht auch so würden wie die Inder?

    Im Hafen lebhaftes Treiben. Halbnackte hell leuchtend schwarze brauner Arbeiter besorgen die Ladung. Taucher produzieren sich in ihren halsbrecherischen Künsten. Immer dieses Lächeln und Sich-Hingeben für das schnelle Geld und satte Menschen, die gemein genug sind, um sich dessen freuen zu können. Um 12½ Uhr fahren wir los, in die regurische Wasserwüste hinaus. Ceylon ist ein Pflanzenparadies und doch ein Schauplatz jammervoller Menschendaseins

31. Gestern war Geburtstag des Mikado. Feier auf oberem Deck am Vormittag. Banzay und Ansingen

像塞得港的黎凡特人那样喧嚷。没有野蛮行径，没有市场闹哄哄的气氛，而是安静沉默，但也不缺乏某种轻松愉快。人们一旦正确认识了这些人，就不再会欣赏欧洲人，因为后者更放纵更残忍，更粗鲁并且更贪婪——而不幸的是，这却给他们带来实用上的优势，能够着手于大事并将之付诸实践。在这种气候下，难道我们不也会变得像印度人一样？

港口里熙熙攘攘，热闹非凡。身体黝黑发亮的健壮工人在卸货。潜水员做着非常危险的工作。总是用这种微笑和自我轻视来赚取几个小钱，取悦那些扬扬得意、粗鄙的人。我们在12点半出发，驶入了多雨的浩瀚的海面。锡兰是植被的天堂，却也是一个展示人类悲惨存在的舞台。

10月31日。昨天是日本天皇的诞辰日。[22] 上午在上层甲板举行庆祝活动。日本人高呼"万岁"并唱国歌，

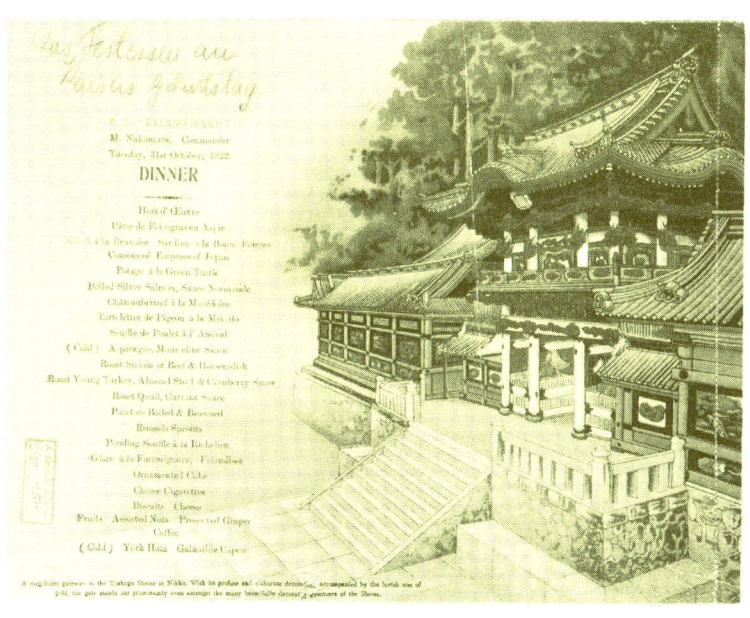

插图8 1922年10月31日，在日本"北野丸"号蒸汽邮轮上，为庆祝日本天皇诞辰准备的晚餐菜单（承蒙耶路撒冷希伯来大学阿耳伯特·爱因斯坦档案馆惠允）。

der Nationalhymne, die reichlich fremd-
artig klingt und sonderbar gegliedert
ist. Japaner sehr andächtig. Unheimliche
Kerle, denen der Staat zugleich Religion
ist. Wetter klarer. Fahrt längs der
Küste zuerst von Sumatra, jetzt längs
des Festlandes. Interessante Brechungs
erscheinung am Rand des Horizontes durch
Temperatur bezw. Feuchtigkeitsgradienten
Schiffe scheinen in der Luft zu schwimmen,
ebenso fernes Ufer. Gestern Abend frei-
willige Vorstellung der Japaner. Einer
sang und deklamierte wie ein Kater,
dem man auf den Schwanz tritt, dazu
entlockte er aus einem guitarre-ähn-
lichen Instrument mit einem Brettchen
mit wilder Gebärde von Zeit zu Zeit
einen Ton, der mit dem Sing-Sang
nichts zu thun zu haben schien.
Schlanker vornehmer junger Japaner (Botaniker)
macht erstaunliche Zauberkunststücke,
hauptsächlich mit drei roten Kugeln,
die er verschwinden und wieder auftauchen
lässt. Gestern Navigations-Instrumente gesehen

这首歌听起来很有异国情调，结构很奇特。[23]日本人相当虔诚。奇怪的家伙[们]，他们的国家同时也是他们的宗教信仰。天气变晴。原先沿着苏门答腊岛沿岸航行，现在则沿着大陆沿岸。在地平线边缘出现了有趣的折射现象，由于温度或湿度梯度，船看起来像飘在空中，远方的海岸也是一样。昨天晚上，日本人自发进行了表演。一个男人就像一只被人踩到尾巴的公猫一样唱歌咏诵。最重要的是，他不时带有狂野姿态，用一种像吉他但品间距较窄的乐器弹出一个看似和吟唱毫无关系的音符。[24]颀长而高雅的日本年轻人（植物学家）表演了不可思议的魔术特技，主要是让3个红球消失又再次出现。昨天参观了导航仪器，

und Methoden kennen gelernt, die bei
Ortsbestimmung üblich sind. Kompass ganz
primitiv, mit Ausschalung, Trägheitsmomente.
Sextant, Uhr, Geschwindigkeitsmesser, dessen Propeller
langes Seil nachgezogen wird. Morgens früh
Singapore. Frau Toshii entpuppt sich als Tante
von Sakumas junger Braut. Wetter wird
heller.

2. November. 7 Uhr morgens durch enge Passage
zwischen kleinen grünen Inseln hindurch Ankunft
im Hafen von Singapore. Wir wurden dort von
Bekannten erwartet und freundlich begrüsst. Herr
und Frau Montor (er Bruder des Hamburger Schau-
spielers) brachten uns in ihr geräumiges Wohnhaus.
Fahrt durch den wundervollen zoologischen Garten
und durch verschiedene Viertel der Stadt bei gutem,
nicht zu warmem Wetter. Ich erfuhr, dass der
unermüdliche Weizmann beschlossen hatte, meine
Reise zionistisch zu verwerten. Zu Hause angelangt
musste ich sogleich eine Antwort auf eine Begrüssungs-
Adresse verfassen, die Herr Montor mit einem Freunde
im Auftrag des zionistischen Vereins Singapore
verfasst hatte. Die Adresse, welche mir am Nachmittag
feierlich überreicht werden sollte, war auf Seide und

了解了定位的标准方法。罗盘非常原始，带有平衡惯性矩。六分仪，里程表。计速仪，它的螺旋桨被一条长线拖在船尾。明早到达新加坡。石井女士原来是佐久间的年轻新娘的婶婶。[25] 天气变得更晴朗了。

　　11月2日。早上7点，经过在绿色小岛间的狭窄海峡。抵达〈科伦坡〉新加坡港。当地的犹太复国主义者等在那里，热烈欢迎我们。蒙托尔（Montor）先生和夫人（他，是那位同姓汉堡演员的兄弟，自己也有演戏才能；她，是真正的维也纳人，但在新加坡长大）将我们带到了他们那宽敞的房子里。[26] 车子经过奇妙的动物园，穿过城市的不同区域。天气不是太热。我得知那个不知疲倦的魏茨曼决定利用我的旅行为犹太复国主义服务。[27] 新加坡犹太复国主义协会授意蒙托尔先生和一位为这个协会效力的朋友写了一篇欢迎辞。我一到住地，便必须立刻写一篇答谢词。这篇计划在午后递给我的欢迎辞，放在丝绸上，装在昂贵的银盒

in kostbarem Silberfutteral (chinesische Reliefarbeit),
inhaltlich recht geschickt, nur ganz doch aufgetragen
und – wie deren Vater selbst schmunzelnd mitteilte –
mit Hilfe von Meyers Conv.-Lexikon getraut.
Aus 11 Uhr kam ein Journalist dazu, und ich
musste Herrn Mentor, seinem Freunde und dem
Zeitungsmann unter anderem die Käfer-Geschichte
vom sphärischen Raum erzählen. Nach dem
prächtigen Mittagessen brachten uns unsere
freundlichen Wirte ins Gastzimmer, wo wir
unter Mosquito-Käfig schlafen durften. Nebenan
war Waschraum mit Closettkübeln und
grossem Waschzimmer. Else grauste es sehr, mir
auch ein bischen wegen dieser ungewohnten
Einrichtungen. Gut ausgeruht fuhren wir
um 4 Uhr mit Mentors Auto zu Meyer, dem
jüdischen Krösus von Singapore. Sein palastartiges
Haus mit maurisch anmutenden Hallen liegt
auf der Spitze eines Hügels mit Sicht auf Stadt
und Meer, unmittelbar darunter eine prunkvolle
Synagoge, welche im Wesentlichen eigens für
den Verkehr zwischen Krösus und Jehovah
von ersterem gebaut war. Krösus ist ein noch recht
aufrechter, schlanker willensstarker Greis von 81 Jahren

（暹罗的浮凸装饰）里，内容相当巧妙，只是过于庄重，而且——正如它的作者自己笑着透露的那样——需要《迈耶百科词典》(*Meyers Convers. Lexikon*①) 的帮助才能写成。[28] 在11点的时候来了一名记者。我必须向蒙托尔先生、他的朋友和这位记者讲述包括球形空间中的甲虫②在内的故事。我们友好的东道主在豪华的午宴后带我们去了客房。我们可以睡在那里的蚊帐下。隔壁是洗手间，配有大壁橱和一个大的洗衣盆。因为不习惯这些奇怪的设施，爱尔莎吓坏了，我也有一点。我们休息好后，在下午4点开着蒙托尔的车去新加坡的犹太"克罗伊斯"③，迈耶的家。[29]他那拥有摩尔式大厅的豪宅坐落在山顶，可以俯瞰城市和大海，豪宅下面紧挨着一座富丽堂皇的犹太教堂；[30]这座教堂在本质上专用于联系"克罗伊斯"和耶和华，由前者所建。"克罗伊斯"是一位81岁的老人，身材颀长、

---

① 一本重要的德语百科全书。从1839年到1984年，它曾以不同的名称出版了多个版本。1984年合并到《布罗克豪斯百科全书》(*Brockhaus Encyclopedia*)。

② 这里应该指的是爱因斯坦早期的静态宇宙模型。在一个有形无边的球面上爬行的甲虫是不知道自己在球面上爬行的。在受到苏联数学家亚历山大·弗里德曼 (Alexander Friedmann, 1888—1925) 的启发后，爱因斯坦放弃了静态宇宙模型。

③ 克罗伊斯 (Krösus)，古代吕底亚王国的最后一代国王，以财富甚多闻名。公元前561年即位，一直到公元前546年被波斯帝国的居鲁士大帝打败为止。

Graues Spitzbärtchen, schmales röthliches Gesicht, jüdische gebogene Schmale Nase, kluge, etwas schlaue Augen, ein schwarzes Käppchen auf der wohlgewölbten Stirn. Ähnlich wie Lorentz, nur dass dessen glänzende, wohlwollende Augen durch vorsichtig schlaue ersetzt sind und der Gesichtsausdruck mehr von schematischer Ordnung und Arbeit als - wie bei Lorentz - von Menschenliebe und Gemeinsinn spricht. Es war die Festung, welche ich nach Weizmanns Absicht zugunsten der Jerusalemer Universität einnehmen sollte. Seine Tochter, schmales schwarzes blasses adliges Gesicht ist eine der feinsten jüdischen Frauengestalten welche ich gesehen habe. Sie beweist Wenn man sie ansieht, ist man versucht, den Scherz vom „ältesten Adel" ernst zu nehmen.

Als wir nun da oben ankamen, gings zuerst ans Photographieren. Kisses neben mir, herum Familie und viel jüdische Ehepaare, Gruppenbild. Nach diesem enorm wichtigen Akt gings in eine orientalische grosse Erfrischungshalle. Malaysische Kapelle spielte Wienerisches und Negerisches in europäisch-schmalziger Kaffee-Haus-Manier. Ich sass mit Kisses und dem — Erzbischofsprälat

114

挺直，意志坚强。灰白色的山羊胡子，瘦削的红色脸庞，犹太人式的狭长鹰钩鼻，机智而有些狡黠的眼睛，饱满的额头上戴着一顶黑色小帽。长得像洛伦兹（Lorentz），只是把洛伦兹发亮而且善良的双眼换成警觉而狡猾的双眼。迈耶的面部表情流露出的，与其说是像洛伦兹那样的人性的大爱和团结友爱的精神，不如说是计划好的秩序和工作。[31] 根据魏茨曼的意图，他是一座我应该为了耶路撒冷大学而要去攻克的堡垒。他的女儿，有一副苗条〈黝黑〉的身材，苍白而高贵的面容，是我所见过的最精致的犹太女性形象之一。〈她证明了〉人们看着她时，会不由得真心相信那个关于"最古老的贵族"的玩笑。[32]

我们一到那儿，首先就去拍照。"克罗伊斯"靠着我，他的家人和许多犹太夫妇环绕左右，一起合影留念。[33] 在这个极重要的仪式后，我们排队来到了一个具有东方风格的休息厅。[34] 马来亚乐队以欧洲咖啡屋里过分伤感的煽情方式，演奏了维也纳音乐和黑人音乐。我与"克罗伊斯"和大主教（连同

插图9　爱因斯坦夫妇与新加坡犹太社团成员在慈善家玛纳西·迈耶（Manasseh Meyer）的住所，1922年11月2日。前排：阿尔弗雷德和安娜·蒙托尔（Alfred and Anna Montor）、爱因斯坦、玛纳西·迈耶、爱尔莎·爱因斯坦、韦尔夫妇（Mr. And Mrs. Weil）和罗莎·弗兰克尔（Rosa Frankel）。后排：身份不明的男子、莫采莱·尼西姆（Mozelle Nissim）、朱利安·弗兰克尔（Julian Frankel）、查尔斯·R.金斯堡（Charles R. Ginsburg）、蒂拉·弗兰克尔（Tila Frankel）、维克多·克鲁姆克（Victor Clumeck）、玛丽·弗兰克尔－克鲁姆克（Marie Frankel-Clumeck）和亚伯拉罕·弗兰克尔（Abraham Frankel）（照片由琼·比德[Joan Bieder]拍摄，载于《新加坡的犹太人》[The Jews of Singapore]。承蒙丽莎·金斯堡[Lisa Ginsburg]惠允）。

Gemahlin) einem ausgekochten, nur englisch
sprechenden schlanken grossartigen
englischen Nobile, der mit Krims' Geld nicht
ohne Glück liebängelt, ohne dessen Seele
im Gerinsten für sich zu beanspruchen.
Verzweifelte Sprach-Kalamität mit wohlschmecken-
den Kuchen. Nun brachte uns Monder (Krims
und noch) auf zwei am Saalende vorgesehene
erhöhte Stühle mit Rednertisch, setzte sich
daneben, liess mit überzeugender Stimme seine
Adresse vom Stapel, meine wohlübersetzte
Antwort in der sicheren Tasche. Ich antwor-
tete frei, wobei ich Notizen simulierte, um
dann darauf meine morgens redigierte und
improvisierte
(übersetzte Antwort zu verlesen, die er als Über-
setzung meiner freien Ansprache ausgab,
der Teledommejer. Dann mündliches Handschütteln,
an Amerika erinnernd. Ächte Herzlichkeit bei
den Indern überall. Als ich schon ganz seekrank
dran war und die Sonne sich verkrochen hatte,
fuhren wir schnell nachhause, wo ich ein
kleinen Stoss Albümer mit Autographen ver-
sehen musste. Dann fuhren wir durch das Chinesen-
viertel (ungeheures Gewussel, aber die Zeit reichte

他夫人）——一个老奸巨猾、只说英语、大鼻子的瘦高的英国贵族男子——坐在一起。他全然不关注"克罗伊斯"的灵魂，而只盯着他的钱，且未空手而归。[35]蛋糕是美味的，语言却是令人绝望的灾难。在大厅尽头放着两张与讲台连在一起的可升高的椅子。蒙托尔把我们（"克罗伊斯"和我）带到了椅子边。他坐在边上，用令人信服的声音朗读他的欢迎辞，对我那已被准确翻译好的答谢词也已掌握。我流畅地致辞，在此期间他假装记笔记，以便可以立刻宣读我的答谢词。这篇答谢词是我早上写好的，由他和他的朋友翻译，被他当作我的自由发言的现场翻译来宣读，机灵鬼。此后是没完没了的握手，让人想起了美国。无论在哪儿，犹太同胞总是彼此热情相待。在我昏昏欲睡时，太阳也下山了，我们便迅速开车回家——回家后我还得给一些纪念册签名。然后我们穿过中国城（熙熙攘攘，时间不够看，只能嗅）

nicht zum Sehen sondern nur zum Riechen)
zu Krösus' Abendessen, einer pompösen Mahl-
zeit in offener Halle für etwa 80 Menschen. Die
Mahlzeit war deftig und ohne Ende. Ich musste
endlich aufstehen, weil ich Speisen nicht einmal
mehr sehen, geschweige denn essen konnte.
Nun kam die bewusste Kapelle wieder und
regierte lustig drauf los, ~~Der Alte~~ und alles
tanzte. Dies verschmähte sogar Krösus nicht,
nachdem er gezeigt hatte, dass sein 80-jähriger
Magen noch gewaltig leistungsfähig war.
Endlich fand das wohlgeplante, von Weymann
veranlasste Attentat auf Krösus statt, von dem
ich trotz vieler Bemühungen nicht weiss, ob
eins meiner Geschosse die dicke Oberhaut
Krösus' hat durchdringen können. Dann
fuhren wir heim und schlüpften (nach Absol-
vierung noch einiger Albümer) in den wohlbereiteten
Mosquito-Käfig. Nachts ungeheuer heftiger
Tropen-Regenguss mit Gewitter. Ich stopfte
schnell alle Fensterläden zu, was aber doch
nur unvollständig gegen das viele Wasser
half. Die Temperatur war während des ganzen
Aufenthaltes nicht besonders heiss, aber die

去赴"克罗伊斯"的晚宴 —— 在一个能容纳约80人的露天大厅里进行的奢侈大餐。[36]这顿晚饭丰盛无比，没有止境。我最后必须站起来，因为连看都不想看食物了，更别提吃了。然后熟悉的小乐队回来了，欢乐地奏起了黑人音乐[37]，（那位老人）以及所有人都跳了舞。在展示了他那80岁的胃仍然非常健康之后，甚至"克罗伊斯"都不拒绝这样做。最后进行了由魏茨曼精心策划的、对"克罗伊斯"的"攻击"（为了给耶路撒冷大学募捐）。虽然进行了诸多努力，但我也不知道自己的子弹中，是否能有一颗穿过"克罗伊斯"的厚皮。[38]然后我们回家，（签完一些纪念册后）钻进早该享用的蚊帐。晚上，下起了伴着雷暴的热带瓢泼大雨。我迅速关上了所有百叶窗，但水太多了，只能抵挡住部分。整个逗留期间，气温不是特别高，不过

grosse Feuchtigkeit erinnert ans Treibhaus. Hat
etwas Morgenländisch-Berauschendes.
3. November. Nach dem Frühstück wundervolle
Auto-fahrt über Gummi-Plantagen-Hügel
nach dem Hafen. Wundervolle Vegetation,
plötzlich unsehende chinesische Villen.
Aussicht über Meer und Inselchen. Noch
ein schönes Häuflein getreuer Juden kam
aufs Schiff. Erst gegen 11 Uhr gings ab
in malerischer fahrt zwischen grünen
Inseln.

Die Chinesen vermögen jedes andere Volk
zu verdrängen durch Fleiss, Anspruchslosigkeit,
Kinderreichtum. Singapore ist fast ganz in
ihren Händen. Geniessen als Kaufleute
grosse Achtung, weit mehr als Japaner,
die als unzuverlässig gelten. Es mag
schwer sein sie psychisch zu verstehen, ich
habe Scheu davor, seitdem mir der japanische
Gesang so ganz unverständlich geblieben
ist. Gestern hörte ich wieder einen vor sich
hin singen, dass es mir schwindlig davon wurde.

高湿度却让人想起了温室。这里面有某种东方式的魅力。

11月3日。早餐后，驱车进行美妙的旅行，穿越橡胶种植园的山丘驶向港口。漂亮的植物；看起来喜庆的中式别墅。远眺有着众多小岛的大海。另一群忠实的犹太人来到了船上。大约11点才起航，航行在美丽如画的绿色群岛间。

中国人能通过勤奋、节俭和子孙众多超越其他任何民族。新加坡几乎完全在他们手中。他们作为商人颇受敬重，远胜于被认为靠不住的日本人。要从心理上理解日本人可能很难；而我自从感觉完全理解不了日本歌曲后，也不敢再做尝试。昨天我又听到另一首歌，长得使我头晕目眩。

7. XI. In der Zwischenzeit Regenwetter bei
Treibhausluft. Gesellschaft auf Dampfer in
Singapore um zwei alte gemütliche Schweizer-
Offiziere und jungen deutschen Kaufmann
bereichert. Von Abend des 5 bis Abend des 6. Taifun
mit riesigen Wellen, Wind und viel heftigem
Regen. Das Schiff tanzte gewaltig. Wunderbares
Schauspiel an Schiffsspitze. Viel fliegende Fische,
vom Dampfer aufgescheucht, gewaltige Vertikal-
bewegung. Heute zeigt das Meer noch keine
riesigen in seiner Bewegung. Ermüdung durch
ewiges Balancieren. Frauen viel mehr seekrank
als Männer.
10. Am 9. Morgens kamen wir in Honkong
an. Es ist die schönste Landschaft, die ich
auf der ganzen Reise bisher gesehen habe. Gebirgige,
langgestreckte Insel nahe dem ebenfalls
gebirgigen Festlande. Zwischen beiden der
Hafen. Viele kleine steile Inselchen. Das Ganze
wie eine halb ersoffene Gegend aus den
Voralpen. Die Stadt terrassenartig am mässig
geneigten Fuss eines etwa 500 m hohen Berges
gelegen. Luft angenehm kühl.
Den Empfang der jüdischen Gemeinde dankbar

11月7日。此间一直下雨，像处于温室空气中。在新加坡，蒸汽邮轮上多了几个伙伴：两位平易近人的瑞士老军官和一位年轻的德国商人。从5日晚到6日晚，台风来袭，巨浪滔天，狂风大作，大雨倾盆。船只晃动得很厉害。船首的景象（非常）壮观。许多鱼被蒸汽邮轮吓得到处乱跳；船体强烈地上下颠簸。今天海浪依旧。因为要连续不断地保持平衡而疲劳不堪。女士比男士更容易晕船。

11月10日。我们在9日早上到了香港。我到目前的整个旅行所见中，它的景色最美。多山的绵延的岛屿与同样多山的大陆相傍。港口在两者之间。许多突兀地露出海面的小岛。整体像阿尔卑斯山麓那些一半被淹没在云里的小丘地区。这座城市像梯田一样坐落在一座坡度平缓、大约500米高的山脚上。[39]空气舒适凉爽。

婉拒了犹太社团的欢迎会。[40]

abgelehnt. Aber zwei jüdische Kaufleute ver-
brachten den ganzen Tag mit uns. Vormittags
Rundfahrt um Insel in Automobil angetreten.
Blicke auf Meer, fjordähnliche Meeresbuchten
und Berghalden von unerschöpflicher
Mannigfaltigkeit und Pracht. Unterwegs
assen wir zu Mittag in amerikanisch
anmutendem Luxushotel, wo unsere
beiden Führer sich nicht nur angeregt über
Land und Wissenschaft mit mir unterhielten,
sondern auch eine grosse Zuneigung zu
irdischen Genüssen offenbarten. Bei der
Heimfahrt sahen wir ein aus Barken be-
stehendes Chinesisches Fischerdorf, eine
sehr fröhlich anmutende chinesische Be-
erdigung und - geplagte Menschen, Männer
und Weiber, die für 5 Cent täglich Steine schleppen
und Steine tragen müssen. So werden die
Chinesen für ihre Fruchtbarkeit von der
fehllosen Wirtschaftsmaschine hart ge-
straft. Ich glaube, sie merken es kaum
in ihrer Stumpfheit, aber traurig zu sehen
ist es. Sie sollen übrigens vor einiger Zeit
mit merkwürdig guter Organisation einen erfolg

但两个犹太商人和我们待了一整天。[41] 早上，乘坐汽车开始环岛游。大海，类似挪威海岸边的峡湾（Fjord）的海湾以及山坡景色，变化无穷，美不胜收。在途中，我们在一家豪华的美式饭店吃午饭。[42] 我们的两个向导在那里不仅兴奋地与我谈论这个国家和科学，还显露出对世俗享乐的强烈喜好。我们在回程途中看到了一个由小船组成的中国渔村，一个显得相当欢乐的中式葬礼以及 —— 那些每天为了 5 分钱，必须敲打石头、背石头的饱受折磨的男人和女人。中国人就因为他们的生殖力被无情的经济机器残酷惩罚。我觉得他们在无力和迟钝中难以意识到这一点，但是看到这些让人难过。顺便提一下，他们应该在不久前成功进行了一次

12¹
Johnsdaeik erfolgreich durchgeführt haben.
Nachmittags besuchten wir das jüdische Klub
haus, das in einem üppigen Garten in erhöhter
Höhe gelegen ist und einen prächtigen
Ausblick auf Stadt und Hafen hat. Es waren
nur 120 Juden dort, meist arabische, deren
Religiosität noch mehr zur Form erstarrt zu
sein scheint, als dies bei unseren russisch-
europäischen der Fall ist. Im Klubhaus gesellten
sich ~~drei~~ Frauen zu uns, die Frau eines unserer
Gastgeber und deren Schwester. Ich bin nun
überzeugt, dass die jüdische Rasse sich ziem-
lich rein erhalten hat in den letzten 1500 Jahren,
da die Juden aus den Euphrat-Tigris-Ländern
den unsrigen sehr ähnlich sind. Das Gefühl der
Zusammen-Gehörigkeit ist auch recht lebhaft.
Wir fuhren noch alle zusammen auf den Gipfel
des Berges, an dessen Fuss die Stadt liegt (mit
Drahtseilbahn, Chinesen und Europäer getrennt).
Über grandiose Aussicht auf Hafen, Inselgebirge und
Meer. Der Anblick mit den vielen felsigen
Inselchen, die steil aus dem Meere ansteigen,
erinnert an das Nebelmeer in den Voralpen.
Abends kam plötzlich Sturm, der uns auf der

增加薪资的罢工，组织得出奇的好。[43]我们在下午拜访了犹太人会所。它坐落在一个草木茂盛的花园里，地势相当高，能一览这座城市和港口的宏伟景色。[44]据说这个会所只有120名犹太人，大多数来自阿拉伯地区；比起我们那些来自俄罗斯-欧洲的犹太人，这些人的信仰在形式上更墨守成规。在会所，有两个女人陪着我们，她们是我们的一位东道主的夫人和她的妹妹。我现在坚信，犹太人种在过去的1500年间保持得相当纯正，来自幼发拉底-底格里斯地区的犹太人与我们这种犹太人非常相似。共同归属感也很强烈。我们所有人还一起登上了山顶，城市就坐落在山脚下（坐缆车；中国人和欧洲人被隔开）。在上面俯瞰着港口、岛屿的山脉和大海，视野恢宏。许多从大海中高高凸起的小岛，这个景色让人想起了在阿尔卑斯山麓小丘的雾海。傍晚时分，狂风突至，

13

Strasse meinen Hut entriss, sodass ich
mit allen Kräften nachlaufen musste,
um ihn wieder zu bergen.

Heute Morgen besuchte ich mit Ilse das
Chinesenviertel auf der Festlandseite. Fleissiges,
dreckiges, stumpfes Volk. Häuser sehr scha-
blonenhaft, balkonellenartige ~~gegliedert~~ vorhanden,
alles zusammengebaut und eintönig. Hinter
dem Hafen lauter Esslüden, vor denen
Chinesen auf Bänken bei der Mahlzeit
nicht sitzen sondern hocken wie Europäer,
wenn sie im grünen Walde ihre Notdurft verrichten.
Es geht still und gesittet bei allem zu. Schon
die Kinder sind temperamentlos und sehen
stumpf aus. Es wäre doch schade, wenn diese
Chinesen alle anderen Rassen verdrängten. Für
unsereinen ist schon der Gedanke daran
unsäglich langweilig. Gestern Abend besuchten
mich noch drei Portugiesen (Mittelschullehrer), die von den Chinesen
behaupteten, dass Chinesen nicht zu logischem
Denken erzogen werden könnten, insbesondere
keine Begabung zur Mathematik hätten.
Mir fiel der geringe Unterschied zwischen Männern
und Weibern auf; ich begreife nicht, was für

把我的帽子吹到街上。我不得不奋力去追，把它找回来。

今天早上我与爱尔莎参观了大陆那边的中国人聚居区。勤奋、肮脏、迟钝的人们。房子看上去千篇一律，蜂房一样的阳台，所有东西都挤靠在一起，单调无趣。港口后面是一个接一个的小餐馆。在餐馆前面用餐的中国人并不是坐在长椅上，而是蹲着吃，像欧洲人在树林中蹲着大小便一样。所有这一切都悄然而安静地进行着。甚至小孩看上去也无精打彩，麻木迟钝。如果这些中国人取代了其他所有种族的人，那将是一件很遗憾的事。对于我们这样的人来说，仅仅是这样的想法，就觉得特别沮丧。昨晚有3名葡萄牙中学教师来拜访我，他们坚称中国人无法接受逻辑思维的教育，他们尤其没有数学天赋。我注意到，这里的男人与女人几乎没有什么差别，我不明白，

eine Art Reiz der Chinesinnen die zugehörigen
Männer so fatal begeistert, dass sie sich
gegen den formidabeln Kindersegen so schlecht
zu wehren vermögen. Um 11 Uhr fuhr die
Cotano Maru ab, durch das glänzende grüne
Meer zwischen grünen Inselbergen, die
entzückend waren durch Form und Farbe,
aber kahl, d.h. ohne Baumwuchs. Die jetzige
üppige Flora soll ganz (auf Hongkong) von den Engländern
angelegt sein. Diese verstehen das Regieren
bewundernswürdig. Die Polizei wird
durch importierte schwarze Inder von wun-
derbarem Wuchs besorgt, niemals werden Chinesen
verwandt. Für letztere haben die Engländer eine
richtige Universität errichtet, um die in ihrer
Lebenshaltung emporgestiegenen Chinesen an
sich zu fesseln. Wer macht ihnen das nach?
Arme europäische Kontinentale, ihr versteht
nicht, nationalen Gegenbewegungen durch Toleranz
die Gefährlichkeit zu nehmen.
11. Nachts wunderbares Meeresleuchten. Die Kämme
der Meereswogen leuchteten bläulich soweit man
sehen konnte.
14. Am 13. etwa 10 Uhr morgens Ankunft in Schanghai

中国女人究竟有什么样的致命魅力，能让她们的男人如此着迷，以至于他们无法抵御后代的巨大祝福。① "北野丸"［蒸汽邮轮］在11点起航，穿过绿色岛屿山脉之间闪亮的绿色海洋，山脉的形状和颜色令人愉快，但却是光秃秃的，没有树木生长。现在香港的郁郁葱葱的植被应该是英国人种的。他们对治理的理解值得赞赏。警察由外来的身材魁梧的黑皮肤印度人担任，从来不让中国人干。英国人为后者设立了一所正规大学，以吸引那些生活水准提高了的中国人。45这一点谁能比得上？可怜的欧洲大陆人，你们不知道如何用宽容消除民族反抗运动的危险。

11月11日。晚上，奇妙的海上波光粼粼。目之所及，海浪的波峰都闪耀着蓝色的光芒。

11月14日。在13日早上10点左右到了上海。

① 参照爱因斯坦在新加坡对中国居民的评价，可知此处他所说的是中国人生殖力强。

133

14

Fahrt an flachen, malerisch gelbgrün beleuchteten
Ufern entlang flussaufwärts. Abschied von den zwei
Schweizeroffizieren, deren einer aus Bern mir in
liebenswürdigster Weise mein Pfeifchen geflickt
hat und von chauvinistischen, aber sonst
gutherzigen jungen Deutschen, ehemaligen Offizier.
In Schanghai von Inayaki und Frau, unseren
liebenswürdigen Begleitern Schanghai – Kobe,
von Deutschen Consul, Herrn und Frau Pfister
auf dem Schiff begrüsst. Zuerst Journalisten,
ein ansehnliches Häuflein japanische und
amerikanische, die ihre gewohnten Fragen stellten.
Dann mit Inayakis und zwei Chinesen (ein Journalist
und Sekretär christlichen Chinesenverbandes) in
chinesisches Restaurant geführt. Während des Essens
sahen wir zum Fenster hinaus eine geräuschvolle,
farbige chinesische Beerdigung – eine ..... für
unseren Geschmack barbarisch, fast drollig anmu-
tende Angelegenheit. Das Essen höchst raffiniert,
schier endlos. Man greift mannigsetzt mit
Stäbchen aus gemeinsamen Schüsselchen, die in
grosser Anzahl auf dem Tisch stehen. Mein Inneres
reagierte recht temperamentvoll, dass es höchste
Zeit war, als ich gegen 5 Uhr im Hafen (buchstäblich

134

船沿岸逆流而上，平坦的岸边美丽如画，闪现出一片黄绿色的景色。[46]
与两位瑞士军官告别，其中来自伯尔尼的那位很友好地修好了我的小
烟斗；同时告别的还有那位年轻的前德国军官，他虽然是个沙文主义
者，但在其他方面并无恶意。在上海，我们在船上受到了稻垣及其夫
人（我们在上海和神户的可爱陪同者）[47]、德国领事[48][以及]斐司德
先生和他夫人的欢迎。[49]首先是记者，一群值得尊敬的日本和美国记
者，提出他们惯常会提的问题。然后被稻垣夫妇和两位中国人（一名
记者和中华基督徒全国联合会①的一名干事）带到一家中餐馆。[50]就餐
期间，我们在窗外看到了一场喧闹的、五颜六色的中式葬礼，这对我
们来说是（有些）未开化、几近滑稽的事件。饭菜极其精致，几乎没完
没了。桌上放着很多菜碟，人们不停地用筷子从里面取食。我的肠胃
反应相当激烈，后来大概在5点登陆友好的斐司德夫妇的安全港（从
字面意义上来

---

① 此处德文原文为 christlicher Chinesen，英译本为 Christian Chinese Federation。

zu verstehen) des freundlichen Ehepaars Pfister
landete. Nach dem Essen bei herrlichem Wetter
Spaziergang durch das Chinesenviertel. Strassen
immer enger, wimmelnd von Fussgängern, Kuli-
Personenwägelchen, starrend von Dreck aller Art,
in der Luft ein Gestank von nicht endendem
mannigfaltigem Wechsel. Eindruck von gräss-
lichem Existenzkampf sanft und meist stumpf
 aneinander vorbei vernachlässigter Menschen. Nach
der Strasse lauter offene Werkstätten und Läden, grosses
Geräusch, aber nirgends Streit. Wir besuchten Theater,
in jedem Stock besondere Vorstellung von komischem
Publikum sehr dankbar ergötzlich, verschiedenstes Volk mit
kleinen Kindern. Überall respektabler Dreck.
Drin und draussen in dem schrecklichen Gewimmel
ziemlich frohe Gesichter. Sogar die zu Pferdarbeit
Degradierten machen nie den Eindruck bewussten
Schmerzes. Merkwürdiges Herdenvolk, oft respektables
Bäuchlein, immer gute Nerven, oft mehr Automaten
als Menschen ähnlich. Manchmal Neugierde mit
Grinsen. Bei Besuche wie wir drolliges gegen-
seitiges Anglotzen - Else besonders eindrucksvoll
mit aggressiv anmutender geräumiger Lorgnette.
Die Fahrt zu Pfisters Landhaus ist schon ge-

理解）时，我才如释重负^①。饭后，在美好的天气下步行穿过中国人居住区。街道变得越来越窄，挤满了行人和苦力黄包车，上面沾满了各种污垢，空气中弥漫着各种各样的臭味。给人留下的印象是，一群温顺、迟钝、几乎被遗忘的人在为残酷的生存而斗争。街道之外，露天作坊和商店喧嚣嘈杂，但没有任何地方发生争吵。我们参观了一个剧院，每一层都有不同的滑稽演员演出。⁵¹观众总是在叫好，很满意，各种各样的人都带着小孩子。到处都极其肮脏。非常喧哗的人群，露出满意的笑容。即便是那些像马一样工作的人^②也没有给人留下痛苦的印象。一群没有主见的奇特民众，经常有不小的肚子，总是很有耐性，很多时候，与其说像人，不如说更像机器人，有时做着鬼脸，一副好奇的样子。和我们这样的欧洲游客滑稽地互相凝视——爱尔莎戴着看起来带有挑衅的长柄眼镜，令人印象深刻。

随后前往斐司德那宽敞的、已被夸赞为安全港的乡间别墅，

---

① 爱因斯坦此处是说他的肚子翻江倒海一般，极不舒服，到斐司德家终于解决了。
② 指下层劳动者。

...ten rettenden Hafen. Gemütlicher The.
Dann kam eine Deputation von etwa 8 jüdischen
Honoratioren mit ... würdigem Rabbi und
recht schwieriger Verständigung. Dann Fahrt
mit Inagakis ... durch dunkle Gassen zu
reichem chinesischen Maler zu chinesischem
Abendmahl. Haus aussen dunkel mit
kahler hoher Mauer. Innen festlich beleuch-
tete Hallen von einer mit malerischem
Teich und Garten ausgestatteten romantischen
Hof. Die Hallen mit prächtigen ächt chinesischen
Bildern des Hausherrn geschmückt und
mit liebevoll gesammelten alten Kunstgegen-
ständen. Vor dem Essen ganze Tischgesellschaft
bestehend aus dem Hausherrn, uns, Inagakis Pfisters,
einem deutsch sprechenden chinesischen, dem Haus-
herrn verwandtes Ehepaar mit zutraulichem,
deutsch und chinesisch allerliebst deklamierendem
etwa 10jährigen hübschen Töchterchen, dem Rektor
der Schanghaier Universität und ein paar Lehrern
dieser Anstalt. Endloses, ungeheuer raffiniertes
Fressen, einem Europäer unvorstellbare, geradezu
lasterhafte Schlemmerei mit schmatzigen, von
Inagaki übernommenen Reden, hiervon eine von mir,

惬意地喝着下午茶。[52]然后来了一个代表团，大概由8位犹太显要组成，他们中有令人敬仰的拉比，沟通非常困难。[53]然后与稻垣夫妇驱车穿过昏暗的小巷，去一位富有的中国画家的家中吃中式晚餐。房子外面黑乎乎的，被一堵冷清的高墙围着。进到房子里面，浪漫的庭院边上的走廊点着过节才有的灯火，里面有一个优美如画的池塘和花园。大厅里装饰着主人丰富多彩的真正的中国画以及他精心收藏的古董。在用餐时，整桌人有：东道主、我们、稻垣夫妇、斐司德夫妇、一位说德语的中国人、一对与东道主沾亲带故的夫妇和他们大约10岁的漂亮小女儿，她用德文和中文朗读，讨人喜爱，还有上海大学校长和该校的几位教师。[54]食物无穷无尽，极其精巧，让欧洲人难以想象，彻底堕落的享乐，其间伴着客套恭维的致辞，由稻垣来回翻译，我也做了一个发言。[55]

插图10　爱因斯坦和爱尔莎出席在上海著名画家、企业家王一亭住所举行的晚宴。前排：章肃、托尼·稻垣、爱尔莎·爱因斯坦、应蕙德、爱因斯坦、应时[①]、王一亭和于右任（承蒙纽约利奥·贝克学会惠允）。[②]

① 原文此处误为稻垣守克（Morikatsu Inagaki）。

② 经上海市黄浦档案馆研究员景智宇先生多方查证，终于弄清楚了这张照片上的每个人。后排九人（从左至右）为：斐司德夫人、村田孜郎（《大阪每日新闻》记者）、前田（基督教青年会干事）、张君谋、张季鸾、稻垣守克、斐司德、曹谷冰、王传熊（王一亭的次子）。

Der Hausherr hatte ungemein feines Gesicht, Haldane
ähnlich. An der Wand hing ein wundervolles, lapidares
Selbstbildnis von ihm. Die Mutter des deklamierenden
Töchterchens spielte die Hausfrau und führte
recht drollig und geschickt auf Deutsch die Unter-
haltung. Um 9 ½ Uhr Abfahrt mit Inagaki
in den japanischen Klub, wo wir von etwa
hundert meist jungen Japanern in angenehm
formloser, schlichter und heiterer Weise willkommen
geheissen wurden. Zwanglose Begrüssung und
Beantwortung derselben, übersetzt von Inagaki.
Dann Rückkehr auf das Schiff. Dort noch Besuch
von interessantem und sympatischem englischen Ingenieur. Endlich
Bett.

Heute nach Frühstück Autofahrt nach interessantem
uralt-böhmigen, gegenwärtig als Kaserne benützten buddhistischen Tempel mit prächtigem
chinesischem Turm. Nebenan höchst amüsantes
Dörfchen, ganz chinesisch mit ganz engen Gässchen
und nach vorne offenen Häuschen, überall kleinen
Laden oder Werkstätte darin. Gegenseitiges Anglotzen
noch persönlicher als in der Stadt. Kinder schwanken
zwischen Neugierde und Furcht. Fast durchweg fröhlicher
Eindruck nebst Dreck und Gestank. ich werde oft und
gerne daran denken. Den Tempel besehen wir uns genau

主人的脸庞非常精致，像霍尔丹（Haldane）。[56]墙上挂着他的一幅精准的自画像。那位朗诵的小姑娘的母亲充当起女主人的角色，用德语聊天，相当诙谐和流利。与稻垣夫妇在9点半起程前往日本俱乐部，一百人左右在那里（大部分是日本年轻人）以一种愉快轻松而又纯朴活泼的方式欢迎了我们。[57]同样无拘无束地问候和答谢，由稻垣翻译。然后返回船上。在那里，还有一位有趣而又讨人喜欢的英国工程师来拜访。最终，上床睡觉。

今天早餐后，驱车前往一座有趣的佛寺①，它有很多院子，一座宏伟的中式佛塔。这座佛寺现在被用作军营。隔壁是一个极其有趣的小村庄，完全是中式的，有着十分狭窄的小巷和敞着门的小房子，到处都是小商店和作坊。这里互相凝视比在城里还要好笑。孩子们又好奇又害怕。除了污秽和臭味，一路上几乎自始至终是令人愉快的印象；我将会经常愉快地想起这里。我们仔细参观了佛寺。

---

① 尽管爱因斯坦日记里没有说明，但据稻垣日记，此处是指龙华寺。后面所说有"一座宏伟的中式佛塔"，即相传是三国东吴（222—280）孙权为孝敬母亲而建的报恩塔，亦即龙华塔。

Die benachbarten Menschen scheinen gegen seine
Schönheit stumpf zu sein. Architektur und
innere Ausstattung (überlebensgrosse Budda's
und andere Figuren) wirken merkwürdig
zusammen zu grossem künstlerischen
Gesamteindruck. Hoheit des budelistischen
Gedankens umrankt von Gestalten abstrusen
Aberglaubens (halb symbolisch).

Nachmittags 3 Uhr Abreise.

16. und 17. Fahrt durch japanische Meerengen mit
unzähligen grünen Inselchen. Wunderbare
stets wechselnde Fjordlandschaften. 17. Nach-
mittags Ankunft in Kobe. Von Nagaoka, Ishiwara
Kuroki (deutschen Kunst und deutschem Verein)
empfangen. Grosser Trubel. Auf dem Schiff
Haufen Journalisten. Halbe Stunde Interview
im Salon. Kurzes Verschnaufen in Hotel nächst
Landungsstelle. Abends 2 Stunden Bahnfahrt
mit den Professoren. Leichte Wagen. Publikum sitzt
in zwei langen Reihen längs Fenstern. In Kiote
magisch beleuchtete Strassen, niedliche Häuschen.
Autofahrt ins Hotel. Grosser Eindruck. Graziöse
Leutchen trippeln klapp klapp auf den Strassen.
Hotel grosser Holzbau. Gemeinsames Essen, zierliche

144

附近的人似乎对它的美无动于衷。建筑结构和内部装饰（比真人尺寸更大的佛像和其他塑像）共同创造了一种奇特的效果，形成了一个伟大艺术的总体印象。庄严的佛教思想缊藏在深奥的带有迷信色彩（半象征）的巴洛克风格的雕塑中。

下午3点起程。

11月16日和17日。航行穿过有着无数绿色小岛的日本海峡。不断变幻的峡湾景色妙不可言。17日下午抵达神户。受到了长冈（半太郎）、石原（纯）、桑木（或雄）、长冈先生的娇妻、德国领事和德意志协会以及犹太复国主义者的接待。[58] 乱哄哄的。大批记者登上了那艘邮轮。在邮轮的大厅进行了半小时采访。[59] 在大批人员的簇拥下上岸。在码头附近的酒店短憩。[60] 傍晚时分，与教授们坐了两小时的火车。简朴的车厢。游客沿着窗户坐成长长的两列。在京都，街道明亮得不可思议，精致的小房子。驱车前往位于地势稍高处的酒店。[61] 下面的城市，像一片灯光的海洋。宏伟的印象。优雅小巧的人们，咔嗒咔嗒的，在街上小步疾行。在木质结构的大酒店集体用餐；

Frauen-Bedienung in kleinem Separatzimmer.
Japaner schlicht, fein, überhaupt sehr sympathisch.
Abends wissenschaftliche Unterhaltung. Alles
zusammen höchst anstrengend.
18. Morgens Auto – Rundfahrt durch Kioto. Tempel.
Grosse Gärten, alter Palast, mit Mauer und
Wassergräben umgeben, wundervolle altjapanische
Architektur (Abart des chinesischen, leichter, weniger
barock) Auf Strassen allerliebste Schulkinder.
Von 9 Uhr Morgens bis 7 Uhr Abends Eisenbahn-
fahrt im Aussichtswagen bei wolkenlosem
Himmel bis Tokio. Fahrt an Seen, Meeresbuchten.
Über Gebirgspass Fushiama, schneebedeckt
strahlt weithin über das Land. Unvergleich-
licher Sonnenuntergang nahe beim Fushi. Pracht-
volle Silhouetten der Wälder und Hügel. Dörfer
lieblich und sauber. Schöne Schulen. Land sorg-
fältig bebaut. Neale Sonnenuntergang. Journalisten
im Zug. Zwoakkite blöde Fragen wie immer
Ankunft in Tokio! Gewimmel von Volk und
Photographen mit Blitzlichtern. Waren völlig
geblendet von unzähligen Magnesium-Blitzen.
Kurzer Ref Zufluchtsaufenthalt in Halle im
Bahnhofhotel. Empfang von Akademie und

小单间中打扮精致的女服务员。日本人朴实、精细，总体来说相当讨人喜欢。晚上讨论科学问题。总而言之，非常疲劳。

11月18日。早上乘车环游京都。寺院，大庭园，被城墙和护城河环绕着的旧宫殿，奇妙的古代日式建筑（源于中国的变种，更简朴，不那么巴洛克）。[62] 街上的学童讨人喜爱。从早上9点到晚上7点，在万里无云的天空下，搭乘观光车前往东京。沿着湖泊和海湾行驶。经过富士山山口，白雪皑皑，光照大地。[63] 在富士山附近，看到无与伦比的日落。森林和山丘的壮美剪影。古朴而干净的村庄。美丽的学校。精心耕作的田园。日落后，火车上的记者，问着一如既往的愚蠢问题。抵达东京！拥挤的人群，带着闪光灯的摄影师。被无数闪光和镁光灯弄晕了。[64] 在车站酒店的大厅里短暂休息。[65] 受到帝国学士院、

den Rechen und Kreisdeputation. Ankunft
im Hotel ganz erschöpft zwischen riesigen
Blumenkränzen und Bouquets. Noch Reste von Bäumen und
Bouquets. Lebendiges
Begräbnis.

19. Von 1½ – 4 und 5 – 7 öffentlicher Vortrag
in Universitätssaal in kleinen Partien,
übersetzt von Ishiwara. Dieser malerisch
in japanischer Kleidung. Sieht aus wie Mittel-
ding von Bässer und Priester.

20. Nagaoka holte uns ab zu Akademie-?
in botanischem Garten. Die Akademiker
waren sehr herzlich. Nagaoka holte uns
ab und brachte uns heim. Es wurde uns
nach Verlesung eine Adresse überreicht,
für die ich kurz dankte. Abendessen im
Hotel zusammen mit Yamamoto und
Kaizosha-Angestellten. Dann japanisches Theater
mit Gesang und Tanz. Frauenrollen von
Männern gegeben. Publikum sitzt am Boden
in lauter kleinen Logen mit Kind und Kegel
+ beteiligt sich lebhaft. Zugänge zur Bühne
durch Parterre, welche Durchgänge ebenfalls
zur Bühne gehören. Rollen stark stilisiert. Chor
aus 3 Männern sitzen mangesetzt ähnlich

德国人和学会代表团的接待。[66]抵达酒店，在巨大的花环和花束间，完全筋疲力尽。之后还有贝利纳（Berliner）夫妇[67]的拜访。感觉像是一场活着的葬礼①。

11月19日。从下午1点半到4点，以及5点到7点，在（庆应义塾）大学礼堂以讲一段译一段的形式进行公开演讲，石原做翻译。[68]他穿着一件如画一样的和服。看起来介于忏悔者和神甫之间。

11月20日。长冈（半太郎）接我们去参加设在植物园的帝国学士院宴会。院士们相当真诚。长冈来接我们，并把我们送回来。在一段欢迎辞之后，我简短地表达了感谢。[69]与山本和改造社职员们一起在酒店用晚餐。[70]然后去日本剧院观看歌舞表演。[71]剧中的女性角色由男性扮演。在分隔的小包厢里，全家老小坐在地上，带着所有物品，热烈参与其中。通往舞台的通道经过剧院底层，那里的过道同样属于舞台。很程式化的角色。3个男人组成的合唱队

---

① 原文此处为 burial alive，对应的德文原文为 Lebendiges Begräbnis。爱因斯坦被各种活动弄得筋疲力尽，故有此隐喻。在 Josef Eisinger, *Einstein on the Road*, New York: Prometheus Books, 2011 一书中，又用 living corpse（活着的尸体）来形容。

插图11 爱因斯坦和爱尔莎1922年11月20日与日本帝国学士院院士在小石川植物园。前排中心：井上哲次郎（Tetsujiro Inoue）、特蕾泽·长井－舒马赫（Therese Nagai-Schumacher）、爱因斯坦、穗积陈重（Nobushige Hozumi）、爱尔莎·爱因斯坦和长冈半太郎（承蒙日本学士院惠允）。

174

Ouvertüre auf der Messe. Orchester in einer Art Käfig hinter der Scene. Malerische Scenerie. Musik gibt Rythmus und Gefühlston, Vogelgezwitscher vergleichbar, ohne symphonische Logik und Geschlossenheit. Schauspieler pathetisch und auf malerische Effekte bedacht. Dann mit Inagaki und Ehepaar Yamamoto Bummel durch Budenstrasse mit allerlei hübschem Tand für Kinder und Erwachsene. Helle Beleuchtung überall, aber wenig Volk wegen verhältnismässig grosser Kälte. Grosse Geschäfts- und Verkehrsstrasse um 10 Uhr so gut wie leer. Wir gingen in reizendes kleines Restaurant und plauderten. Dann heim, mit Obst und Zigarren von dem während Y. geschenkt.

21. Chrysanthemen-Fest im kaiserlichen Schlossgarten. Grosse Schwierigkeit in der Beschaffung eines passenden Gehrocks nebst Zylinder. Ersteren von unbekannter Seite durch Herrn Bärwald, der ihn eigens brachte, letzteren durch Herrn Yamamoto; viel zu klein, sodass ich ihn den ganzen Nachmittag in der Hand tragen musste. Wir waren mit den ausländischen Diplomaten

不停地歌唱，像在做弥撒的神甫。管弦乐队位于后台的一个像笼子的乐池里。场景布置非常别致。音乐赋予节奏和情感表达，类似鸟儿的叽叽喳喳，欠缺和声的逻辑与协调。演员表现得很悲怆，刻意追求唯美的效果。之后与稻垣和山本夫妇溜达，经过了购物街。街上的小店摆出为儿童和成人准备的各种漂亮的饰品。到处灯光通明，不过因为寒冷而行人稀少。大商店和街道在晚上10点就几乎空无一人了。我们走进了一家迷人的小饭馆，闲聊。然后回家，吃水果，抽雪茄，这些都是体贴的山本准备的。

11月21日。在赤坂离宫（皇家御花园）① 参加观菊御宴。[72] 很费力地得到合身的小礼服和礼帽。前者是通过贝瓦尔德（Bärwald）先生从不知名的捐赠者那里得到的，他亲自带来了；[73] 后者是山本先生提供的，它太小了，我整个下午都必须得把它拿在手上。我们与排成半圆的外国外交官在一起，

---

① 爱因斯坦访日的具体地点，参照几本日文书进行了细化。如金子务教授的《爱因斯坦的冲击》第一部：《震撼日本大正时代的43天》（アインシュタイン・ショック［第1部］大正日本を揺がせた四十三日間，岩波書店，2005）、《爱因斯坦的冲击》第二部：《对日本文化和思想的影响》（アインシュタイン・ショック［2］日本の文化と思想への衝撃，岩波書店，2005），已故的杉元贤治教授（1947—2006）的《爱因斯坦在日本讲相对论》（《アインシュタイン日本で相対論を語る》，讲谈社，2001）、《爱因斯坦东京大学讲义录》（《アインシュタインの東京大学講義録》，大竹出版，2001）。在将拉丁化的日本名字还原为汉字的过程中，日本友人吉田明惠和同事文恒博士费时费力，特此致谢。

153

die im Halbkreis angeordnet waren. Abgeholt
und begleitet von deutscher Botschaft.
Kaiserin schritt den Halbkreis von
innen ab, und sprach einige Worte mit
Männern und Weibern der Botschaften, mit
mir einige freundliche Worte französisch
Dann Erfrischungen im Garten an Tischen,
wobei ich unendlich vielen Leuten vorgestellt
wurde. Garten wundervoll, künstliche Hügel,
Wasser, malerisches Herbstlaub. Chrysanthemen
in Beeten wohlgeordnet wie Soldaten. Am
schönsten sind die hängenden Chrysanthemen.
Abends gemütlicher Abend bei Berliners
in reizendem japanischem Hause. Ein
intelligenter Nationalökonom, sie großzös,
intelligente Frau, echte Berlinerin. Das Tanzen
ist unter solchen Bedingungen
ermüdender als Arbeit, aber Inagaki's
helfen uns mit rührender Sorgfalt.
22. Um 10½ Uhr von Gukis und Y nach Kaizo
abgeholt zu Redaktionshäuschen. Angestellte
erwarteten uns festlich vor der Thür. Kam auch
schriftlicher Tan unvorkennbar Y. strahlte
mit seinen Kinderaugen unter grosser Hornbrille.

由德国大使馆接送和陪同。日本皇后陛下走到半圆的内侧，与各大使馆的先生和妻子们略作交谈，用法语和我讲了几句。[74]然后在花园的桌边享用茶点，我在那里不知被介绍给了多少人。美丽的花园，假山，湖水，如画的秋叶。棚子里的菊花像士兵一样整齐地排列着。悬崖菊是最美的。傍晚时分，在贝利纳迷人的日式房子中度过了一个惬意的夜晚。他，聪明的政治经济学家；她，优雅、聪颖的女士，真正的柏林人。在这样的条件下，无所事事比工作还累，但稻垣夫妇关怀备至，周到地帮助我们。

11月22日。10点半，垣夫妇①和山[本]接我们去改造社的编辑部[会谈]。[75]职员们在门前隆重地等待我们。同志友情显而易见。山本那孩子般的眼睛，在大玳瑁框眼镜后面闪闪发亮。

---

① 指稻垣夫妇（Inagakis），但此处爱因斯坦略写为 Gakis，故亦略译为"垣夫妇"。日记中还有几处只出现 Gaki 的地方，实指稻垣守克，为反映日记风格，也略译为"垣"。不一一加注。

Alle zusammen von Redaktion im Gässchen
photographiert. Neugieriges Volk mit viel
Kindern schaute zu. Dann fuhren wir zu
prachtvollem Budd. Tempel. Blick in
Esssaal der Priester. Wundervolle Gebäude
mit herrlichen Schnitzereien. Priester sehr
freundlich, schenkte uns prächtiges Buch
mit Abbildungen von Kunstwerken. In den
Höfen übliche Photographiererei zum Teil
mit lustigen Schulmädchen (zusammen aus Osaka),
die ebenfalls gerade den Tempel besuchten.
Dann Mittagessen im reizenden Hause Yamo-
moto. Ein prächtiger Mensch. Er beherbergt
in seinem Häuschen neben Frau und Kinderchen,
drei Dienstmädchen und einem Diener vier Studenten.
Wie friedlich und anspruchslos müssen diese
Leute sein! Nachmittags sehen wir Bauernhaus
und andere ganz einfache Japanerhäuschen,
alles blitzblank und freundlich. Viele gut
gehaltene lustige Kinderchen, abgehärtet gegen
die Kälte. Besuch beim Direktor der
Akademie. Ein Sohn desselben entpuppt
sich als Student des Züricher Polytechnikums
und Schüler von H. F. Weber. Verstimmung

编辑部的所有人一起在改造社前的小巷里拍照。[76]好奇的围观人群中，还有许多人带着孩子。然后我们驱车前往宏伟华丽的佛教寺庙。[77]瞥了眼僧侣的食堂。美妙的建筑里有着壮观的木雕。僧侣们很友好，送给我们一本精美的书，其中有艺术品插图。在庭院里，与一群兴高采烈的正巧也在参观寺院的来自大阪的女学生例行合影。然后在山本迷人的家中吃午饭。[78]一个出色的人。除了他的夫人和孩子们外，[79]他还在房子里安顿了3名女佣和1名男佣，以及4个学生。这些人一定是非常平和低调啊！我们在下午看到了农舍和其他十分简朴的日式小屋，一切都是一尘不染，令人感到温馨。许多很有教养的、快乐的小孩，不畏寒冷。拜访帝国学士院院长。原来他还有一个儿子就读于苏黎世理工学院，是韦伯（H. F. Weber）的学生。[80]

插图12　爱因斯坦和爱尔莎在改造社社长山本实彦在东京的住所（1922年11月22日）（承蒙纽约利奥·贝克学会提供）。

wegen Empfang bei Frecisawa Abends grosser
Empfang im deutsch-ostasiatischen Verein.
Gespräch mit vielen Deutschen und Japanern
nach dem Essen. Karussel im Kopf, aber
viel gelernt und enthusiastische Freundlich-
keit erfahren. Japanische Gelehrte viel
Sympathie für Deutschland. Japaner
haben mit Hilfe deutscher Ingenieure
selbständige optische Werkstätten errichtet.
23. Von 9 bis 11 Uhr Akten der von der Gesandt-
schaft verfolgten Frau des Angestellten
Schulz studiert. Armes Weib, das einer
Skandalverhüllung zum Opfer gebracht worden
soll. 11–10½ 12–1 Uhr possierliches Gespräch
mit japanischen Journalisten über japanische
Eindrücke. Sitzen im Kreise Frag- und Antwort-
spiel. Dann gemeinsames lukullisches Essen
von 2–4 japanisches Konzert in der Musikschule
klagendes Flötenunisono mit viel Figürchen
ohne eigentliche Melodie. Harfe mit wenig Saiten
und mandolinenähnliches Instrument
mit Stimme-ähnlichem Gesang. Auch
ein Naturlaute nachahmendes Stück für Zupf-
instrumente war darunter, graziös, melodisch arm,

158

藤泽家的欢迎会令人不安。[81]晚上，德意志东亚协会举行盛大欢迎会。[82]餐后，与许多德国人和日本人聊天。我被弄得晕头转向，但长了不少见识，获得热情的友谊。日本学者对德国有诸多好感。日本在德国工程师的帮助下，自主建成了光学车间。[83]

11月23日。从9点到11点，研究受德国大使馆迫害的大使馆雇员舒尔茨夫人的档案。这个可怜的女人，应该是为了掩盖一个丑闻而成为牺牲品。[84]〈11—10：30〉12点至下午1点，与日本记者就有关日本印象进行有趣的交谈。[85]大家坐成一个圈子，进行问答活动。然后一起享用丰盛的食物。下午2点至4点，出席音乐学校的日式音乐会，长笛叹息般的合鸣，虽有许多装饰音符，却没有真正的旋律。[86]弦数少一些的竖琴和类似曼陀铃的乐器，伴随着念诵般的歌声。

Von eigentlicher Gliederung und Harmonik
keine Spur. Abends Essen bei Fujisava mit
Nagaoka und ein paar anderen (auch einer von
deutscher Botschaft darunter). Zierliche Töchter-
lein des Hausherrn. Gemütliche Gesellschaft
mit harmlosem Gespräch. Vorher Besuche
bei Börwald und Prof. Nagai (Chemiker).
2̲3̲. Vormittags Spaziergang zu Fuss mit Inagaki. Essen
im japanischen Wirtshaus. Bodensitzen sehr ???. Gebra-
tene Hummern; schade um die Geschöpfe. Niedlicher
Betrieb. Feine, stille Manieren des Publikums. Nachmittags
die Besuch in künstlerischem jap. Warenhaus
(Nepe). Wundervolle altjapanische Bilder von feinster
Rhythmik und Farbe. Schönes Zeugnis für japanische
Psyche. Chinesisch-Buddhistisches ???? Volks-
seele nicht entsprechend, mutet barock an gegen
das originalen Erzeugnisse eigener Kunst des Landes.
Von 5½-7 und 8-10 zweiter allgemeiner Vortrag mit Ishiwara.
Ungeheures Interesse des Publikums. 24-1. Ⅻ Wissenschaft.
Vorträge über Relativität an d. Universität.
2̲5̲. Vormittags Besuch von verrückter Amerikanerin,
welche andere Verrückte heilen zu können glaubt.
2 Uhr Besuch des physikalischen Instituts. Dann
meine erste wissenschaftliche Vorlesung. 3 ½ Uhr

160

还有一种模拟大自然声音的拨弦乐器，优雅，但缺乏旋律，并没有真正的结构与和声技巧的痕迹。在藤泽（利喜太郎）家与长冈（半太郎）和另外二人（来自德国大使馆的某个人也在其中）用晚餐。主人家的小女儿娇小玲珑。舒适的聚会，善意的闲聊。在此之前拜访了贝瓦尔德和长井教授（化学家）。[87]

11月24日。上午与稻垣散步。在日式旅馆用餐。[88]坐在地板上有点困难。菜肴中有烤龙虾。可怜的生物。可爱的设施。客人们举止优雅，很安静。下午拜访一座很有艺术气息的日式私人住宅（根津嘉一郎）。[89]绝妙的日本古画，拥有最精致的律动和颜色，是日本人内心之美的体现。中国佛教的影响与日本民族精神不相符；与这个国家自己的原始艺术作品相比，表现出强烈的巴洛克风格。从下午5点半到7点，从8点到10点，与石原纯进行第二次公开讲座。听众兴趣益然。[90]11月24日至12月1日，在大学进行关于相对论的科学报告。

11月25日。有个疯狂的美国女人早上来访，她相信她可以治好其他疯狂的人。下午2点参观物理研究所。然后是我的第一次科学讲座。[91]3点半，

Begeisterung der Studenten in der Aula. Tiefer Eindruck, den spricht über Wissenschaft als internationales Gut. 6–8 Japanisches Theater. Wieder Chor mit Zasten- und Schlag-Instrumenten. Ballet-artige Behandlung von Kindermärchen. Hoch interessantes Gebärdenspiel – zum Teil sehr fremdartig. Abends 8½–10 Essen in japanischem Gasthaus, eingeladen von Gesamtheit der Journalisten mit mehreren Geisha. Diese führten zierliche Tänze mit Musik auf. Tänzerinnen sehr jung; ältere Geisha mit sehr ausdrucksvoll sinnlichem Gesicht, unvergesslich. Rede und Antwort im Brustton. Puppenseelen für Menschen. Dann wurden wir höflich verabschiedet, damit der zwanglosere zweite Teil beginnen konnte. Zwiegespräch mit dem kleinen Ina über Geisha, Moral etc.

26 (Sonntag) Okura Museum mit herrlichen chinesischen und japanischen Statuen, Gemälden, Reliefs und herrlicher hügeliger Gartenanlage. Nachmittags Noh-Spiele. Antikes Drama mit japanischem Chor. Ganz langsame Bewegungen und Masken. Hohe dramatische Wirkung. Dann Besuch in riesigem Büchergeschäft. Alle 250 Angestellte vorhanden. Neugieriger Zuspruch. Essen auf Zimmer. Geschäftliches mit Yamamoto.
26.

在礼堂参加学生主办的欢迎会。印象深刻；我谈了科学是国际财富的看法。[92] 6点至8点，在日本剧院。依然是弦乐器、打击乐器伴奏下的合唱。看到用芭蕾演绎的知名童话 —— 极其有趣的姿势表演 —— 在某种程度上非常具有异国情调。[93] 晚上8点半到10点，受到了记者的集体邀请，在日式餐厅和一些艺妓用餐。她们和着音乐，跳起可爱的舞蹈。女舞者相当年轻；年长艺妓的面部相当丰富和性感；令人难忘。用胸腔音问答。饭菜的量不像是给人吃的，像是给人偶吃的。然后我们被礼貌地送走，这样就能开始更放松的第二部分了。[94] 与小个子的稻垣[95] 私下谈论艺妓和道德等问题。

11月26日（星期天）。参观大仓集古馆，它有华丽的中国和日本雕像、绘画、浮雕和地势起伏的花园。[96] 下午，欣赏能剧 —— 伴着日式合唱的古代戏剧。极其缓慢的动作和面具，极具戏剧效果。[97] 然后参观巨大的丸善书店。250名雇员全部在场。[98] 好奇的眼神迎接着我。在房间里用餐。与山本谈论生意。

11月26日。

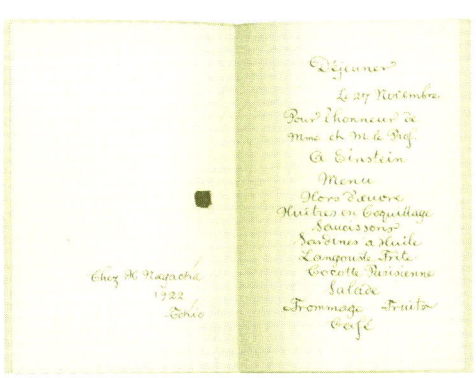

插图13　在物理学家长冈半太郎东京的住所里的午餐菜单（承蒙普林斯顿大学图书馆惠允）。

27. Besuch von Nagaokas Schwiegersohn mit
reizendem Franchen. Essen bei Nagaoka mit
Gespräch über endlose japanische Unw. Examina.
Dann Vorlesung über tensorentheorie. Dann Abendessen
bei Tokugawa. 2 Musikstücke Gesang 2 Zupfinstrumente
Tokug. Flöte. Inhalt. Landschaftseindruck. Panto-
mimische Tänze von Tok. Kinderchen. Dann
meisterhafte Tanzpantomime eines Damen mit
Begleitung von zwei singenden und zupfenden
Frauen (copt an auch mit Kinderchen) Abendessen prunkvoll, japanisch, gekocht
von des Teufels Grossmutter. Dann Geigenspiel
(Gluck, Händel, Bach)
von mir (und japanischer Dame (Wdendowska)
28. Begrüssung in Handels-Hochschule. Prächtige
Rede eines Studenten in Deutsch. Ich antwor-
tete über Originalität der japanischen Kulturwerte.
Tiefer Eindruck. Universitätsessen. Festlich, ohne
Rede. Sass neben Rektor. Nachmittags Vorlesung
und physikalisches Seminar (Vortrag über
Karman'sches Problem) Kaishar-Verlag – Angestellte
Gemeinsames Abendessen in Bahnhofsrestaurant
(Rede (ich jüngster Angestellter des Verlags). Begrüssung
durch freundschen Händedruck des thatsächlich
jüngstenangestellten. Noch Artikel eben über
japanische Musik diktiert.

11月27日。长冈半太郎的女婿带着他迷人的小夫人来拜访。在长冈家用餐，谈论日本大学没完没了的考试。[99]关于张量理论的讲座。[100]随后在德川义亲侯爵家吃晚餐。[101]两首声乐乐曲，两首拨弦乐曲。德川吹奏长笛。内容：风景印象。德川家的小孩子们表演哑剧。接下来一位女士表演精彩的哑剧舞蹈，两位女士唱歌弹奏，为她伴演，后者还带着小孩子。日式晚餐铺张奢华，是魔鬼的祖母煮的[①]。然后我用小提琴演奏（格鲁克 [Gluck]、豪瑟 [Hauser] 与巴赫 [Bach]），日本女士小提琴演奏（维尼亚夫斯基 [Wieniawski]）。[102]

11月28日。出席（东京）商科大学的欢迎会。[103]一位学生出色地用德语发表了讲话。作为回应，我发表了关于日本文化价值独特性问题的演讲。印象深刻。大学宴会，隆重，没有讲话。坐在校长身旁。[104]下午，讲座和物理学研讨班（关于卡门问题 [Kármán problem]的报告）。[105]与改造社雇员在火车站饭店聚餐。（由我这位出版社最新的雇员）发表讲话。作为入社仪式的一环，与真正最年轻的雇员握了手，[106]还口述了一篇关于日本音乐的短文。[107]

---

① 此处或许表明食物不合爱因斯坦的口味，难以下咽。

165

插图14　爱因斯坦于1922年11月28日在东京商科大学演讲（承蒙一桥大学惠允）。

29. Zum Handempfang Karte des Pfarrers Schneider
wegen Frau Schulze für Information. Dann der
englische Arzt Gordon – Munroe, Arzt der
Schulze. Konstatierte Psychose der Frau durch
Misshandlung von Seite ihres Mannes (An-
gestellten der deutschen Botschaft). 10½ Uhr
Theezeremonie in feinem japanischen
Hause. Genau vorgeschriebene Zeremonie, eine
Mahlzeit zum Feiern der Freund-
schaft. Beschauliche Lebenskultur der Japaner.
Der Herr hat 4 dicke Bände über die Zeremonie
geschrieben, die er uns mit Stolz zeigte.
Dann Empfang von 1000 Studenten der
von Okuma (?) gegründeten, im demokratischen
Geiste geleiteten Waseda – Universität mit
Ansprachen. Mittagessen im Hotel. Dann
Vorlesung. Besichtigung des Instituts. Interessan-
te Mitteilung über Lichtbogen – Linienverschiebung.
Um 6½ Uhr Begrüssung durch naturwissenschaftliche
Gesellschaften. Beim Abschied aussen Begrüssung
durch Seminaristinnen. Liebliches, heiteres Bild
mit Gedränge im Halbdunkel. Zu viel Liebe
und Verehrung für einen Sterblichen. An-
kunft zuhause todmüde.

168

11月29日。正在穿衬衫的时候，收到了施泰尼兴（Steinichen）牧师的一张卡片，告诉我，他要为让我了解舒尔茨（Schulze）夫人的事情来访。赶紧穿衣服，刚穿一半他就来了。然后，英国医生戈登-门罗（Gordon-Munroe），舒尔茨夫人的医生来访。[108]指出夫人的精神病因她丈夫（德国大使馆雇员）的虐待而起。10点半，在一间精致的日式房子中举行茶道。按照为庆祝友谊而严格制定的仪式用餐。一瞥日本人冥思的文化生活。主人写了四卷厚厚的关于这个仪式的书，自豪地向我们展示。[109]然后参加10000名早稻田大学学生举办的欢迎会，并致辞；早稻田大学是由大隈（？）在民主精神引领下建立的。[110]在酒店用午餐，然后讲课。[111]参观研究所，听取关于弧光谱线偏移的有趣消息。在6点半，参加好几个教育学会举办的欢迎会。散会时，一群师范学院的女学生在外面问候我。暮色中，甜美而热烈的女学生簇拥过来。[112]对一个凡人来说，这样的爱与宠溺实在太多了。到家时累死了。

插图15　爱因斯坦和盐泽昌贞校长在东京早稻田大学，1922年11月29日（承蒙早稻田大学惠允）。

169

zur Reise-Information)

30. Mit Frau am Bahnhof. Einziges Mal alleine ausgegangen. Komische Schwierigkeit der Verständigung. Inagaki naht und findet uns unterwegs per Auto und führt mich zur kaiserlichen Kapelle, um altchinesische Musik zu hören (10½–1¾), die man dort noch durch Tradition am Leben erhalten wird. Gemeinsame indische Wurzel der byzantinischen und chinesisch-japanischen Musik. Choralähnliche wunderbare Klangmalerei. Flöte, Zupfinstrumente, Zungeninstrumente, auch für sehr hohe Töne, die silbrige Klangwirkung geben. Vortrag in Univ. Diskussion. Tamaru. Aufklärung von Inkonsequenz von Doi's theoretischem Versuch. Feierliche Begrüssung von Abordnungen der Studenten (im Ganzen ca. 20000) der Universitäten von Tokyo. Abendessen bei der Botschaft. Diplomaten und sonstige grosse Tiere. Herrliche Musik. Aber sonst fad und steif. Ich stümperte auch ein wenig Geige; sehr schlecht aus Müdigkeit und Mangel an Übung. Englischer Botschafter brachte uns heim; gemütliches Ehepaar.

1. Dezember. Essen mit Ehepaar Witt, das gestern am Bahnhof getroffen. Mitteilungen über Gefangenschaft in Kanada. Letzter Vortrag über kosmologisches Problem. Dank der zugelassenen Studenten. Riesiges Abendessen

11月30日。与夫人去火车站的游客问讯处。唯一一次独自外出。遇到了有趣的沟通困难。稻垣开着车,在路上找到我们,他带我去听了宫中乐队演奏的中国古代音乐。(上午10点半至下午1点半),这种音乐只能通过传统方式在那里保存下来。[113]拜占庭音乐和中国-日本的音乐都有共同的印度渊源。类似于教堂的圣歌。精彩的拟声。笛子、弹拨乐器、簧乐器,非常高的音,音质也很澄澈。在大学的报告。讨论了田丸卓郎关于土井理论实验前后矛盾的解释。隆重欢迎来自东京众多大学的学生代表团(总数约20000人)。[114]在大使馆晚餐。许多外交官和其他大人物参加。美妙的音乐。但在其他方面却枯燥无聊。我还瞎摆弄了一会儿小提琴;因为疲劳和缺乏练习而表现得相当差。丹麦大使把我们带回了家;令人愉悦的夫妇。[115]

12月1日。与昨天在火车站遇到的维特(Witt)夫妇用餐。有关在加拿大被监禁的消息。最后一次关于宇宙学问题的演讲。得到被允许来听课的学生的感谢。[116]在酒店的盛大晚宴。

插图16 爱因斯坦在东京帝国大学物理系用变分法讲授相对论，1922年12月初（图片经杉元贤治财产管理人与讲谈社有限公司许可使用，并承蒙阿耳伯特·爱因斯坦档案馆惠允）。

im Hotel. Ganze geistige Elite anwesend.
Nach dem Essen mußte ich (nach Yamamoto)
Ansprache halten und – geigen (Kreuzsonate).
(Vormittags Chewsker Tamura Besuch im Hotel).
2. Besuch in technischer Schule. Begrüssung der
Studenten Ansprache Takeuchi. Fahrt nach
Sendai (1–9). Hondu 4 Stunden entgegengefahren.
Ankunft. Kollegen, Rektor am Bahnhof, auch
Botaniker Molisch. Lebensgefährliches Gedränge
auf Weg zum gegenüberliegenden Hotel. Dort Empfang
der Behörden. Morgens Vortrag 9½ bis 12 u. 1–2½.
Fahrt mit Yam., dem Kuribat. Maler Okamoto
nach Kisfununal. Wundervolle Küstenlandschaft.
Einkehr in japanischem Gasthaus auf japanische
Art. Abendessen mit Physikern im Hotel. Be-
kanntschaft des Dichters Tsuchii. Schenkte
mir Skizzenbuch von Hokusai und selbst-
geschriebenes italienisches Gedichtbuch. Abends
rührender Empfang in Universität. Studenten-
versammlung. Dann mit Professoren, Yamamoto
Molisch und Dekan der med. Fakultät.
4) Reise nach Nikko mit Dr. Yam. und Okamoto.
Honda kam 1 Stunde mit. Prächtige Menschen.
Hüter, bescheiden, natur- u. kunstliebend.
Unvergesslich. Wunderbare Gebirgslandschaften

全体知识精英出席。饭后，我不得不（在山本后）致辞并——演奏小提琴（克莱采奏鸣曲^①）。（上午，化学家田丸来酒店拜访。）¹¹⁷

12月2日。参观高等工业学校。学生欢迎。竹内致辞。¹¹⁸前往仙台（1点至9点）。本多和爱知开了4小时的车来与我们会合。¹¹⁹抵达。在车站欢迎的有同行们和校长，还有植物学家莫利施（Molisch）。一大群人拼命地挤到通往车站对面酒店的路上。官方在那里举行欢迎会。¹²⁰

12月3日。上午演讲，从9点半到12点，接着1点到2点半。¹²¹与山本和漫画家冈本前往松岛旅行。¹²²美丽的海岸风光。在日式饭馆停留，日式风格。与物理学家们在酒店里共用晚餐。结识诗人土井。他送给我葛饰北斋的画集和他自己写的意大利语诗集。¹²³晚上，在东北帝国大学出席令人感动的接待会。与学生会面，接着是教授们。和莫利施以及医学院院长坐在一起。不得不用墨水在墙上题写名字和日期。¹²⁴

12月4日。与稻垣、山本和冈本动身前往（仙台）日光。本多陪了一个小时。¹²⁵他是个了不起的人，开朗，谦虚，热爱自然和艺术。令人难忘。从火车向外看，

① 克莱采奏鸣曲（*Kreuzersonate*），即A大调第九小提琴奏鸣曲（作品47号），是贝多芬的不朽之作，被誉为浪漫时期小提琴奏鸣曲的顶峰之作。

插图17 爱因斯坦和爱尔莎在东京高等工业学校，1922年12月2日（经杉元贤治财产管理人与讲谈社有限公司许可使用，并承蒙阿耳伯特·爱因斯坦档案馆惠允）。

vom Zug aus. Gestern und heute überall beson-
dere Freundlichkeiten der Eisenbahnbeamten.
Frauen unterwegs verfehlt, weil sie den
Tokyo Zug versäumt. Malerische Fahrt. Gespräche
mit halb amerikanisierten deutsch-amerikanischen
Seidenstrumpf-Fabrikanten. Durch das Dorf
Nicco mit Ing. und Okamoto zu Fuss ins Hotel.
Letzterer machte noch am selben Abend
mehrere sehr respektvolle Charaktersköppen.
5. Juny. Schwer aus dem Bett zu kriegen, weil
wieder bei einer Frau. Gegen 9½ Aufbruch
nach dem 1300 m hoch gelegenen Tempel-See.
Auto bis zum eigentlichen Aufstieg. Dann
Aufstieg durch prächtige Wälder und herrlichen
Ausblicken, auf Gebirge, enge Thäler und Ebene.
Oben heftiger Schneesturm, bei empfindlicher
Kälte, der uns bis unten treu blieb. Okamoto,
der immer in Strohsandalen, aber stets humor-
voll und schalkhaft. Abends x- des Telegramm
von deutscher Gesellschaft in Kobe. Zum
mindesten in Japan hab ichs lieber mit
Japanern zu thun. Sind ähnlich den Italienern
in ihrem Temperament, aber noch feiner, noch
ganz durchdrungen von ihrer künstlerischen Tra-

美妙的山地风光。昨天和今天，到处都受到了铁路官员特别友好的对待。夫人们在东京错过了火车，所以我们在路上未能遇到她们。[126] 风景如画的旅行。与已经半美国化的德裔美国丝袜厂厂主聊天。与稻垣和冈本步行经过日光村① 前往酒店。后者还在同一个晚上画了一些相当迷人的漫画。[127]

12月5日。很难让稻垣起床，因为他又和他妻子重聚了。[128] 大概在9点半，动身前往在1300米高处的中禅寺湖。[129] 行车至正式的登山口，开始攀登，穿越繁茂的森林，一路看到山峦、狭谷和高原的壮丽景色。在山顶遭遇暴风雪，感受刺骨的寒冷。风雪一路陪着我们下到山底。可怜的冈本穿着草鞋，但总是充满幽默，爱搞恶作剧。晚上，收到了来自神户的德意志协会的第X封电报②。至少在日本，我宁愿与日本人打交道。他们在脾气上像意大利人，但更精细，还浸淫在他们的艺术传统中，

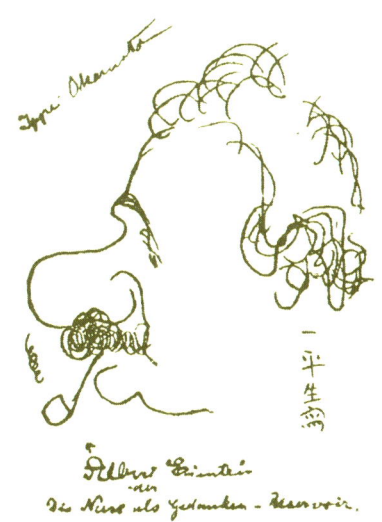

插图18　冈本一平素描："阿耳伯特·爱因斯坦或作为思想库的鼻子"，1922年12月4日（承蒙冈本一平财产管理人惠允）。

---

① 当时该区域的行政单位是村。
② 次数太多，都不记得具体多少封了。

... nicht nervös, humorvoll. Unterwegs Gespräche
über buddhistische Religion. Gebildete Japaner
verbindigen mit Urchristentum. Ferner Gespräche
über japanische Weltansicht vor Anschluss
an Europa. Es scheint, dass sich die Japaner
keine Gedanken darüber machten, warum es
auf ihren Südinseln heisser sei als auf ihren
Nordinseln. Auch scheint ihnen nicht zum
Bewusstsein gekommen zu sein, dass die Sonnen-
höhe von der Nordbreitlage abhängig ist. Intellektuelle
Bedürfnisse scheinen bei diesem Volk schwächer
gewesen zu sein als künstlerische. Naturanlage?
6. Tempelsystem von Nicco besucht. Natur und
Architektur prachtvoll vereint. Zeremonielle
Steigerung durch System von Höfen. Zentrale
Gebäude wunderbar durch farbige Schnitzereien
verziert. Etwas überladen. Freude an Darstellung
von Natur überwiegt das Architektonische und
erst recht das Religiöse. Lange Vorträge von Triester
über Historisches – nicht zum Erleben. Wunder-
voller Steintreppen-Aufstieg unter Zedern
zum Grab des ältesten Tokugawa. Nachmittags
Bruder Beck und Tochter. Der Fussweg nach Bahn-
hof mit diesem Gebirge bei sinkender Sonne in prächtiger

并不神经质，幽默感十足。在路上谈论佛教。受过教育的日本人看上了原始基督教。此外，谈论日本在与欧洲交往前的世界观。日本人似乎没有思考过，为何在他们的南方岛屿比在北方岛屿更热。他们似乎也没有意识到，太阳的高度取决于南北位置。看来这个民族对知识的需求比对艺术的要弱，难道这是天性使然？[130]

12月6日。参观日光的寺院群。大自然和建筑的完美结合。雪杉林荫道。层层院落增强了建筑的感染力。中心建筑不可思议地装饰着彩色木雕。有点繁缛。[131] 表现大自然的乐趣胜过对建筑本身的考量，更胜过对宗教的考量。僧侣长时间地谈论历史问题 —— 死气沉沉。雪杉下奇妙的石阶坡道通往德川家的坟墓。[132] 下午，贝克（兄弟中的一位）和女儿在那里等。徒步前往火车站，夕阳照耀下的山峦美不胜收。

23r

Beleuchtung. Fahrt nach Tokyo. Dort grosse Hetzerei
mit Packen im Hotel.
7. Noch grössere Hetz mit Krach, Kofferschliessen.
Bärwald noch da. Fahrt nach Bahnhof. Endgültiger
Abschied von Tokyo. Fahrt mit Ishiwa, Inayakis,
Yamamoto u. Frau nach Nagoya. Ich mit Artikel-
schreiben beschäftigt, sehr pressant, über japanische
Eindrücke. Ankunft begrüsst von grosser Schar
Studenten und Schüler. Gemütliches Abendessen
der ganzen Gesellschaft, mit vier Tauben von Koizoschu-Verlag im
Wartezimmer, mit Ahorn geschmückt. Hock in
Inayakis Zimmer. Michaelis im Hotel getroffen.
8. Morgenspaziergang in Hauptstrasse Nagoya bis
Bahnhof. vergeblicher Versuch, Pfeifentabak
zu kaufen. Mit Yam, Inay u. Ishiwara Besuch
von schintoistischem Tempel. Grosser Hain.
Darin Tempelanlagen nach Hofgarten. Eleganteste
Glatte Holzbauten. Muss vom Süden gekommen
ein charakteristischer Dachaufsatz

前往东京。¹³³ 在那里，在酒店匆忙收拾行李。

12月7日。手忙脚乱、吵吵嚷嚷，关上行李箱。^① 贝瓦尔德也在场。前往火车站。最终离开东京。与石原、稻垣夫妇、山本和夫人前往名古屋。我忙着写关于日本印象的文章，相当紧迫。¹³⁴ 抵达名古屋，受到了一大群大学生和中学生的欢迎。与四位来自改造社的陪同人员舒适地在装饰着枫木的酒馆里享用晚宴。¹³⁵ 在稻垣的房间相聚。在酒店遇到了米夏埃利斯（Michaelis）。¹³⁶

12月〈8〉9日。早上，沿着名古屋最繁华的街道散步到火车站。没买到烟斗丝。与山本、稻垣和石原参观神宫。好大的森林，寺院林立。优雅光滑的木构建筑。不加任何装饰。为灵魂打造的、空空的小屋。¹³⁷ 这些建筑一定是从南方来的。独特的屋顶构造。

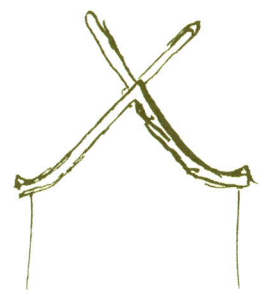

---

① 此处德文原文为 Noch grössere Hetz mit Krach，Kofferschliessen。

插图19 爱因斯坦抵达名古屋火车站，1922年12月7日（经杉元贤治财产管理人与讲谈社有限公司许可使用）。

24

Naturreligion, vom Staate benutzt. Viel
Götterei. Ahnen u Kaiserkultus. Bäume
Hauptsache bei Tempelanlage. Fahrt nach
Kioto nach grossem Bahnhofabschied der
Studenten und Lehrer. Kioto freundlicher
Empfang der ⟨Unser⟩ Physiker und Studenten.
8/ Besuch des Kaiserlichen Schlosses mit
herrlichem Festungsgebäude (turmartig)
Im Schloss prächtige Naturmalereien an
den Wänden und Thüren. Figur, Winterjammer,
Pflanzen und Vögel. Hofscenen. Nachmittags
Musizieren mit Michaelis, grosser Vortrag in
Zirkus mit Ishewara.
1⟨0⟩. Fahrt nach Osaka (grosse Fabrik- und Handelsstadt⟨8⟩)
Empfang von Bürgermeister u Studenten am
Bahnhof. Im Hotel grosse Honoratioren 11½
Vorstellung mit gehaltvollen Händedrucken.
Festessen von Prof. Sata in grossem Saal
Militär-Trompetenmusik, riesiges Essen.
Reden mit viel Pathos, auch von mir.
(Japanische Gemälde des Amerikers). Von
5½ - 7 und 8 bis 9 ½ Vortrag. Das Ganze nicht
so furchtbar anstrengend, weil alle Leute
rücksichtsvoll und bescheiden. Bei Heimkehr
grosse Entrüstung der zu Hause gelassenen Gattin.

186

被国家利用的自然宗教，多神教，对祖先和天皇的崇拜。树木是神社建筑中的主角。与学生和教师在火车站依依惜别后，前往京都。在京都，受到大学物理学家和学生的友好欢迎。[138]

12月8日。[139]参观宏伟威严的（塔一样的）皇家宫殿①。宫殿里，在墙上和门上有着华丽的关于大自然的绘画。绘有老虎、冬季景致②、植物和鸟。庄严的风景。[140]下午，与米夏埃利斯演奏，在国技馆发表重要演讲，石原翻译。[141]

12月〈10〉11日。[142]前往大阪（工业和商业大城市）。在火车站受到了市长和大学生们的欢迎。在酒店，上午11点半见大人物。引见寒暄并大量握手。佐多爱彦教授在大宴会厅主持晚宴。伴随小喇叭演奏的军乐，食物丰盛。热情洋溢的致辞，我也做了致辞。[143]（日本化的美国食物③。）从5点半到7点，从8点到9点半，演讲。[144]整件事并没有非常让人疲倦，因为所有人考虑周到，谦逊有礼。回到家中，单独留在家里的夫人大发雷霆。

---

① 名古屋城为大名居住之地，严格意义上与皇家并无关系。
② 此处德文为 Winterzimmer，英译本为 Winter room，日译本为"冬の间"，均为"冬天的房间"。可名古屋城的木丸御所，只有"松间""梅间"与此相近。
③ 日译本为"吸收了洋食元素的日本菜"。

291

10. 10½ - 12 und 1-3 Vortrag in Kioto. Grosse
Kälte in herrlichem Saal. Dann Besuch von
kaiserlichem Garten und Krönungsschloss.
Der Schlosshof gehört zum Schönsten,
was ich je an Architektur gesehen. [Gang um Bauten Umgebung u. Anerkennung und Krönungshalle offen gegen unbedeckten Hof.]
Kaiser Allüren eines Gottes; für ihn sehr
unbequem. Im Saal, wo vom Hof aus
die Krönungssessel sichtbar sind, Bildnisse
von etwa 40 – chinesischen – Staatsmännern
als Anerkennung für die kulturelle
Befruchtung, welche Japan durch
China empfangen hat. Diese Verehrung
für fremde Lehrer lebt heute noch
unter den Japanern. Rührende Aner-
kennung vieler Japaner, die in Deutsch-
land studiert haben, an ihre deutschen
Lehrer. Es soll sogar zur Erinnerung
an den Bakteriologen Koch ein Tempel
existieren. Ernste Hochschätzung ohne
eine Spur Zynik oder auch nur Skepsis
für Japaner charakteristisch. Reine Seelen
wie sonst nirgends unter Menschen –
Man muss dies Land lieben und verehren.

　　　12月10日。10点半至12点，1点至3点，在京都演讲。富丽堂皇的讲堂非常冷。[145]然后参观皇家庭院和加冕御所。[146]御所的内部庭院是我见过的最美建筑之一。被建筑物完全包围。觐见厅和加冕大厅与铺满沙子的庭院相通。天皇具有神一样的地位；对他来说，这是一种桎梏。在能从庭院看见加冕宝座的大厅里，有大约40位中国政治家的肖像画，以承认日本从中国受到的文化影响。[147]对外国教师的崇敬态度，仍存在于今天的日本人中。许多在德国学习过的日本人，对于他们的德国老师的敬重让人感动。据说甚至还有一个纪念细菌学家科赫（Koch）的寺庙。[148]这种丝毫不带任何讥讽或怀疑的发自内心的尊重，是日本人的典型特征。有着其他地方的人都不具有的纯洁灵魂。人们不得不热爱和尊敬这个国家。

25

12. Vormittags Kirschmaufen. 2 Uhr altes Tokugawa-Schloss mit wunderbaren Landschaftsbildern (Wolken, Bäume, Vögel, drollige Tiger, auf Goldgrund gemalt) Gemälde von Balken unterbrochen, sodass Wände weggetäuscht und märchenhaft farbenschöne Fortsetzung des Innenraumes vorgetäuscht wird. Mit Ishiwara Rechnung über Energietensor des elektromagnetischen Feldes in isotropen ponderabeln Substanzen für gemeinsame Abhandlung in japanischen Akademie-Berichten.

13. Reise nach Kobe. Mittagessen mit Okamoto Yamamoto und dem bedeutenden jungen Sozialpolitiker in Fischerdorf vor Kobe (Ausflugsort). Vortrag mit Ishiwara von 5½ bis 8 Uhr, Essen beim Konsul Trautmann, dann Empfang im Deutschen Klub. Heimfahrt mit Frau allein im Bummelzug. (Ankunft 1 Uhr Nachts)

14. Mittagessen mit Professoren der Universität. Grosse Studentenversammlung. Ansprache des Rektors und Vertreters der Studentenschaft in tadellosem Deutsch. Dann Vortrag von mir über Entstehung der Relativitätstheorie (auf Wunsch). Besuch der physikal. Institut. Höchst interessant, besonders Kimuras Untersuchungen über Verbreiterung der Spektrallinien.

12月12日。下午，打个盹儿。2点，德川家古老的宫殿，美妙的风景画（在金色的背景上画着云、树、鸟和滑稽的老虎）。画面由横梁分割，墙壁似乎隐没在画之后，室内空间仿佛与多彩的室外空间相连①。[149] 与石原计算在各向同性的有质物质中的电磁场能量张量，目的是在帝国学士院报告中合写一篇文章。[150]

12月13日。前往神户。与〈冈本〉山本和重要的青年社会政治家在神户的渔村（观光地点）吃午饭。[151]从下午5点半到晚上8点做报告，石原翻译，晚饭在特劳特曼（Trautmann）领事家吃的。然后出席德意志俱乐部的欢迎会。[152]与夫人乘坐当地慢车独自返回（凌晨1点抵达京都）。

12月14日。与大学教授们同赴午宴。大型学生集会。校长和学生会代表用无可挑剔的德语（相当真诚地）发表讲话。[153]然后我（应邀）做了一个关于相对论诞生的演讲。[154]参观物理研究所。（极其有趣，特别是木村对谱线扩展的研究。）[155]

---

① 即日本障屏画。

191

Abends kommt Nagaoka von Tokyo mit
Koffer voll prächtiger Geschenke von der
Universität Tokyo.

15. Abschied von Nagaoka. Besuch von herr-
lichen buddhistischen Tempel Gedächtnis-Gottes-
dienst für Tote. Freundlicher Empfang durch Priester.
Besichtigung der grossen Glocke, Klöpel horizontal
und aussen. Blühender Kirschbaum vor dem Tempel.
Photographieren im phys. Univ. Institut mit
kleinem Empfang und Kolloquium. Dämmerung
Besuch eines auf hohen Pfählen an Bergabhang
stehenden schintoistischen Tempels. Dann Besuch
festlich beleuchteter Strasse mit Luxusgeschäften
und grossem Betrieb. Unbeschreiblich heiteres
Bild wie Oktoberfest. Gewimmel von Lampions
und Fähnchen. Strasse ungeheuer dreckig,
alles andere blitzblank und farbenprächtig.
16. früh Besuch des Tempels am Fuss des Berges
nächst dem Hotel. Wundervolle Architektur
subtrop. üppige Vegetation. Waldtempel mit pracht-
vollen Gemälden. Auch harmonische Behandlung
menschlicher Figuren in der Landschaft, an Renaissance
erinnernd. Niemals Porträts oder Gruppenkomposition.
Nachmittags Biwa-See mit wundervoll gelegenen

傍晚时分，从东京来的长冈①到了，带着一个箱子，里面装满了来自东京大学的琳琅满目的礼物。[156]

12月15日。与长冈告别。参观宏伟的用于纪念死者的佛教寺庙[知恩院]。僧侣们友好欢迎。参观大钟；钟槌是水平悬挂的，并且在外面。寺庙前的[冬]樱花盛开。[157]在大学物理研究所的小型欢迎会和学术座谈会中拍照。黄昏时分，参观了山坡上用高大的木柱支撑的一座神社②。然后参观灯火通明的街道，那里有奢侈品店和很多活动。难以言表的欢乐景象，就像十月节③一样。满眼都是灯笼和旗子。街道的地面极其肮脏，其他一切光洁亮丽，色彩斑斓。[158]

12月16日。〈上午〉早上参观了一座位于酒店附近的山丘〈山〉脚下的佛教寺院。精美的建筑结构，郁郁葱葱的亚热带植物。[159]上午，参观有着宏伟绘画的西本愿寺。对景中人像的和谐处理，让人想起了意大利的文艺复兴。没有肖像画或群像画。[160]下午，游览位置极佳的琵琶湖

---

① 爱因斯坦的日记此处并没有说是"长冈半太郎"，但旧的日译本却明确标注为"长冈半太郎"。有争议的是，在Josef Eisinger所写的《爱因斯坦在路上》（*Einstein on the Road*）却标名为"长冈璋博教授"（Akihiro Nagaoka），而且在正文中将长冈（Nagaoka）误拼为（Nagaoaka）。

② 注释里说可能是八坂神社。但从高大的架空支柱来看，又有可能是清水寺，但清水寺又不是神社。很可能爱因斯坦将寺庙与神社弄混了。此处存疑。

③ 著名的慕尼黑啤酒节。

插图20 爱因斯坦在京都知恩院的台阶上，1922年12月15日（经杉元贤治财产管理人与讲谈社有限公司许可使用）。

und architektet. sehr vollkommenen alten Felstempel.
Abends viele Briefe geschrieben.
17. Besuch mit Frau im Seidengeschäft. Herrliche
Landschafts- & Tierstickereien. Nachmittags
allein auf Hügel gestiegen zu Sonnenuntergang
Japanischer Wald und Lichteffekte unvergleich-
lich. Abends nach Nara gefahren. Mit Yaki zu Fuss ins Hotel
Sehr geschmackvoll im weltjapanischen Stil und vorzüglich
18. Rundgang im Tempelbezirk. Zahme Rehe
wimmeln herum und schnubbern an einem
herum in der ganzen Landschaft. Tempel
architektonisch prachtvoll. Tempel mit
grosser Buddhafigur besonders majestätisch
(mehr als 1000 Jahre alt). die Figur ziemlich
roh. Nachmittags Staatsmuseum von
Skulpturen. Um bei rührend altert
Dinge unser Zeit 200 – 1200. Tiefer Eindruck
von Japanischer Charakterisierungskunst.
19. Mit Inagaki auf kahlen Hügel (des jungen
Grases) gestiegen, der im Japaner viel Seligkeit
auslöst, indem er das Frühlingswonne verkörpert
Nachmittags Briefe & Karten, auch Rech-
nung für Ishiwara. Um 6 Uhr Ab. bis 6 Uhr Morgens.
Reise nach Miyajima.
20. Ankunft bei finstrer Nacht. Gebadet, ins Bett und

和建筑保存非常完好的古老的岩石寺庙。[161]晚上写了〈许多〉若干封信。

12月1〈9〉〈8〉7日。与夫人参观丝绸店。绚丽的风景和动物刺绣。[162]下午，独自登上山丘去看落日。日本的森林（枫木）和光的效果无与伦比。晚上前往奈良。与[稻]垣步行到了酒店。相当雅致的半日半洋式风格，非常好。[163]

12月1〈9〉8日。游览寺庙区。整个景区到处可见的追着人嗅的被驯养的鹿。寺庙建筑宏伟，特别庄严的大佛像（有超过一千年的历史），雕像相当粗糙。[164]许多迷信色彩。灯笼，纪念碑。在树上和庙里挂满了纸条。下午，参观展示古代雕塑的国立博物馆。[165]一些打动人心的、创作于公元700年至1200年间的物件非常漂亮。对日本的表现艺术印象深刻。

12月〈20〉19日。和稻垣登上了光秃的山丘（若草山）。它让日本人感到高兴，因为它象征春天的喜悦。[166]〈晚上〉下午，写信和明信片，还有为了和石原的合作文章而进行的计算。从晚上6点直到早上6点，前往宫岛的旅行。[167]

12月2〈1〉0日。黑夜中抵达宫岛。洗澡，上床，

bis 10 geschlafen. Von 11–12. bezaubernder Küstenspaziergang
zu dem ins Wasser (Flutgebiet) gebauten Tempel mit
grandioser Pagode. Nachmittags mit Ogata Tour auf
den Gipfel des die Insel hauptsächlich bildenden
Berges. Wunderbarer Blick über japanische Binnensee
Zarteste Farben. Unterwegs unzählige Tempelchen,
Naturgottheiten gewidmet. Steinfiguren oft entzückend
Der ganze Weg in gestreuten Granitsteinen (etwa 70 m hoch)
Denkmal japanischer Naturliebe und allerlei liebens-
würdigen Aberglaubens. — Mittags Depesche
von Solf wegen Dementierung von Hardens Behaup-
tung, ich hätte mich nach Japan in Sicherheit
bringen müssen. Meine Antwort. Angelegenheit zu
kompliziert für Telegramm, Brief folgt. Letzteren
schrieb ich abends, wahrheitsgetreu.
21. Küstenspaziergang bei strahlender Sonne. Telegramm
an Gemeinde Changhni. Okamoto dabei. Nachmittags Wald-
und Küsten-Spaziergang. Quallenjagd mit Herrmann
Ogata und Okamoto.
22. Yamamoto gekommen. Kleine Spaziergänge.
Holzklotzcheuräts el. Mit großer Schwierigkeit
gelöst. Kleine Vergiftung mit offenem Kohlenfeuer
im Zimmer, besonders das Essen täusch-
hergenommen

一直睡到上午10点。从11点到12点，沿着迷人的海滩散步到一座建在水中（潮水区）的庙宇，那里有优雅的佛塔。[168]下午，与［稻］垣远足到了岛上人造山的山顶。日本内海的奇妙景色。[169]极为柔和的色彩。一路上，无数供奉自然神的小寺庙，石像颇为迷人。整条路是用花岗岩凿成的阶梯（约700米高）。日本人对大自然的热爱和各种各样可爱的带有迷信色彩的纪念碑。中午，收到来自佐尔夫的电报，是关于让我否认哈登声称我为了安全而逃往日本的说法。我的答复是：事情太复杂了，电报说不清，将去信解释。我在晚上根据事情真相写了封信。[170]

12月21日。骄阳下，在海滩漫步。发电报给上海犹太人团体。冈本在旁边。下午，在森林和海滩散步。（稻垣和冈本）用石头捉水母。

12月22日。山本来了，短距离散步。木制解锁玩具①，费了很大劲儿才解决。因房中燃烧炭火（其中有硬炭）有点轻微中毒；女士们尤其受到了影响。

---

① 此处德文原文为 Holzklötzchenrätsel，是组合词：Holzklötzchen + rätsel（木块 + 谜），为爱因斯坦自己所造。英译为"wooden block puzzle"，旧日译本为"宫岛の鸟居の谜"（宫岛的鸟居之谜），新日译本为"宫岛の丸太の謎"（宫岛的圆木之谜）。

23. Fahrt nach Moji. Offizier Empfang. Hatte
bei Ankunft die Schimonoseki Examen
mit Journalisten zu bestehen. Abends im
Mizzel-Klub fürstlich untergebracht
innerhalb Moji.

24. Photographiert zum 10 000. Mal, dann Fahrt nach
Fukuoka unmittelbar vor Vortrag, der von 1-3
und 4-6 dauerte. Der erkältete Ishiwara
muss übersetzen. Studentenempfang abgesagt
weil die Leute sonst wie in Sendai auf
Gratisvortrag rechnen und der arme Yamo-
moto lackiert ist. Nach Vortrag Kaishosha-
thundessen, das nahe zu ewig dauert. Grosser
Teil der Gesellschaft und einer neben an
placierten von Gymnasial-Mathematik-
Lehrern durch Reiswein köstlich beschwipst
und sehr lustig. Prof. Myake rührend, begleitet
mich überall hin, zum Schluss in japanisches
Hotel, wo die Wirtin eine rührende Freude hat
und sich rad 10 mal kniend mit Kopf nach
Boden verbeugt. Räume höchst geschmackvoll
Wohnzimmer und 2 europäischen Sitzgelegenheiten
provisorisch ausgestatteten Nebenzimmer, alles durch
Papier-Schiebetürchen getrennt, so man bequem mit

　　12月23日。前往门司。豪华的欢迎会。一抵达下关就得耐心回答记者的各种提问。晚上，住在门司郊外奢华的三井俱乐部。[171]

　　12月24日。第10000次拍照。然后前往福冈，到达后立即在1点至3点和4点至6点作两场报告；感冒的石原（纯）还得充当翻译。取消了学生欢迎会，因为如果像在仙台一样，人们期待能免费听报告，可怜的山本可就亏大了。[172]在报告会之后，就开始改造社的几乎永不结束的晚宴，公司的大部分人和另一组中学数学老师坐在旁边的一桌，完全被米酒醉倒了，非常有趣。[173]三宅速教授周到地到处陪着我，最后到了日式酒店，那儿的老板娘欣喜若狂，跪着，头朝下大概鞠了100次躬。房间极其雅致。客厅和两个套间临时布置了欧式坐具，所有的房间都用纸拉门隔开，

27.

kleinem Finger betätigen kann.
25. Wilder Tag! Um 9 Uhr erscheint Kuwaki, Inagaki
auch da. Dann Witwe, die drollige. Sie kommt
mit etwa 6 seidenen Stoffstücken von etwa
3/4 Mtr. Länge und einem Bündel Pinseln
und japanische Tusche, und ich muss
alles mit meinem Namen vollmalen,
Gespräch mit Kuwaki über Molekulartheor. Fragen
der Relativität. Dann 11 Uhr Frauen von der
Bahn geholt (Else & Frau Inagaki) fahrt
ins Japanische Hotel Besichtigen der
Stadt und vieler Läden. Um 1 Uhr zum
Universitätsessen in Räumen der medizinischen
Fakultät. Händeschütteln mit sehr vielen
Professoren. Besichtigen von Gallensteinen,
mikroskopischen Präparaten über Weil sehr Krank-
heit, Fischen, die das Resultat von Kreuzungen
darstellen, alles eigens im Empfangssaal aufgestellt.
Mittagessen Rede von Präsident und mir.
Viele Geschenke erhalten. Besuch eines Tempels,
des physikalischen, Festigkeits- und analytischen
Instituts. Dann Besuch bei Miyake, der reizendste
Kinder hat und endlich in Gewerbeausstellung
im Stadthaus, wo der anwesende Provinzgouverneur

人们可以用小手指方便地开关。[174]

12月25日。疯狂的一天！9点，桑木出现了，稻垣也在那里。随后是那个滑稽的老板娘。她带来了或许有6张约3/4米长的绢布，一捆毛笔和日式墨水，想让我在上面写满我的名字。[175]与桑木谈论相对论的认识论问题。然后11点去火车站接女士们（爱尔莎和稻垣夫人）。前往日式酒店。[176]参观市区，逛了很多商店。下午1点到（九州大学）医学部参加午宴。与相当多的教授握手。观察胆囊结石、韦尔病的显微镜切片以及用来展示的杂交鱼。所有这一切都是特意安排在欢迎会场的。午餐后，校长和我分别发表讲话。收到了许多礼物。[177]参观一座寺院、物理和固体矿物学研究所。[178]然后在三宅家做客，他有4个很可爱的孩子；最后参观了在市政厅别馆举行的贸易展览会，莅临现场的县知事特意为我们展示了一些

eigens wundervolle Gemälde hat aufhängen
lassen. Dann Abreise, zu welcher alle Kunien,
auch die freundlichste aller japanischen
Wirtinnen. Ich aber war tot, und mein Seelmann
fuhr nach Moggi zurück, wo er noch in
einer Kandor-Weihnacht geschleppt wurde
und den Kindern vorzeigen musste. Endlich
10 Uhr Heimkehr, viele Briefe aus der
Heimat, Bett.

26. Vormittags und abends Besteigung eines
Hügels mit herrlicher Aussicht auf
Berge und Meer. Yamomoto angekommen.
Infortlegenheit, weil er uns noch nutzopieren
muss, indem der Mizzui-Klub die Knallen
zeigt und horrend verlangt. Vorrede zu
Vorlesung geschrieben. Gedanke über $\left(\frac{2}{3x}\right) \cdot \left(R_x^a x_{(10)}\right)$

27. Spazierfahrt mit Mizui-Dampfer auf
chinesisches Meer. Spazergang durch Schimonoseki.
Abendessen mit Yamamoto & Watanabe. Nachher
Nagai gekommen. Gedicht mit Zeichnung
für Frau Yamamoto und viel Seide mit
Tusche vollgeschmiert. Animierteste Stimmung. (Ewel Friede!)

28. Regnerischer Tag. Abends Einladung des Kommer-
ziellen Klubs von Moggi. Ich zeige, die Japaner

[Randnotiz rechts:] Abends kommt Japaner mit Stoss Papier und voll. — klassiker — schön mache Zeichnung auf Simfalds Mögl. deimteile!

204

美丽的画作。[179] 然后起程，所有人都来了，最友好的日本老板娘也来了。但我已经累死了，我的身体被运回了门司，在那里被拖到孩子们的圣诞夜，还要为孩子们拉小提琴。最终在晚上10点归来，[吃]晚饭，[收到]许多来自国内的信件，上床。[180]

12月26日。早上和晚上去爬山，可以看到美妙的山景和海景。山本到了。十分尴尬，因为三井俱乐部狮子大开口，提出高价要求，所以山本必须安排我们搬家。写讲座前言。[181] 关于 $\left(\frac{\partial}{\partial x_i}\right)\left(R^\alpha_{\kappa, lm}\right) = 0$ 的想法。晚上有一个日本人来串门，带着一沓纸，还要我告诉他我对山顶的印象！

12月27日。乘三井的蒸汽邮轮去中国海兜风散心。漫步穿过下关，与山本和渡边用晚餐。后来长井来了。为山本夫人作诗并配画，在绢布上着墨。[182] 兴致勃勃，完美快乐平安的一天！

12月28日。雨天。晚上，接受来自门司商业俱乐部的邀请。[183] 我拉小提琴，日本人

插图21　爱因斯坦夫妇在门司基督教青年会为儿童举行的圣诞庆典上，1922年12月25日（经杉元贤治财产管理人与讲谈社有限公司许可使用）。

singen einzeln japanisch. Herr France. Schlau
und nicht so fein wie ~~Franz~~ Professoren, aber doch
mehr wie analoge Europäer. Auch hier Schlecht-
heit der Formen.

29. Rührender Abschied. Herr u. Frau Yamamoto,
H. u. F. Inagaki, Kuwaki (mit Tochter) Ishiwara,
Miyake sowie Herren der Morgen-Gesellschaft. Alle
auf Schiff. Wunderbares Geschenk, Gedicht und Brief
von Inokü (Sendai, Dichter) angekommen. Abfahrt
etwa 4 Uhr. Schiff gross und behaglich. Elektro-
dynamik Energietensor gefunden und Ishiwara
geschrieben.

30. Ruhige Fahrt. Gedanke für Ausgestaltung
von Weyl-Eddington'schen Theorie. Briefe
an Yamamoto und Inokü. Lesen Frankfurter
Zeitungen, die Frau Prof. Berliner aus Tokyo
geschickt hat. trauriges Europa!

31. Ankunft in Shanghai bei herrlichem Wetter.
Mittags abgeholt von de Jong (Ingenieur) und
Herrn Gaston (Parweni). ~~Andosser~~ Wohnen bei letzterem.
Protz aber gutes Klavier. Sylvesterabend dort, ich sass
übergrossen Klavier, mit grossvoll und für mich traurig.
Man Shanghai unerfreulich. Inngeier Musse chinesischer
Dienerschaft, sind faul, selbstbewusst und hohl.
Mittagessen bei de Jong. Freundlicher Engländer

一个接一个地唱日文歌。金融界的人，精明，但不像〈欧洲〉一众教授那样教养有致，而更像他们欧洲的同类，也是低调谦逊的作派①。

12月29日。感人的告别。[184]山本先生和夫人、稻垣先生和夫人、桑木（和幼小的儿子）、石原、三宅以及三井物产公司的先生们。所有人都登上了船。[185]来自（仙台的诗人）土井晚翠②的美妙的礼物、诗歌和信件到了。[186]大概在下午4点起航。[187]船大而舒适。发现了电动力学能量张量，写信给石原。[188]

12月30日。一路平稳。关于扩展外尔-爱丁顿理论（Weyl-Eddington theory）的想法。[189]写信给山本和土井。读贝利纳教授夫人从东京寄来的《法兰克福报》（*Frankfurter Zeitung*）。悲惨的欧洲！[190]

12月31日。抵达上海，天气甚佳。中午，德容（De Jong，工程师）和盖顿（Gatton）先生③（暴发户）来接我们。〈晚餐〉住在爱炫耀的后者家里，不过他家有架好钢琴。除夕在那里度过；我坐在漂亮的来自维也纳的女士旁。除此之外，嘈杂无比，对我来说，悲哀。[191]

〈12月32日〉1月1日，上海，令人不快。被中国仆人围着的欧洲人是懒惰的，自负而浅薄。在德容家吃午餐。友好的英国人，有国际思想。

---

① 爱因斯坦指日本金融界的人士与欧洲同行一样，穿着质朴。据德国班贝格大学埃尔马·里格尔（Elmar Rieger）教授介绍，那时欧洲银行界的人士打扮力求质朴，绝不会出现穿金藏银的土豪形象。原因在于他们要给顾客留下一个好印象，让顾客放心，他们是为顾客服务的，而不是出于任何其他目的。

② 此处爱因斯坦按照发音错写了诗人的名字，Zuckii。土井的罗马拼音为 Tsuchi。

③ 原文此处为 Gaton，少了一个字母 t。

von internationaler Gesinnung. Nachmittags, Reception,
jüdische und sonstige schmalzige Spiesser in
Schaaren, übliche Händedrücke und Reden —
abscheulich. Dann Diskussion im „Question-Klub"
(Komödie mit dummen Fragen). Abends noch
chinesisches Volks-Vergnügungs-Etablissement
besucht. Malerisches Leben. Chinese acceptirt wohlbei
europäische Musik bei allen Gelegenheiten, gleich
(Feiertag, Hochzeit, Beerdigung)
ob Trauermarsch oder Walzer, wenns nur trödelig
trompetet. Dort gab es noch mitten im weltlichen
Getriebe ein Tempelchen. Vormittags kleine Autofahrt
nach der Umgebung der Stadt, alles voll Grabhügel
und Särgen bezw. Sarghäuschen, die nicht entfernt
werden dürfen. Chinesen schmutzig, gequält,
stumpf, gutmütig, solid, sanft und — gesund.
Alle sind im Lobe des Chinesen einig, aber auch
über intellektuelle Minderwertigkeit bezüglich
Arbeit im Geschäft. bester Beweis: er erhält
10 mal weniger Lohn in der entsprechenden Stelle,
und der Europäer kann doch als Geschäfts-
angestellter erfolgreich mit ihm konkurrieren.
2. Januar. Mittags Abfahrt. Trübes, windiges Wetter.
Ich geniesse die Ruhe unbeschreiblich.
3. Januar. kaltes, windiges Wetter. Beschauliches

下午，出席盖顿家的"欢迎会"，一批犹太人和一群世故油腻的小市民在场，惯常的握手和讲话——令人厌恶。[192]随后，在"探索社"讨论（带着愚蠢问题的喜剧）。[193]晚上还参观了中国人的大众娱乐场所。如画的生活。中国人在所有场合（娱乐活动、婚礼和葬礼）不加选择地接受欧洲音乐，只要有大量的喇叭声就行，是葬礼进行曲还是华尔兹都无所谓。在熙熙攘攘的闹市中，还有一座小庙。上午，乘短程车前往市郊参观；到处挤满了不能移开的坟堆和棺材或小棺材屋。中国人肮脏，饱受折磨，麻木迟钝，心地善良，可靠，温和，而且还——健康。所有人都异口同声在赞扬中国人，但涉及商业技巧时，也一致认同他们智力低劣；最好的证据是：在同样的岗位上中国人得到的工资只是欧洲人的十分之一，即便如此他还是竞争不过欧洲人。

1月2日。中午起航。天气阴沉，多风。我非常享受这种宁静，简直难以言表。

1月3日。寒冷的大风天气。

29<

beneidenswertes Dasein auf dem Schiff, wo
ich, um diesen Zustand zu erhalten, Bekannt-
schaften ängstlich vermeide. Nachdenken
und Rechnen über Eddingtons Theorie (Versuch
einer Vervollständigung derselben. Verbesserung der
Variationsmethode in der gewöhnlichen allgemeinen Relativität.
5. Januar. Ankunft in Hongkong ? Uhr morgens.
Wir, hoffend einmal unsere Ruhe zu haben, gehen
beiderseits um 9½ an Land, zunächst einiges zu
besorgen. Treffen bei Nippon Yusen Kaisha einen
Kerl, Namens Yohru, der uns schon das letzte Mal Hongkong
gezeigt hatte. Er kündigte Empfang der Gemeinde
für Nachmittag an. Wir gingen noch zum französischen
Konsul und verabschiedeten uns schleunigst von
ihm. Wir fuhren wieder auf den Peak, ich stieg
noch hinauf auf den Gipfel. Prachtvolle Aussicht
auf Hafen, Meer und Insel. Ziemlich heiss
oben. Wir gingen zu Fuss in die Stadt herunter, etwa
eine Stunde abwärts, alles durch tropischen Hain.
Der ganze Weg war mit chinesischen Männern,
Frauen und Kindern voll, die steinwund Ziegelsteine
nach oben schleppten. Armstes Volk der Erde,
grausam misshandelt und abgeschunden, schlimmer
als das Vieh behandelt, Lohn der Bescheidenheit
Sanftmut und Genügsamkeit. Dann aufs Schiff

正适合在船上沉思。为了维持这种状态，我谨慎地避免结交朋友。思考和计算爱丁顿理论。[194]（尝试对之完备化。）改进在通常的广义相对论中的变分法。

1月〈4〉5日。抵达香港。早上7点。为了能享受一次安静，我们在9点半秘密上岸。一开始是想处理几件杂事。在日本邮船公司见到了一个名叫戈宾（Gobin）的人，他上次已经带我们游览了香港。他预先告知我们下午的犹太社团欢迎会。我们还去见了法国领事，并很快告辞。[195]我们再次开车到了山上。我还登上了最高处，港口、大海和岛屿的美景尽收眼底。山上相当热。我们下山去市里，大概花了1小时，沿途都是热带小树林。一路上都是中国男人、女人和小孩，他们呻吟着背着砖往上走。地球上最可怜的人民，受到残酷的压迫与虐待，比牲口的待遇还差，他们的回报是谦虚、温顺与节俭。然后开车回到船上。

gefahren. Kaum abgekommen wieder von dem Karl
abgeholt, ins jüdische Klubhaus neben Synagoge
gefahren. Trotz seiner emsigen Bemühung kam
sozusagen niemand zur „reception", was sehr komisch
war. Dann gingen wir noch ungeladen zu
einer Familie zum Essen. Freitag-Abend-Gebet,
dann langes, furchtbar gewürztes Essen, ein
interessanter jüngerer russischer Jude dabei.
Endlich heim – gottlob aufs Schiff.
6. Wundervoller wolkenloser frischer Morgen im
Hafen. 11 Uhr Abfahrt. Strahlende Sonne (mit Hut!)
dass Nachmittags lang in der Sonne, weitgehend
noch erträglich war. Fahrt durch Insel-
chen und zahlreiche chinesische (Segel)Schiffe belebt,
die auf den Wellen tanzen. Neue Idee für das elektro-
magnetische Problem der allg. Rel. Th.
7.+8. Trübe und feucht bei steigender Wärme –
   Nachdenken über allg. Relativität und Elektrizität
9. Niederschrift der Arbeit über Gravitation und
   Elektrizität.
V. Briefe an Arrhenius, Hauck, Bohr. Abends Ankunft vor Singapore
11. 6 Uhr Einlauf in Hafen. Drückende, trübe
Atmosphäre oft Regen. Montor da mit Brief von
Java. Vorte. Abtelegraphiert und geschrieben.

刚刚到达,那人又来接我们去犹太教堂附近的犹太人会所。虽然他相当努力,但实际上没人来参加"欢迎会",场面相当滑稽。之后迫不得已,我们只好去他家吃饭。星期五晚祷之后,漫长的、辣得可怕的食物,一个有趣的俄罗斯犹太年轻人也在那里。最后——谢天谢地,又回到船上。

1月6日。在港口,万里无云的美好清晨。上午11点起航。太阳光芒四射。下午长时间晒太阳,(戴上帽子)才能勉强忍受。航行穿越小岛,无数的中国帆船在波浪中起伏。对广义相对论电磁问题有了新想法。

1月7日和8日。阴沉潮湿,气温上升。琢磨广义相对论和电学。

1月9日。写下关于引力和电学的论文。[196]

1月10日。写信给阿伦尼乌斯,普朗克和玻尔。[197]晚上,在新加坡附近停泊。

1月11日。6点,轮船抵达港口。空气闷热难耐,昏暗阴沉,经常下雨。蒙托尔在那里,带着来自爪哇的武特(Voûte)的信。[先]发电报回绝,[再]写信。[198]

Fahrt im Urwald bei leichtem
Regen. Unvergleichlicher Eindruck des wilden,
grossartigen Pflanzenwuchses, sumpfig, un-
durchdringlich. Mittagessen bei Monteros.
Gegen Abend Fahrt zu Fränkels Palmen-Kultur.
Bäume wunderboll, banale Menschen. Nachts
auf Schiff recht drückend.
12. Besuch bei Meyer-Cramer mit edler Tochter ("Piroze")
Dann bei dickem Weil mit feschem Gatten
richtige jüdische Zigeuner. Tropeninstanz mit
herrlicher Aussicht auf Stadt und Meer
Nachmittags bei strömendem Regen aufs
Schiff. Abfahrt 5 Uhr zwischen Sommer-Insekten.
13. Ankunft in aller Frühe bei Malacca, wo das
Schiff auf offener See bis 3 Uhr nachmittags
hielt. Vormittags besuchten wir Malacca. Portu-
giesische Kirche u sonstige Bauwerke. Lebendiges
Gemisch von Indern Malayen, Chinesen. Grelle
Tropensonne, aber weniger feucht als in Singapore.
Dickes Haar in meiner Elektrizitätssuppe gefunden.
am Nachmittag. Schade. Aechte Tropenhitze.
14. Mittags Ankunft in Penang. Berthitze
auf dem Schiff, das ziemlich weit von der
Stadt in der Bucht liegen blieb. Menge Inder

小雨中驶入原始森林里。野生植物的蓬勃生长给人留下了无与伦比的印象，泥泞，无法穿透。在蒙托尔家吃午饭。傍晚时，驶向弗兰克尔（Fränkel）家种植的棕榈林。[199]壮观的树木，平庸的人类。晚上，船上无比闷热。

1月12日。拜访"迈耶－克罗伊斯"（Mayer-Croesus）和他高贵的女儿（"波西亚"①）。[200]然后拜访胖胖的魏尔（Weil）及其可爱的妻子，真正的犹太流浪者。热带的房子，可以看到美丽的大海和城市。下午，在倾盆大雨中上船。5点在鲜绿色丝绒般的小岛之间穿梭。

1月13日。早上到了马六甲附近，船在公海上一直停到下午3点。上午，我们参观了马六甲、葡萄牙教堂和其他建筑物。印度人、马来人和中国人生气勃勃地混居在一起。带着稻草顶篷的双轮推车，由长角的公牛拉着。炽热的热带太阳，但没有新加坡那样潮湿。下午，在我的电学汤里发现了一只大苍蝇②。遗憾。真正的热带高温。

1月14日。下午到达槟城。船上闷热，停的地方离城市相当远。船上邀请了许多印度人，

---

① 波西亚（Portia）是《威尼斯商人》里面的女主角。这里是对玛纳西·迈耶的女儿莫采莱·尼西姆（Mozelle Nissim）的戏称。

② 德文版是发现了"很粗的头发"（dickes Haar）。应该是指爱因斯坦在电学研究方面发现自身的一个漏洞或失误。参见1月15日、16日的记述。

eingeladen, reisende hochgebaute Männer
und Frauen. Fuhren um 3 Uhr an Land
und liefen von Rickschas verfolgt in der
Stadt herum, die sehr interessant ist.
Schiffchen, Häuser, Menschen, hat alles
Stil. Plätze in der Stadt recht ordentlich.
Wir sahen buddhistische Tempel mit geheim-
nisvoll-schreckhaften, farbigen Zierat, auch
eine Moschee mit Bad, in der Männer lagen.
lagen, eleganter arabischer Bau mit schlanken
Formen von weisslicher Farbe, Schönes, zudring-
liches Bettelvieh. Mit Japanern zusammen
zu Rhein aufs Schiff zurückgefahren. Else
schwere Angst aber doch noch Kraft zum
Schimpfen. Der kluge Inder mit flammenden
schwarzen Augen leuchtet uns ruhig
und setzte uns heil in der Harima ab. Brut-
hitze bis Mitternacht.
15. Fahrt bei angenehmer See. Neue Gedanken
zum elektrischen Problem. Abends Gespräch
mit indischem Schullehrer. Herrlicher
Sternenhimmel. Beneidenswerte Existenz.
16.–18. Strenge Arbeit am Problem trotz Hitze. Geht voran
19. Colombo. Morgens vergebliche Bemühung, Wagenpartie

漂亮、身材高大的男男女女。我们下午3点上岸，在城里到处走，人力车跟在后面招徕生意，相当有趣。小船、房子、人，都有自己的风格。城市中心不算太热。我们看到了佛寺，它有着神秘可怕而又绚丽多彩的装饰；还有一座带浴室的清真寺，男人们在里面闲坐着。优雅的阿拉伯建筑，近乎白色细长的塔。漂亮、纠缠不休的女乞丐。与日本人一起坐着小船，在大浪中返回船上。爱尔莎很害怕，不过仍有力气抱怨。但是那个面容憔悴的，有着闪亮黑眼睛的印度人仍十分镇静地划着他的长橹，将我们平安送到"榛名丸"。直到午夜前都闷热得难受。

1月15日。在舒适和煦的微风中航行。关于电问题的新想法。晚上与印度中学教师谈论锡兰的生活。灿烂的夜空繁星点点。令人羡慕的生活。

1月16日—18日。虽然酷热，但还是严肃地研究先前的问题。克服诸多挫折前进。

1月19日。抵达科伦坡。早上想组织一群人集体乘汽车出行，没能成功。

zusammen zu bringen. Interessante Feststellung
über japanische Geschäftspraxis von Kapstadt, der draht-
lose Telegramme von billiger offerierenden Ver-
kehrsformen aus Colombo aus macht zu
vermeidenden Gründen den Passagieren vorenthält.
Vormittags Spazierfahrt, Frau, Gang Bahnhof fort
in Begleitung zudringlicher Eingeborener.
1h25 Fahrt nach Negombo, etwas nördlich
an Küste gelegenes Städtchen ohne Europäer.
Wir nahmen 2 Rickscha-Männer, deren einer
ein absolut nackter Naturmensch, der andere
ein früher Hagenbeck-Elefanten-Pfleger
war, der von Hamburg schwärmte. Sie fuhren
uns durch das Städtchen, dessen Haupt-
Häuserreihe wie einzelne Häuser in
Palmenhaine geduckt sind. Wir werden
überall begrüßt wie bei uns Singhalesen.
Dann Besuch von Fischerdorf. Kinder ganz
nackt, Männer Lendentuch. Schöne Leute
Fischerboote aus zwei starr verbundenen
schmalen parallelen Teilen. Grosse
Schnelligkeit aber unbequemer Sitz
Boot kam klein mit viel Fischen
und einer Schar neidischer Raben.

关于〈日本〉船长的商业做法的有趣发现：出于容易推测的原因，他向乘客隐瞒了来自科伦坡的通信公司提供更便宜的无线电报的事。在纠缠不休的当地人的簇拥下，上午，乘坐有轨电车游览和步行游览火车站。下午1点25分至3点15分，前往尼甘布（Negombo）——没有欧洲人的小城市，沿着海岸线更向北一些。[201]我们乘坐两辆人力车，其中一人是完全赤裸的天体人，另一个以前是汉堡哈根贝克动物园的大象饲养员，他热情地谈论着汉堡。[202]他们拉着我们穿过这座小镇，街道两旁排列着一间间缩在棕榈丛中的独立式住宅。不管我们走到哪，都被人好奇地看着，就像我们在家看到僧伽罗人一样。然后参观小渔村。孩子们完全赤身裸体，男人们缠着腰布。好看的人。渔船是由两块坚硬的平行板连接而成。速度快，但坐着不舒服。

船回来时，后面跟着许多鱼和一群嫉妒的乌鸦。

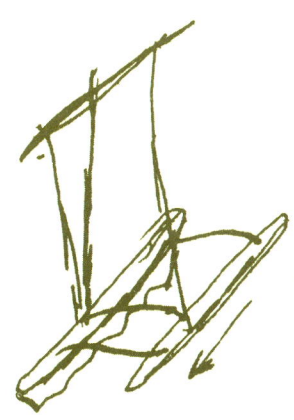

32

Dann an Bucht und Flüsschen vorbei
vor ihm in der Wiese sahen wir auf 12 m
Distanz grosses Krokodil, dass ich
nach Steinwürfen und Schreien vieler
Eingeborener ganz langsam ins Wasser
trollte. Dann europäisches Gasthaus und
Bahn. Engländer führen tadellose Verwal-
tung ohne unnütze Chikanen. Ich hörte
in keinem Worte der Unzufriedenheit singhalesischen,
gegen sie, auch nicht von einem Lehrer,
der als Zwischendeck-Passagier von
Penang nach Colombo mitfuhr. Der Rick-
schr-Mann war von uns bzw. unseren
5 Rupien so begeistert, dass er uns zum
Abschied Bananen an die Bahn brachten.
Am Bahnhof lernten wir noch eine
bildschöne junge Singhalesin mit
Schwester und Mutter kennen, Dorfaristokraten.
Sie hatte aber einen holländischen
Urgrossvater. Selten hab ich so etwas
Feines gesehen. Besonders prächtiger
Sternhimmel. Heimfahrt noch immer
heiss und Gewimmel von Mücken im Wagen,
was in dieser Reis-Gegend recht

然后经过了海湾和小河。我们在小河前，看到有一条大鳄鱼躺在草地上，距离我们12米。许多当地人尖叫着。人们朝这条鳄鱼扔石头，它才慢腾腾地钻进了水里。后来在欧式餐馆用餐，之后乘火车。英国人的治理无可挑剔，没有不必要的欺骗。我没有听到任何人对他们有不满，甚至从一位僧伽罗族教师——从槟榔屿同行到科伦坡的统舱乘客——那里也没有听到这种话。人力车夫为了我们，或者说我们的5卢比，激动得在车站分别时送了我们香蕉。我们还在火车站认识了一位极其美丽的僧伽罗族年轻女子，她带着姐妹和母亲，她们是村里的贵族。但她们的曾祖父是荷兰人。我很少见到这样美丽的人。特别壮观的星空。返程还是很热，车上都是蚊子，在这〈泥泞的〉

unheimlich war. In Colombo angekommen
fielen die Ricksha-Kulis über uns
her. Nach längerem vergeblichem Wider-
stand ergaben wir uns ihnen. Sie betrachten
es als eine Unerschrockenheit von einem
Europäer, wenn er zu Fuss geht. Dann
Fahrt aufs Schiff bei hohem Seegang
in Ruderschiff unter Todesangst und
schweren Vorwürfen Elses. Nachher Löschen
der furchtbaren Durstes auf dem Schiff.
Nachts fast keine Abkühlung. Temp. tags etwa
29 Grad im Dampfer im gut ventilierten Teil,
ausnahmsweise kühl für diese Gegend.
22. Arbeit über Gravitation und Elektrizität endgültig
aufgeschrieben. Seereise über uns angenehm ohne
bemerkenswerte Erlebnisse. Typensches Essen
mit Kapitän. Wundervolle sternklare Abende Temperatur
sinkt langsam mit Entfernung vom Aequator.
Telegramme über Einmarsch der Franzosen ins Ruhr-
gebiet, sind in 100 Jahren nicht gescheidter geworden.
31. Im roten Meer zuerst Konstant 28-29 Grad
bei fast klarem Himmel. Wunderbare
Sonnenuntergänge mit gelbroten bis purpur-
roten Himmel und grell beleuchteten

种稻区蚊子相当可怕。一回到科伦坡，那些人力车苦力就向我们扑来。我们在长时间的无效抵抗后，向他们投降。在他们看来，欧洲人徒步旅行是一种很粗鲁的举止。随后，伴随着爱尔莎极大的恐惧和严厉的责备，我们乘划艇在汹涌的波涛中登上了轮船。此后，在船上解决了可怕的口渴问题。晚上气温也几乎没有凉下来。在蒸汽邮轮通风好的地方，白天的温度大概29℃；对这个地区来说，异常凉爽。

　　1月22日。完成关于引力和电的论文的最终手稿。[203]海上航行特别愉快，没有值得注意的大事。与船长享用日式食物。美丽的灿烂星光夜。随着离开赤道越来越远，气温缓慢下降。收到法国进军鲁尔区的电报，都过去100年了，他们并没有变得更明智。[204]

　　1月31日。在红海，一开始是在几近晴朗的天空下，温度恒定在28℃～29℃。绚丽的日落，伴着从橙红变到紫红的天空，参差不齐的小岛或被照得亮丽，

bzw. silhouettenhaft dunklen scharfgezackten
Inselchen. Heute Ankunft in Suez. tiefblaues
auffallend durchsichtiges Meer Himmel gleich-
mäßig schwach bedeckt. Silbrige matte
Farben, malerische Segelschiffe, gelbe Ufer
Fahrt durch Bitterseen mit öden verlassenen
Ufern wundervoll. Matte silbrige Töne. Himmel
trübe. Luft ziemlich kühl.

    Am letzten heißen Tag war Maskenfest
der Passagiere, tags vorher der Stewards. Japaner
sind Virtuosen in dieser Kunst. Nette Bekannt-
schaften in der letzten Zeit gemacht. Griechischer
Gesandter, der aus Japan heimkehrt, sympa-
thische englische Witwe, die ein Pfund
für die Jer. Universität spendet trotz meines
Protestes, nicht zu vergessen das Ehepaar
Ogata, feine liebenswürdige japanische Kauf-
leute, mit denen wir viel plauderten,
auf dem Schiff.
1. Februar Ankunft in Port Said in aller Frühe.
Griechischer Gesandter erleichterte uns die
Landung u. Verzollung. Junger Jude Goldstein
erscheint beim Zollhaus mit Telegramm
von Jerusalem, um uns zu helfen. Stadt

或被映出黑暗的轮廓。今天抵达苏伊士。深蓝的、透明得引人注目的海。天空被薄薄的雾气笼罩。带着银光的暗淡色彩，美丽如画的帆船，黄色的海岸线。航行穿过盐湖，贫瘠荒芜的海岸。暗淡的银色。天空昏暗。空气相当凉快。

在最后一个炎热的日子里，为乘客举办了面具舞会，在此前一天，是为乘务员举办的。日本人在这一艺术上堪称大师。最近结识了一些不错的朋友：从日本回家的希腊公使；讨人喜欢的英国寡妇，她不顾我的一再拒绝，为耶路撒冷大学捐了一英镑；此外还有绪方夫妇，一对举止得体、和蔼可亲的日本商人夫妻，我们和他们在船上聊了很多。

2月1日。凌晨抵达塞得港。希腊公使帮助我们上岸和清关。年轻的犹太人〈戈德斯坦〉康托尔（〈Goldstein〉Cantor）带着来自耶路撒冷的电报出现在海关，来帮助我们。

227

richtiger Fremdenplatz mit entsprechenden
Gesindel. Besuch beim Gemeindevorstand
(Palästinenser). 6 Uhr abends Zug nach Candara
am Suezkanal. Cantor und sein Compagnon
Goldstein begleiten uns dorthin und auf Fahre
über den Kanal von 8 – 1 Uhr nachts Aufenthalt
Dann Abfahrt nach Palästina, erleichtert   2.
durch jungen jüdischen Konducteur, der
mich in Berlin in Versammlung gesehen
hatte – von Mitjuden nicht restlos begeistert,
aber braver, guter Mensch. Fahrt zuerst durch
Wüste, dann von etwa 7½ Uhr ab
durch Palästina bei ziemlich trübem Wetter
und häufigem Regen.
Fahrt zuerst durch sehr spärlich bewachsene
Ebene, durch Araberdörfer und jüdische
Kolonien unterbrochen. Ölbäume, Kakteen
Orangenbäume. An Zwiepstation immer Juden,
von Ansuchten. Mossensohn und einige andere
der unsrigen empfangen. Fahrt an Kolonien vorbei
durch wunderbares Felsthal hinauf nach Jerusalem.
Dort Ginzburg, hohes Wiedersehen. Im Auto mit Ussyscher
zum Schloss des Gouverneurs, ehemals im Besitz
Kaiser Wilhelms, ganz wilhelminisch. Herbert

城市中有很多外国人，也少不了宵小无赖。拜访镇长（巴勒斯坦人）。晚上6点，坐火车前往位于苏伊士运河的坎塔拉（Qantarah）。[205] 康托尔和他的伙伴戈德斯坦陪着我们到那儿去，乘坐渡船过运河，从晚上8点一直逗留到凌晨1点。2月2日。在年轻的犹太列车员的帮助下我们启程前往巴勒斯坦，[206]他在柏林的一次集会上见过我 —— 不喜欢他的犹太同伴们，但他是一个还可以信赖的好人。旅途先穿过荒漠，然后大概在7点半，在相当沉闷的天气和频繁的阵雨中，穿越巴勒斯坦。

旅行首先经过植被非常稀少的平原，平原上散布着阿拉伯村庄和犹太人居住区，橄榄树、仙人掌和橙子树。在离耶路撒冷不远的一个交叉路口，乌西什金（Ussishkin）、莫辛森（Mossinson）和我们的其他几位[犹太同胞]来欢迎我们。[207]驱车经过定居点，途经美妙神奇的多石山谷，到达耶路撒冷。[208]在那里与金茨贝格愉快重逢。[209]与一位陆军军官坐着汽车前往总督①的城堡（官邸）。该城堡曾是德国威廉皇帝的财产，完全是威廉时代的风格。与赫伯特·塞缪尔相识。

---

① 此处爱因斯坦有误。赫伯特·塞缪尔担任的是高级专员或行政首长（High Commissioner），而不是总督（Governor）。

34

Samuel kennen gelernt. Englische Form. Hohe viel-
seitige Bildung. Hohe Lebensauffassung, mit Humor
gemildert. Schlichter ~~feine~~ Sohn, frohmütige,
derbe Schwiegertochter mit nettem Schnucken.
Tag regnerisch, aber doch Ahnung von der
herrlichen Aussicht auf Stadt, Hügel,
Totes Meer und transjordanische Berge.
3. Mit S. Samuel zu Fuss in die Stadt ~~auf~~ (Nablus?)
Fussweg ~~bo gu~~ an Stadtmauer ~~vorbei~~ zu
malerischem alten Thor, Weg in die Stadt
bei Sonnenschein. Strenge kahle Hügelland-
schaft mit weissen, oft gekuppelten (meisten Stein) Türmen
und blauem Himmel heuresessend schön,
ebenso die an quadratische Mauer gedrängte
Stadt. Weiter mit Ginzberg in die Stadt,
durch Bazar - ~~Strassen~~ Gassen und sonstige
enge Gassen zur grossen Moschee auf
herrlichem weitem erhöhtem Platze, wo Salomos
Tempel stand. Herrliche Byzantinische Kirche
polygonal mit mittlerer, von Säulen getragener
Kuppel. Auf anderer Seite des Platzes Basilika
ähnliche Moschee von mittelmässigem Geschmack
Dann hinunter zu Tempelmauer (Klagemauer), wo
stumpfsinnige Stammesbrüder laut beteten,

他一副英国人一本正经的作派，受过多方面的良好教育，有着高尚的人生观，并辅之以幽默感。朴实无华、聪明文雅的儿子，活泼开朗、精力充沛的儿媳妇以及讨人喜欢的小儿子。[210]多雨，但还是领略了一点城市、山丘、死海和外约旦山脉的壮丽风光。

2月3日。与塞缪尔爵士沿着人行道步行前往城里，（安息日！）（直至）经过城墙到了美丽如画的老城门，在阳光下走进这座城市。寸草不生的荒凉丘陵地貌，白色的，通常是圆顶的白色石头房子与蓝色的天空，真是美极了，而挤在方形城墙中的城市也是同样迷人。[211]与金茨贝格会合一起进城。穿过集市小巷〈街道〉和其他狭窄的街道，到达一个辉煌的、宽阔的高台广场上的大清真寺，这里曾经是所罗门圣殿所在地。用支柱支撑的中央圆顶的多边形清真寺，类似于拜占庭教堂。[212]在广场的另一边，类似巴西利卡（罗马方形教堂）的清真寺，则品位平庸。[213]然后到了圣殿墙（哭墙），愚钝的同族兄弟在那里大声祈祷，

插图22　爱因斯坦于1923年2月6日在耶路撒冷高级专员官邸。前排左起：爱德温·塞缪尔，爱尔莎·爱因斯坦，赫伯特·塞缪尔爵士，比阿特丽斯·塞缪尔夫人（Lady Beatrice Samuel），爱因斯坦和爱德华-保罗·多尔姆（Édouard-Paul Dhorme）。中排：安托南-吉尔贝·塞蒂扬热（Antonin-Gilbert Sertillanges）和玛格丽特·里士满-拉伯克（Margaret Richmond-Lubbock）。后排：诺曼·本特维奇（Norman Bentwich），欧内斯特·T.里士满（Ernest T. Richmond）和高登齐·奥尔法里（Gaudenzio Orfali）（承蒙耶路撒冷圣书考古学学院［École Biblique，Jerusalem］惠允）。

mit dem Gesicht der Mauer zugewandt, den Körper in wiegender Bewegung vor und zurück bewegend. Kläglicher Anblick von Menschen mit Vergangenheit ohne Gegenwart. Denn diagonal durch die (sehr dreckige) Stadt, die von verschiedensten Heiligen und Rassen wimmelt, geräuschvoll und orientalisch – fremdartig. Prachtvoller Spaziergang über den zugänglichen Teil der Stadtmauer. Fahrt zu Ginzberg – Ruppen zum Mittagessen mit fröhlichen und ernsten Gesprächen. Aufenthalt wegen starken Regens. Besuch im Bucharischen Judenviertel und in düsterer Synagoge, wo gläubige, schmutzige Juden betend Sabbatende erwarten. Besuch bei Bergmann, dem ersten Prager Heiligen, der die Bibliothek einrichtet mit zu wenig Raum und Geld. Fürchterlicher Regen mit vermehrtem Strassendreck. Heimfahrt mit Ginzberg und Bergmann im Auto.

4. Mit Ginzberg und S. Samuels tüchtiger und vertrauenswürdiger frohen Schwiegertochter über wundervoll kahle (welche) Hügel und eingeschnittenen Tälern im Auto bei strahlender Sonne und frischem Wind im Auto hinunter nach Jericho und zu

脸面对墙,以摇摆的方式来回弯曲身体。[214]只有过去却没有现在的人们,真令人同情。然后斜穿(相当肮脏的)城市,挤满了熙熙攘攘的各种神职人员与不同种族的人,很吵,带着东方式的异国风情。沿着城墙可参观的部分愉快地散步。[215]然后去金茨贝格和鲁平(Ruppin)那里吃午饭,其间既讨论开心的话题,也谈论严肃的问题。[216]因为大雨而停留。参观布哈拉犹太人①居住区和阴暗的犹太教堂,虔诚而肮脏的犹太人在那里祷告,等待着安息日的结束。[217]拜访贝格曼,来自布拉格的严肃的圣人,他在缺钱少物的条件下建了图书馆。[218]可怕的雨势,街道更加脏乱。与金茨贝格和贝格曼坐汽车回去。

2月4日。和金茨贝格以及塞缪尔爵士那朴实能干而又活泼的儿媳[219]开车行驶在奇妙的荒凉起伏的山丘和深谷中,在灿烂的阳光下和清风中,驶向耶利哥(Jericho)及其

---

① 源自中亚的一个犹太人团体,讲一种塔吉克方言。

dessen alten Ruinen. Herrliche tropische —
Oase in Wüstengegend. Essen in Jericho-Hotel.
Dann Fahrt durch breites Jordanthal bis
Jordanbrücke auf ungeheuer morastiger
Strasse, wo wir prachtvolle Beduinen
sahen. Dann in glänzender Sonne wieder
heim. Imhause (bei scheidender Sonne) prächtiger Blick auf
totes Meer und transjordanische Hügel
von Amtswohnung von S Diez aus, wo
wir Thee nahmen. Dann im dunkel
werdenden Zimmer interessantes Gespräch
über Religion, Nationalität mit S Diez, Abends
gemütliches Gespräch mit S Samuel u Schweizertochter.
Tag von unvergesslicher Pracht. Grossartiger
Zauber dieser strengen monumentalen Natur
mit ihren dunklen eleganten arabischen vornehmen Jungen. Hierbei-
nige Kamele und Esel gab viele zu sehen.
5. Besuch zweier jüdischer Baukolonien westlich Jerusalem,
zur Stadt gehörig. Der Bau wird ausgeführt
von jüdischer Arbeitergenossenschaft, in
welcher die betenden Personen gewählt
werden. Die Arbeiter kommen ohne Fach-
kenntnisse und Übung an und bieten
nach kurzer Zeit vortreffliches. Die betenden

古代遗迹。沙漠地区美妙的热带绿洲。在耶利哥酒店用餐。然后驾车穿越广阔的约旦峡谷，来到了位于泥泞不堪的道路上的约旦桥，我们在那里见到了出色的贝都因人。[220]然后再次在耀眼的太阳下返回。回到家，在烈日下，我们在迪兹（Diez）爵士的官邸喝茶，从那里眺望死海和外约旦山脉那宏伟的景色。[221]然后在暗下来的房间里，与迪兹爵士进行关于宗教和国籍的有趣谈话。晚上与塞缪尔爵士和他儿媳愉快谈话。令人难忘的辉煌的一天。这种严峻宏伟的大自然景观，以及衣衫褴褛、肤色黝黑而举止优雅的阿拉伯后裔，有着超凡的魅力。看到了许多四条腿的骆驼和毛驴。

2月5日。参观两个位于耶路撒冷西边的犹太居住区，它们隶属于这座城市。建设由犹太工人合作社完成，其中的领导者是选举产生的。工人来的时候并没有专业知识或培训，但在短时间后就变得非常出色。领导者

erhalten nicht mehr Gehalt als die
Arbeiter. Besuch der jüdischen Bibliothek
Bergmann aus Prag schaltet dort wichtig
aber humorlos. Ein hiesiger Mathematiker
(Gymnasiallehrer) zeigt mir manches über
seine wirklich interessanten Untersuchungen
betreffend stetige Matrices und ihre
Operationen. Abends musiziert mit Offizier
in I. Samuels Wohnung, viel zu lang, weil
ausgehungert nach Musik.

5. Besuch in jüdischer Kunstschule. Prächtige
Arbeit unter schweren Verhältnissen. Wieder-
belebung antiker jüdischer Ornamente. Nach-
mittags Begrüssungsempfang durch jüdische
Schüler, die Spalier bildeten. Feierliche und
darauf im Schulsaal von jüdischen Bürgern
überhaupt. Ansprachen von Unterlehrer und
Gellon und Überreichung von hebräischer
Adresse. Abends musikalische Einladung
bei Bentwitsch. Höchst musikalische Familie.
Wir spielten Mozartquintett.

6. Grabkirche. Via Dolorosa. Nachmittags Vortrag
(französisch) im Universitätsgebäude hier
spr. Ich muss mit hebräischer Begrüssung

并没有得到比工人更多的薪水。[222] 参观犹太图书馆。来自布拉格的贝格曼在那里很能干，但没有幽默感。[223] 一位当地的数学家（文法中学教师）向我展示了他的一些有趣的试验和操作，涉及连续矩阵及其运算。[224] 晚上，在塞缪尔爵士家中与官员合奏，因为对音乐过于渴望，所以演奏的时间特别长。[225]

2月5日[6日]。参观犹太艺术学校。艰苦条件下的出色工作。古代犹太装饰品的复兴。[226] 下午，犹太学生〈庄重地〉夹道欢迎，随后是普通犹太市民在学校大堂欢迎。乌西什金和耶林（Yellin）发表讲话，并准备希伯来语的演讲。[227] 晚上，受邀在本特维奇（Bentwitch）家演奏音乐。这是个音乐修养极高的家庭。我们弹奏了莫扎特五重奏。[228]

2月6日[7日]。参观圣墓教堂，耶稣苦路（Via Dolorosa）。[229] 下午，在未来的大学建筑里（用法语）做报告。我在演讲前必须用希伯来语打招呼，

插图23　爱因斯坦和爱尔莎于1923年2月6日被题在犹太国家基金的"金簿书"上（承蒙耶路撒冷希伯来大学阿耳伯特·爱因斯坦档案馆惠允）。

beginnen, die sich mühsam ablese. Nachher
Dankworte (recht witzig) von Prof. Samuel
& Spaziergang über die Bergstrasse hin und
her. Philosophische Gespräche. Abends grosse
Honoratioren-Einladung mit gelehrten und
anderen Gesprächen. Abends von all diesen
Komödien restlos befriedigt!
8. Fahrt nach Telaviv 1/2-12 im Auto.
Empfang im Gymnasium. Besuch mehrerer
Stunden. Freiübungen der Schüler. Kurzer Dank
an diese. Empfang im Rathaus, zum Ehrenbürger
ernannt. Rührende Ansprache. Nach dem Mittagessen
Besuch der im Bau begriffenen elektrischen
Ruthenberg-Centrale, der städtischen Kraftzentrale,
des Quarantäne-Lagers, der Sand-Baustein-
Fabrik. Dann grosse Volks-Begrüssung vor
dem Gymnasium mit Ansprache von Mossinson
und mir. Besuch der landwirtschaftlichen
Versuchsanstalt, der wissenschaftlichen Abend-
kurse (Czerniawski) und des Ingenieurvereins,
wo ich ein Diplom und eine prächtige silberne
Dose erhielt. Abendessen bei Tulkowski. Abends
Versammlung der Gebildeten mit Rede von
mir. Die Tätigkeit der Juden in einigen

我吃力地照着念。此后，赫伯[特]·塞缪尔（Herb Samuel）[①]致谢（相当风趣），之后沿着山路来回散步。[230]哲学谈话。晚上，有贵宾出席的大型招待会，讨论学术和其他话题。[231]晚上对所有这些滑稽的事情都感到非常满意！

2月〈7〉8日。9点半至12点，坐汽车前往特拉维夫（Tel Aviv）。参加文法中学的欢迎会。参观了数小时。观看学生们的徒手操。对这些人简短地致谢。[232]在市政厅的欢迎会；被授予名誉市民。感人的致辞。[233]午宴后，参观正在修建中的鲁滕贝格（Ruthenberg）电气中心、市立的中央发电站、隔离检疫区和沙砖工厂。[234]然后大批民众在文法中学前欢迎我，莫辛森和我发言。[235]参观农业实验研究所、科学夜校（切尔尼亚夫斯基[Czerniawski]）和工程师协会，我在那里获得了一个荣誉证书和一个华美的银盒。[236]在塔尔科夫斯基（Talkowski）家吃晚餐。晚上，在学者聚会上发言。[237]在短短的几年里，

---

① 爱因斯坦将 Herbert（赫伯特）简写为 Herb（赫伯）。

插图24　1923年2月8日在特拉维夫市政厅为爱因斯坦举行的招待会。前排包括爱尔莎·阿耳伯特·爱因斯坦和市长梅尔·迪岑哥夫（Meir Dizengoff）（在爱因斯坦右边）。后排包括艾哈德·哈阿姆（Ahad Ha'am）和本·锡安·莫辛森（Ben-Zion Mossinson）以及特拉维夫市议会的其他成员（承蒙犹太复国主义中央档案馆惠允）。

Juden in dieser Stadt erregt die höchste
Bewunderung. Moderne hebräische Stadt
aus dem Boden gestampft mit regem wirt-
schaftlichen und geistigen Leben. Ein
unglaublich reges Volk, unsere Juden!
9. Besuch landwirtschaftlichen Schule, Mikve
und der jüdischen Rotschildkolonie — Rischon
le Zion. Beide Anstalt Werke schon 50
Jahre alt. Alter Mann hielt auf dem Dorf
Begrüssungsrede. Schulstunde, Kinder
im Garten. Froher Eindruck von gesundem
Leben, aber wirtschaftlich doch nicht recht
selbständig. Eisenbahnfahrt nach Jaffa
durch Ebene mit allmählich näher rückenden
Gebirge. Arabische und jüdische Siedelungen
jüdische Sulzanlage Station vor Jaffa. Arbeiter
kamen zur Bahnhof und grüssten uns bei
Ankunft nach Sabbatbeginn in Hadfer trotz
Herrn Struck's voriger Warnung. Gang zu
Fuss durch wesigen Dreck mit Ginsberg zu
dessen Schwager Pesyner. Frau gut und von
scharfer Intelligenz. Gemütliches Zimmer
oben. Deutsche Dienstmädchen. Abends Menge
Leute aus Neugerode, aber auch Struck und

犹太人在这座城市所取得的成就受到高度赞赏。现代希伯来城市以其生机勃勃的经济和精神生活拔地而起。我们犹太人是一个多么令人难以置信的充满活力的民族啊！

2月（8）9日。早上，工人聚会。印象非常深刻。[238] 参观农业学校和"米可夫·伊斯雷尔"① 大酒窖。[239] 每天必须将人工孵化的鸡蛋冷却一次。犹太人的罗斯柴尔德（Rothschild）居住区，里雄莱锡安（Rishon Le Zion）。[240] 两个（机构）企业都已经有50年了。老人在村子里发表了欢迎辞。学校上课，孩子们在花园里玩耍。健康生活的欢乐印象，但经济还没有完全独立。和约菲（Joffe）（医生和那个俄罗斯人的表兄）乘坐火车前往雅法[241]，一起穿过平原，渐渐靠近山脉。阿拉伯人和犹太人定居点。在雅法前的犹太采盐站，工人们来到火车站欢迎我。[242] 虽然施特鲁克（Struck）先生以前警告过，但我还是在安息日开始后抵达了海法。和金茨贝格以及物理学家切尔尼亚夫斯基步行穿过极其肮脏的道路去他的姐夫佩夫兹纳（Pefzner）家。他的妻子温柔聪慧。[243] 在楼上舒适的房间休息。德国女佣。在晚上，许多不相干的人出于好奇而来，也有施特鲁克和

---

① Mikve Israel，源自希伯来语，"以色列的希望"之意。是以色列中部特拉维夫的一所青年村和寄宿学校，建于1870年，是以色列的第一所犹太农业学校。

插图25　1923年2月9日，里雄莱锡安犹太移民点为爱因斯坦夫妇举行欢迎会。从左到右：梅纳什·梅洛维茨（Menashe Meirowitz）、阿夫拉罕·布里尔（Avraham Brill）、阿哈龙·埃森伯格（Aharon Eisenberg）、爱因斯坦、阿夫拉罕·道夫·鲁布曼·哈维夫（Avraham Dov Lubman-Haviv）、爱尔莎·爱因斯坦、里夫卡·阿布拉菲亚（Rivka Abulafia）和米里亚姆·梅洛维茨（Miriam Meirowitz）（承蒙凯德姆拍卖行[Kedem Auction House Ltd.]惠允）。

Dran

10. Realschule besichtigt (Sabbath), Vorprennster
aber Besichtigt an Direktor Biram. Strucks Wohnung.
Mittagessen bei ihm mit gemütlichen Gesprächen
Besuch bei Weizmanns Mutter, umgeben
von x Söhnen, Töchtern etc. Spaziergang
auf den Karmel mit Struck. Jüdische
Arbeiterin angetroffen. Auf Pastors Dach gestiegen,
mit prachtvollem Rundblick auf Haifa
und Meer. Jüdischer Chaluz begleitet uns schräge
Strasse hinab bis zur Wohnung eines arabischen
Freundes. Das fleissige Volk kennt keinen Nationalismus.
Abends Feier im Technikum. Wieder Reden,
bemerkenswerte von Tschernichowski und Auerbach.
Psalmen und ostjüdische Lieder bei Kerzen-
schein.
11. Besuch der Werkstätten des Technikums.
Dann Rothschild-Mühle und Ölfabrik.
Erstere fast fertig. Ungeheuer raffinierte
fast ganz automatische Bearbeitung.
Nachmittags Fahrt über Ebene Jesreel, Nazareth
nach Tiberias. Unterwegs Besuch der im Bau
begriffenen Kolonie Nahallal, die nach Kauffmanns
Plänen gebaut ward. Fast alles Russen.

他的妻子。[244]

2月10日。参观实科学校①（安息日）。像普鲁士人②，但却能干的校长比拉姆（Biram）。[245]施特鲁克的住所。在他家用午餐，谈话愉快。拜访魏茨曼的母亲，她被众多儿子、女儿和其他人等围着。[246]与施特鲁克爬上卡梅尔山。遇到了犹太女工。登上了牧师家的屋顶，看到了海法和大海的壮丽景观。[247]一位犹太先驱者（Chaluz）③陪着我们沿着倾斜的街道往下走，直到一位阿拉伯朋友的住处。普通老百姓不知道任何民族主义。拜访一位阿拉伯作家，他的妻子是德国人。[248]晚上在理工学院又发表演讲，切尔尼亚夫斯基和奥尔巴赫（Auerbach）的致辞非常精彩。在烛光下，合唱赞美诗和东欧犹太人的歌曲。[249]

2月11日。参观理工学院的车间。随后是罗斯柴尔德磨坊和油厂。前者快完工了。设备极其精细，几乎全自动。[250]下午，经过耶斯列平原④，〈伯利恒〉拿撒勒（Nazareth）前往提比利亚湖（Lake of Tiberias）⑤。[251]途中，参观拿哈拉（Nahalal）居住区，正在依据考夫曼（Kauffmann）的计划建设中。几乎全是俄罗斯人。

---

① 实科学校（Reali school），产生于18世纪初，是一种既具有普通教育性质，又具有职业教育性质的新型学校。

② 可能是说这位校长具有"普鲁士美德"（preußische Tugenden），包括守时、有序和勤奋等。普鲁士美德是新教加尔文主义道德和启蒙运动所塑造的美德，自弗里德里希·威廉一世以来，普鲁士一直在传播和促进这种美德。

③ 也写成Halutz或Chalutz。希伯来语意为先驱者。它可能指的是早期的巴勒斯坦犹太移民，尤其是那些在1917年以后移居到巴勒斯坦的犹太人，他们大多在农业或林业领域工作。

④ 德文日记此处为Ebene Israel（以色列平原），英译本为the Jezreel Valley，指的是以色列北部地区的肥沃平原和内陆山谷。北部与下加利利地区的高地接壤，南部与萨马利人的高地接壤，西部和西北部与卡梅尔山山脉接壤，东部与约旦河谷接壤。

⑤ 即加利利海，以色列最大的淡水湖，总面积166平方千米，最大深度48米，低于海平面213米，是地球上海拔最低的一个淡水湖，也是世界上海拔第二低的湖泊（仅高于其南侧的咸水湖死海）。

Dorf mit privaten Parzellen, Bauerbeit
genossenschaftlich. Nach Nazareth, zu
dem man nach malerischer Bergfahrt
gelangt, strömender Regen. Fahrt in
die Nacht hinein bis zu dem Gut Mezaal
Das letzte Stück unser Auto von Maul-
tieren durch grossen Dreck bis zum Guts-
haus gezogen worden. Gemütlicher
Abendhock mit opulentem Mahl. Gut
soll in Gartenparzellen aufgeteilt werden.
Unser Wirt ist ein strammer, seßhaft
gewordener Zigeuner. Seine Familie hat
dort nicht ausgehalten und lebt gegenwärtig
in Deutschland. Drollige Pilgerfahrten
mit grosser Laterne nach dem Abtritt
Strömender Regen in der Nacht.
12. Spazierfahrt hinunter zum Tiberiassee.
Palmen- und Pinien-Allee. Landschaft ähnelt
Genfersee. Sonne kommt hervor. Üppige
aber Malaria-verseuchte Gegend. Bildhübsche
junge Dirnen und interessanter stadtverter
Arbeiter im Gute-Hause. Nach Mittagessen über
das malerische Tiberias nach kommunistischer
Siedelung Degania beim Abfluss des Jordans

村庄划分成一块块小的区域，私人所有。建筑由集体共同建造。[252]前往拿撒勒，沿着优美如画的山路行驶一段后，大雨倾盆。行驶直至夜晚，到达米格达（Migdal）农场。最后一段路，不得不用骡子拖着汽车通过厚厚的泥泞路，来到庄园。晚上，惬意地闲聊，伴着豪华的盛宴。农场是按照果树园来划分的。我们的主人是一位魁梧的吉普赛人，他已经成为定居者。他的家人在那里待不下去，现在住在德国。[253]滑稽可笑地朝圣般①提着一盏大灯走向室外的茅厕。晚上，倾盆大雨。

2月12日。驱车行至提比利亚湖。种着棕榈树和松树的街道，景观类似于日内瓦湖。太阳出现了。该地区树木茂盛，却疟疾肆虐。美丽如画的年轻犹太女子，以及在农舍中的受过教育的有趣工人。午餐后，越过优美如画的提比利亚，前往共产主义者定居点德加尼亚（Degania）。它位于约旦河

---

① 农场的条件不好，厕所在室外。爱因斯坦坦然受之，因此有此诙谐说法。

aus Tiberias-See, vorher Magdala passiert,
Marias Heimatsort, wo Araber Archäologen
Boden zu horrenden Preisen verkauften.
Kolonisten höchst sympathisch, meist
Russen. Schmutzig aber von erstem Wollen
und mit Tätigkeit und Liebe ihr Ideal
fortsetzend im Kampf gegen Malaria,
Hunger und Schulden. Dieser Kommunismus
wird nicht ewig dauern aber ganze Menschen
erziehen. Nach eingehender Unterhaltung
mit Besichtigung Fahrt bei gutem Wetter
nach Nazareth hinauf. Unterwegs
prachtvolle Aussicht auf See, felsige
Hügel und zuletzt das malerische
Städtchen Nazareth. Abends in deutschem
Gasthaus, heimelig. Strömender Regen
aufs Neue.

13. Autofahrt von dem terrassenartig gebauten, sehr
malerischen Nazareth über Jesreel, Nablus
nach Jerusalem. Abfahrt bei ziemlicher Hitze,
dann empfindlich kalt mit strömendem
Regen. Unterwegs Strasse durch umgesunkenes
Lastauto versperrt. Menschen und Auto separat
Umweg über Graben und Feld. Die Autos werden

在提比利亚湖的出水口处①，在此之前去过抹大拉（Magdala）——玛丽亚（Mary）②的家乡，阿拉伯人在那里漫天要价地向考古学家出售土地。²⁵⁴定居点的居民极其可爱，大部分是俄罗斯人。邋遢，但意志坚定，怀着坚韧与爱追求理想，不断与疟疾、饥饿和债务作斗争。这种共产主义不会永久地持续下去，但会培养出正直的人。经过详细深入的交谈和参观，我们在良好的天气时前往拿撒勒。一路上，饱览壮丽的湖景和岩石山丘，最后到达美丽如画的小城拿撒勒。晚上住在一家德国旅馆，像在家一样。²⁵⁵新一轮的倾盆大雨。

2月13日。汽车从建在斜坡上的风景如画的拿撒勒出发，穿过以色列平原和纳布卢斯（Nablus）前往耶路撒冷。启程的时候天气相当热，随后变得很冷，还下起倾盆大雨。在途中，道路被一辆陷入泥中的卡车堵住。人和汽车在沟渠和田间分别绕道行进。汽车

---

① 约旦河的源头是以色列、叙利亚、黎巴嫩交界的黑门山，约旦河湍急而下，从迦百农（Capernaum）附近注入提比利亚湖。然后又从约旦尼特（Yardenit）洗礼处附近流出提比利亚湖，缓慢曲折地注入死海。

② 此处的玛丽亚是指"抹大拉的玛丽亚"，她被描写为耶稣的女追随者。按照新约，圣路加福音8:1-2，耶稣驱除了玛丽亚身上的恶魔，治好了她的病。请不要与耶稣的母亲玛丽亚相混。

schwer geschunden in diesem Lande. Abends
deutscher Vortrag in Jerusalem in vollgestopf-
tem Saale mit unwesentlichen Ansprachen
und Diplom der Palä. jüdischen Ärzte, bei
dessen Überreichung der Redner Angst hatte
und stecken blieb. Gottlob, dass es auch
unter uns Juden weniger selbstbewusste
gibt. Man will mich entdeckt in Jerusalem
haben und attakiert mich in diesem Sinne
in geschlossener Reihe. Das Herz sagt ja, aber
der Verstand nein. Meine Frau Elsa während
der Reise in schwerem Fieber.

14. 6¾ Abfahrt mit Hadassa nach Bahnhof.
7½ Abfahrt nach Abschied an der Bahn.
Hadassa fährt mit bis Lud. Umsteigen.
Frau immer schlechter bis Candara, wo
sie ganz zusammenbricht. Freundlicher
arabischer Konducteur. In Candara Bekannt-
schaft einiger Beamten, die meiner Frau
Essen und Lager gewähren 5½ – 10 Uhr Aufent-
halt. Weiterreise sehr schwer. Ankunft
in Port Said. Bei Herrn Muschli in schönem
Haus geborgen. Alles wird gut werden.

15. Spaziergang zum Lesseps-Denkmal. Kubistisches

在这片土地上饱受磨损。晚上，在耶路撒冷，在一个座无虚席的大厅里用德语演讲，《巴勒斯坦》犹太医生不可避免地要发表演讲，颁发证书，演讲者吓得发抖，说不出话。[256]谢天谢地，在我们犹太人中，也有一些人不那么自信。人们极力想让我留在耶路撒冷，对此我很苦恼。我的情感说是，但理智说不。（我夫人）爱尔莎在旅行前夜发高烧。[257]

2月14日。6点45分，与哈达萨（Hadassa）出发前往火车站。在火车站告别后，7点半启程。哈达萨一直陪我们到卢德（Lod）。[258]换火车。夫人在到坎塔拉前病情加重，到了那儿完全崩溃了。善良的阿拉伯乘务员。在坎塔拉认识了几位官员，他们给了我夫人鸡蛋和一个可躺的地方。5点半至10点短暂停留。继续旅行变得相当困难。抵达塞得港。安顿在穆希利（Muschly）家漂亮的房子里。[259]一切都会好转。

2月15日。散步到了雷赛布（Lesseps）纪念碑。[260]沿着

插图26　1923年2月16日，爱因斯坦夫妇与马克斯·穆希利（Max Mouschly）和西莉亚·穆希利-图克尔（Celia Mouschly-Turkel）夫妇在塞得港（承蒙耶路撒冷希伯来大学阿耳伯特·爱因斯坦档案馆惠允）。

Bild von viereckigen Badhäuschen und
grösseren Häusern längs Strand. Gefühl von
Befreiung. Frau besser, wird aufopfernd von Frau Muselli
gepflegt. Besuche bei Governo (Orientale mit blutdem Gesicht) und einigen Konsuln.
16. Vormittag Abreise auf „Orung" (Oriental line)
Schlechtes Futter. Fast lauter Kolonialengländer auf
dem Schiff. Bekanntschaft mit jüdischem Kaufmann
Haye aus Australien und einigen Amerikanern.
17, 18, 19, übel von schlechtem Futter. Hoher Seegang
und Regen. 19. morgens Stromboli schön sichtbar.
Nachmittags 6 Uhr Neapel. Vesuv in grauen Wolken.
Himmel bedeckt. Dabei so kalt und unfreundlich,
dass man froh ist, auf dem Schiff bleiben zu
können. Engländer aus Australien entpuppt
sich als Mecklenburger. Nachricht von Eisen-
bahnstreik in Frankreich und immer neuen
Repressalien an der Ruhr; wie mag es gehen?
In Toulon Leute freundlich, in Marseille
gefährlich deutsch zu sprechen. Bahnhofdirektor des
Güterverkehrs weigert sich, unser Gepäck nach Berlin,
ja selbst nach Zürich zu befördern.
22–28 Aufenthalt in Barcelona bei Mühe aber liebe
Menschen [Terradas, Campalang, Lana, Tirpitz Trititer]
Volkslieder kurze Refectorium. Schön war's!

海滩的一排排沐浴间和大房子，像立体派油画。光芒四射的太阳，给人以解放的感觉。夫人被穆希利夫人全心全意地照顾着，好多了。[261] 拜访最高行政官（东方人，面孔宽阔）和一些领事。

2月16日。上午搭乘"东方航线"（Oriental Line）的"霍尔木兹"（Ormuz）号起航。[262] 食物不好。在船上几乎全是英国殖民者，认识了来自澳洲的犹太商人海耶（Haye）和几个美国人。

2月17日，18日，19日。食物不好引起消化不良。波涛汹涌，还下着雨。19日早上，看见美丽的斯特隆博利岛。下午6点后，到达那不勒斯。灰色的云层笼罩着维苏威火山，阴云密布的天空。天气寒冷，令人不快，所以人们很高兴能在船上待着。来自澳洲的英国人原来来自梅克伦堡。法国铁路罢工和越来越多的报复鲁尔区的新闻；事情会如何发展？[263]〈马赛〉土伦的人很友好，在马赛说德语有危险。货运站站长拒绝将我们的行李运往柏林，甚至是运往苏黎世。[264]

2月22日—28日。在巴塞罗那停留。非常累，不过那里的人们很可爱。泰拉达斯（Terradas）、坎帕兰斯（Campalans）、拉娜（Lana）和蒂尔皮茨（Tirpitz）的女儿。民歌，舞蹈，餐厅。[265]这一切多美好啊！[266]

插图27　1923年2月25日，爱因斯坦在西班牙加泰罗尼亚莱斯普卢加德夫兰科利镇（L' Espluga de Francolí）与当地孩子在一起（承蒙西班牙教育、文化和体育部惠允。国家大众传媒基金会管理总局档案馆［Fondo Medios de Comunicación Social del Estado］，代码F- 03198 — 010 - 00017 。摄影者：卡西米罗·拉纳·萨拉特［Casemiro Lana Sarrate］[①]）。

---

①　卡西米罗·拉纳·萨拉特（1892—1961），西班牙化学工程师和政治家。他喜欢旅游，20世纪20年代初在柏林旅行时与爱因斯坦相识。在他和其他同事的努力下，爱因斯坦成功地访问了加泰罗尼亚。

40

1. März   Ankunft in Madrid. Abfahrt von Barcelona
herzlicher Abschied. Terradas, deutscher Konsul mit Typsch ? Ende etc.
3. März. Erster Vortrag in Universität

3月1日。抵达马德里。从巴塞罗那起程，真诚地告别。泰拉达斯、德国大使和蒂尔皮茨的女儿，等等。[267]

3月3日。在大学的第一次演讲。[268]

插图28　1923年3月4日，爱因斯坦在马德里西班牙皇家科学院的招待会上。前排包括国王阿方索十三世、爱因斯坦、何塞·罗德里格斯·卡拉西多（José Rodríguez Carracido）和布拉斯·卡布雷拉（Blas Cabrera）（承蒙格兰杰收藏 [Granger Collection] 惠允）。

4. März Autofahrt mit Rockerthulers. Entwort
auf Cabreras Akademierede geschrieben. Nach-
mittags Akademiesitzung mit Königs Vorsatz.
Wunderbare Rede des Akad. Präsidenten. Dann
Thee bei ärztl. Gesellschaftsdame. Abends zuhause
aber ganz katholisch.

5. Vormittags mathematische Gesellschaft
Ehrenmitglied. Diskussion über allgemeine
Relativität. Essen bei Kuno, Besuch bei Kochel
Wunderbarer alter Kopf. Schwer krank. Vortrag.
Abends Essen eingeladen van Vogel. Gutherziger
humorvoller Pessimist.

6. Durch viele Lügen erschwerter Ausflug
nach Toledo. Einer der schönsten Tage meines
Lebens. Strahlender Himmel. Toledo wie ein
Märchen. Ein begeisterter alter Mann, der Bedeutendes
über Greco geschrieben haben soll führt uns
Strassen und Marktplatz, Blicke auf die Stadt, Tugo
mit Steinbrücken, steinbedeckte Hügel, trostlose
Ebene Dam, Synagoge, Sonnenuntergang auf der Heim-
fahrt mit glühenden Farben. Gärtchen mit Aussicht
bei Synagoge. Herrlicher Bild von Greco in kleiner
Kirche (Beerdigung eines Edeln) gehört zum tiefsten,
was ich je sah. Wundervoller Tag.

3月4日。与科赫尔塔勒（Kocherthaler）夫妇乘车旅行。回复卡布雷拉夫妇（Cabreras）。起草在科学院的演讲稿。下午，出席由国王主持的科学院会议，科学院院长的讲话很精彩。[269]随后参加贵妇名媛的茶会。[270]晚上待在家，完全像个天主教徒[271]似的[①]。

3月5日。早上，数学协会名誉会员，讨论广义相对论。在库诺（Kuno）[②]那儿用餐。拜访库查尔（Kuchal）。一位了不起的老思想家，病得很重。发表演讲。晚上，受福格尔（Vogel）先生之邀参加晚宴。[272]善良、幽默的悲观主义者。

3月6日。用很多假话做掩护，隐秘地前往托莱多进行短途旅行。这是我生命中最美好的日子之一。灿烂的天空。童话一样的托莱多。一位热情的老人，据说是写了一些关于埃尔·格列柯（El Greco）[③]的重要文章，为我们引路。带领我们穿过街道和市场，欣赏城市的风光，有石桥横跨塔霍河（Tagus），石头覆盖的山丘，迷人的平顶教堂，犹太教堂，回程中的落日色彩斑斓。从小花园里可看见附近的犹太教堂。小教堂里的格列柯宏伟的壁画（一位贵族的葬礼），是我见过的最深刻的画作之一。[273]美妙的一天。

---

① 爱因斯坦此处或许是想说，过着清苦的生活。

② 指库诺·科赫尔塔勒（Kuno Kocherthaler）。

③ 格列柯（El Greco，1541—1614），西班牙文艺复兴时期的画家、雕塑家和建筑师。

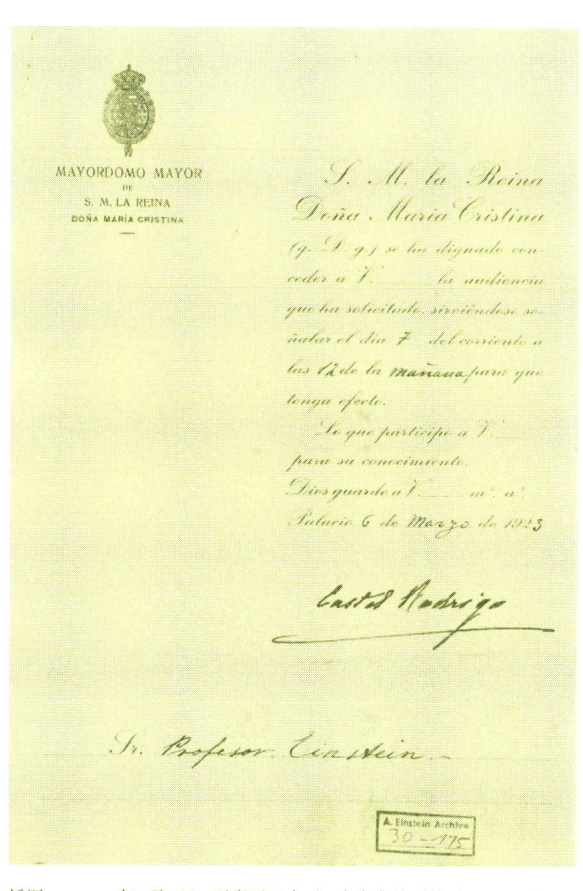

插图29　1923年3月6日，西班牙王太后，来自奥地利的玛丽亚·克里斯蒂娜（Maria Christina）的邀请信（承蒙耶路撒冷希伯来大学阿耳伯特·爱因斯坦档案馆惠允）。

41

2. 12 Uhr Audienz bei König und Königin Mutter. Letztere zeigt ihre Wissenschaft. Man merkt dass niemand ihr sagt, was er denkt. Der König einfach und würdig, ich bewunderte ihn an seiner Art. Nachmittags dritter Universitätsvortrag, andächtiges Publikum, das sicher fast nichts verstehen konnte, weil die letzten Probleme behandelt wurden. Abends grosser Empfang beim deutschen Gesandten. Gesandter u. Familie prächtige schlechte Leute. Gesellschaft Strafe wie immer.

8. Ehrendoktor Recht spanische Reden mit zugehörigen benzolischem Feuer Lange Rede des d. Gesandten über deutsch-span. Beziehungen. Nichts Historisches. Abends zum Besuch bei techn. Studenten. Reden und nichts als Reden, aber gut gemeint. Abends Vortrag dann bei Kunst musizieren. Ein Künstler (Direktor des Konservatoriums) Torres spielte herrlich Violine.

9. Ausflug nach Cyberge und Eskorial Herrlicher Tag. Abends Empfang im Studentenheim mit Reden von Ortega. und mir

10. Prado (Bilder von Velasqey und Greco hauptsächlich betrachtet) Abschiedsbesuche Essen beim deutschen

3月7日。12点，觐见国王和王太后。后者显示了她的科学水准。人们注意到，没人告诉她，他们心里在想什么[1]。国王朴素而威严，我欣赏他的举止。下午，第三次大学演讲；虔诚的听众肯定几乎什么都听不懂，因为讨论的是最新的问题。晚上在德国公使家，参加盛大的招待会。公使和他的家人都非常谦逊。[274] 一如既往的折磨人的社交活动。

3月8日。被授予荣誉博士学位。典型的西班牙式讲话，激情四射[2]。公使关于德国和西班牙关系的演讲虽长，但内容不错；地道的德国人。不加任何修辞。〈晚上〉随后拜访技术院校学生。除了致辞还是致辞，但他们都是好意。晚上做报告。然后在库诺那儿演奏音乐。一位专业人士（音乐学院院长）波拉斯（Poras）的小提琴拉得非常好。[275]

3月9日。去山区和埃斯科里亚尔修道院（Escorial）[3] 远足。美好的一天。晚上在学生宿舍的接待会上，奥尔特加（Ortega）和我发表了讲话。[276]

3月10日。告别访问普拉多美术馆[4]（主要欣赏委拉斯开兹 [Vélasquez][5] 和格列柯的画作）。在德国公使家用餐。

---

[1] 这里或许是暗示王太后可能在谈话中对科学的理解有误，但没有人指出来。

[2] 原文此处为 Aecht spanische Reden mit zugehörigem bengalischem Feuer.

[3] 位于西班牙马德里市西北约 50 千米处的瓜达拉马山南坡。是世界上最大最美的宗教建筑之一。该建筑名为修道院，实为集修道院、宫殿、陵墓、教堂、图书馆、慈善堂、神学院、学校八位于一体的庞大建筑群，气势磅礴，雄伟壮观，并珍藏了欧洲各艺术大师的名作。

[4] 建于 18 世纪，被认为是世界上最伟大的博物馆之一，亦是收藏西班牙绘画及雕塑作品最全面、最权威的美术馆。

[5] 委拉斯开兹（Diego Rodríguez de Silva y Vélasquez，1599—1660），文艺复兴后期西班牙最伟大的画家，对后来的画家影响很大。代表作有《教皇英诺森十世肖像》《纺织女》和《宫娥》等。

插图30　1923年3月8日，获马德里大学荣誉博士学位证书（承蒙耶路撒冷希伯来大学阿耳伯特·爱因斯坦档案馆惠允）

Gesandter. Abends mit Lina und Ullmanns in
primitivem (Tanzlokal. Fröhlicher Abend.
11. Prado (Herrliche Werke von Goya, Raphael, Fra
Angelico)
12. Abreise nach Zaragoza.

晚上，与丽娜（Lina）和乌尔曼（Ullmann）夫妇在简陋的小舞厅。[277]欢乐
的晚上。

　　3月11日。参观普拉多（戈雅［Goya］[①]、拉斐尔［Raphael］[②]和安
吉利科神父［Fra Angelico］[③]的精彩杰作）。[278]

　　3月12日。〈动身〉前往萨拉戈萨（Zaragoza）。[279]

插图31　爱因斯坦与马德里大学教授，1923年3月8日。前排：米格尔·维加斯（Miguel Vegas）、
何塞·罗德里格斯·卡拉西多、爱因斯坦、路易斯·奥克塔维奥·德·托莱多（Luis Octavio de
Toledo）和比亚斯·卡布雷拉。后排：埃德蒙·洛萨诺·雷（Edmundo Lozano Rey）、约瑟
夫·M. 普兰斯（Josep M. Plans）、何塞·马德里·莫雷诺（José Madrid Moreno）、E.洛萨诺·庞
塞·德莱昂（E.Lozano Ponce de León）、伊格纳纳西奥·冈萨雷斯（Ignazio González Martin）、朱
利奥·帕拉西奥斯（Julio Palacios）以及安吉尔·德尔·坎波（Angel del Campo）（承蒙耶路撒
冷希伯来大学阿耳伯特·爱因斯坦档案馆惠允）。

① 　戈雅（Francisco Jose de Goya y Lucientes，1746—1828），西班牙浪漫主义画派画家。代表
　　作有《裸体的玛哈》《着衣的玛哈》《阳伞》和《巨人》等。
② 　拉斐尔（Raphael Santi，1483—1520），意大利著名画家，"文艺复兴后三杰"中最年轻的
　　一位。
③ 　安吉利科神父（Fra Angelico，1395—1455），意大利文艺复兴时期画家。

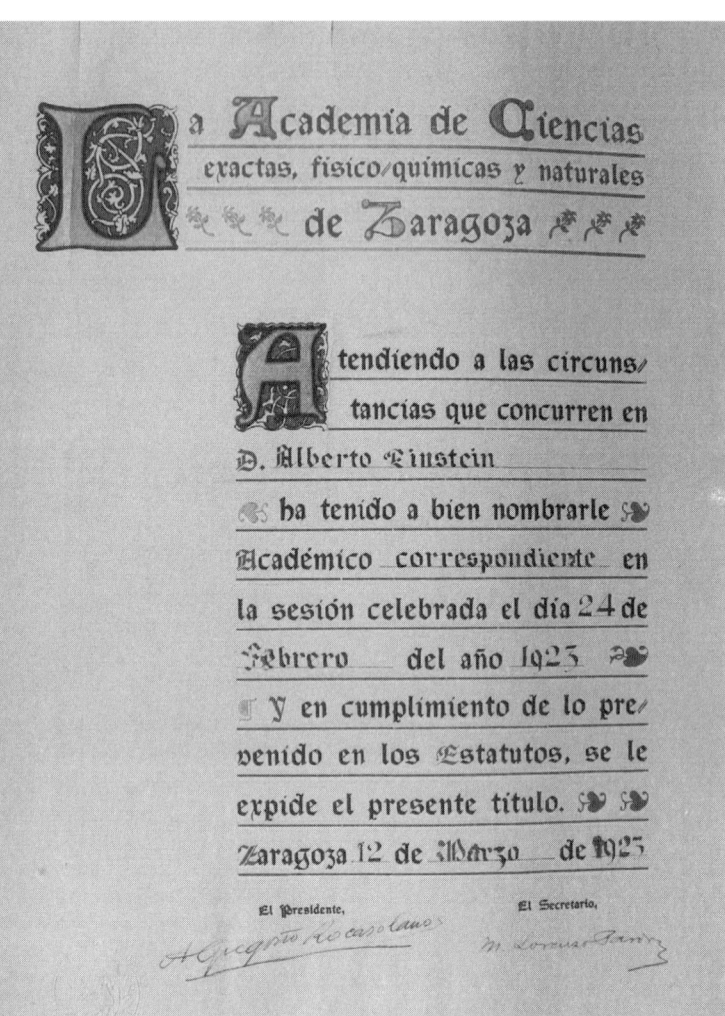

插图32　萨拉戈萨精确科学、物理化学和自然科学研究院证书，1923年3月12日（承蒙耶路撒冷希伯来大学阿耳伯特·爱因斯坦档案馆惠允）　242

其他文件选

文件1：山本实彦的来信[1]

[东京，1922年1月15日]

协议

改造社有幸恭请爱因斯坦教授博士访问日本并请他做一些演讲。双方都同意完全履行下列承诺：

1. 计划包括

　　a) 在东京为期六天访问中，每天做一次科学演讲，每次大约三小时。

　　b) 六次公众演讲，东京、京都、大阪、福冈、仙台、札幌每处各一次，（每次大约两个半小时）。

2. 除非遇到不可抗力的阻碍，演讲者应于1922年〈8月〉9月底或〈9月〉10月[2]初启程。在日本的逗留期将持续约一个月。

3. 酬金（包括旅费及食宿费用）为二千英镑（£2,000）。

于本协议同时，创造社通过伦敦的横滨正金银行向演讲者支付上述金额的一半。其余部分将在演讲者到达日本之后立即支付。

如果由于不可避免的困难无法成行，预付的一千英镑应当归还给创造社。

双方怀着极大的敬意，签字如下：

柏林，_____1922年

东京，1922年1月15日

山本实彦

（改造社代表）

文件2：1922年9月29日爱因斯坦教授去日本旅行时的谈话报道[3] 244

[柏林，1922年10月12日]

爱因斯坦教授宣布，他准备接受亚瑟·鲁平博士的邀请访问巴勒斯坦。[4]他有可能以这样的方式安排行程，即在他从巴达维亚回程时[5]，将在巴勒斯坦待10天……爱因斯坦想强调，他不希望人们将他此次在巴勒斯坦的短暂停留与他对巴勒斯坦的正式访问相混淆。[6]"人们应该专门直接去巴勒斯坦，而不是在访问其他国家之后顺便前往那里；"此外，他知道在10天之内，他无法对他真正感兴趣的问题形成看法……此外，在我看来，似乎很有必要将我们对建立大学[7]的看法作为一个官方观点告诉他。从而他将为这项事业奔走呼号，避免就有关他个人的大学计划随意发表意见。

库尔特·布卢门菲尔德

文件3：在新加坡招待会上的演讲[8]

[新加坡，1922年11月2日]

玛纳西·迈耶先生，您以及在座的所有人在您的宅邸对我与我夫人的热烈欢迎让我十分高兴。您在给我的致辞里所使用的令人印象深刻的词汇也让我非常感动。[9]请允许我代表我的夫人与我本人对您给予我们的热情招待表示感谢。在远东这个地方，看到我们的同胞之间的关系如此和谐美好，让我既惊又喜。[10]就您个人对我的评价，令我更加欣喜的是您对学术抱负的承认，而这正是我们的民族最为优秀的传统之一。（听众连声叫"好"。）

245　　您对我的理论的溢美之词着实不应加之于我，而应加之于上世纪的全部科学家，我所取得的这一理论成就是几个世纪以来科学进步的结果。我乐于认为科学是所有国家的财产，并且无论如何不应被国际冲突所威胁，因为科学总是会对那些从长远角度思考问题的人有治愈的作用。如果科学凭借它的普遍支配性而取得了卓越的地位，那么可能就有人会问"为什么我们需要一所犹太大学？"[11]科学具有国际性，但是它的成功却是以国家所拥有的研究机构为基础的。因此，如果我们期望促进文化的发展，我们就必须用我们自己的力量与方式来联合并组织这些研究机构。基于如今的政治发展状况，尤其鉴于我们民族的子孙中的很大一部分被其他国家的大学拒绝入学就读这一事实，我们便更加需要去做这件事情。[12]（可耻！）到目前为止，我们以个人之力尽可能地为了文化的发展做出了贡献，现在，如果我们作为一个种族，通过我们自己的研究机构为发展文化事业添砖加瓦，这对我们才是公平的。（欢呼声！）为了这个目标，让我们与那些正付出全部精力来实现这一伟大理想的杰出人士一起努力奋斗。就诸位所给予我的高度尊敬，我再次对在座的所有人致以衷心的感谢。

文件4："闲谈我对日本的印象" [13]

手稿在1922年12月7日或之后完成。
发表于1923年1月 [14]

在最近的几年里，我一直在世界各地旅行，这实际上超过了一个学者应有的程度。像我这样的人应该安静地坐在书房里进行研究。现在我总能对以前的旅行找到一个托词，借以抚平我那不怎么敏感的良知。但当收到山本让我前往日本的邀请时 [15]，我立即决定进行这次预计历时数月的伟大旅行，尽管理由只有一个，那就是如果有机会去亲眼看看日本，却错过时机的话，我将永远不能原谅自己。

我这辈子在柏林所受到的羡慕，再没有比当人们知道我被邀请去日本的那一刻时更多了。因为在我们国家，这片土地比其他任何地方都更加笼罩在神秘的面纱之下。在我们中间，我们看到许多日本人，孤独地生活，勤奋地学习，友好地微笑。没人能探究藏在这种谨慎的微笑背后的情感。不过人们都知道，在这背后有着一个与我们不同的灵魂，表现在日本风格中，正如我们在无数日本小产品中，以及不时风行的受日本影响的文学中所看到的那样。我对日本的所有了解，都无法组成一个清晰的画面。乘坐"北野丸"号穿越日本海峡，看着无数秀美的绿色小岛在朝阳中熠熠生辉时，我的好奇心达到了顶点。但最耀眼的，却是所有日本乘客以及全体船员的面孔。许多柔弱的少妇，一般在早餐前从不露面，却在早上6时，不顾刺骨的晨风，喧闹着，快乐地在甲板上走来走去，以便第一时间看到家乡的土地。看着他们所有人陷入如此深情，我深受感动。日本人比任何其他国家的人更爱自己的国家和自己的人民；尽管他们具有学习外国语言的才能，对外国的一切也非常好奇，但当身处异国他乡之时，还是觉得自己比其他所有人更格格不入。原因何在？

我已到日本两周，[16]但是对我来说，许多事物还像在第一天那样神秘。不过我也确实理解了一些东西，主要是日本人在面对欧洲人和美国人时的害羞。在我们那儿，整个教育的目的就是为此而建立的，即作为个体的我们能够在尽可能有利的条件下成功地进行生存斗争。特别是在城市里，最极端的利己主义、最无情的竞争耗尽我们的精力，为获得尽可能多的奢侈品和享乐而疯狂地工作。家庭纽带是松散的，艺术和道德传统在日常生活中的影响比较薄弱。个体的孤立被视为生存斗争的必然结果，它剥夺了那种只有融入一个团体才会享有的无忧无虑的幸福。占优势的理性教育——在我们的环境中，它对实际生活必不可少——使得个人的这种态度更加严重，因此个体的孤立在我们的意识中变得更加强烈。

在日本则完全不同。个体被赋予的独立空间远不如欧洲或美国。虽然家庭成员之间的关系受到的法律保护十分薄弱，但它还是比我们的要紧密得多。但这里舆论的力量比我们要强得多，确保家庭结构不会崩析。公共和私人的声誉有助于让通常由日本人的教养与生俱来的善良所充分保证的事情得以完成。

个体在住房和食物方面的质朴有助于增强大家庭在物质方面的凝聚力，也就是互相帮助。欧洲人通常能在其住所招待一个人而不会明显扰乱家庭秩序。所以，欧洲男人大多只能照顾他的妻子和孩子。通常，妻子，就算是有地位的妇女，也必须参与营生，把孩子的教育交给佣人。很少有成年兄弟姐妹间的互相供养，更别说远亲了。

但还有第二个原因，使得在这个国家，比起我们国家更容易实现个体之间紧密的保护关系。日本特有的传统是，情感不外露，在所有 环境中保持冷静和放松。这使得许多即便在情感上不和谐的人，也能同住在一个屋檐下，而不会出现难堪的冲突和争端。我觉得这是令欧洲人如此难以理解的日本人笑容的深层意义。

这种压制个人情感表达的教育是否会带来一种内在本质的贫乏，一种对个体自身的压制？我觉得没有。这种人民特有的细腻情感和一种看起来比欧洲人更强烈的同情心，肯定促进了这种传统的发展。一个粗俗的词对欧洲人的伤害不比对日本人的少。前者立刻进行反击，以牙还牙。日本人则会受伤退缩——一哭了之。人们经常把日本人不讲过激的话解释成虚假和伪善！

对于一个像我这样的外国人来说，要深入观察日本人的心灵并不容易。我穿着节日的盛装，到处受到人们的高度关注，我听到更多是谨慎权衡之语，而不是那些意味深长的、不经意地从灵魂深处溜出来的话。但是通过直接与人接触无法得到的东西，借助艺术的印象得到了弥补；没有一个国家像日本这样，以如此丰富而多样的形式来欣赏艺术。我所理解的"艺术"，是这里的人们凭借美学意图或次要动机，创造出来的所有永久的东西。

在这方面，我几乎从未停止过惊叹和钦佩。大自然和人统一起来产生了一种不同于任何其他地方的独特风格。所有真正起源于这个国家的东西，都是精致而又轻松愉快的，不是抽象的形而上学，而是始终紧密联系着大自然既有的东西。有着绿色小岛或小丘的风景是精致的，树木是精致的，那些被细致地分割成小块的精耕农田是精致的，尤其是上面的小房子；最后，人们自己和他们的讲话、行动、衣着和 所使用的工具，都是精致的。我特别喜欢有着分格的平滑墙壁的日本房子，喜欢它铺着许多软垫子的小房间。在那儿的每个小细节都有它的意义和重要性。此外，优美的人们带着如画的微笑，鞠躬，落座——这一切事物，人们都只能赞赏却不能模仿。你一个外国人，想学也没用！日本的美味佳肴你也无福消受，看看就行了。和我们的人民相比，日本人在相互交往上更轻松而且更无忧无虑——不是生活在未来，而是生活在当下。这种开朗的性格总是以高雅的形式表现出来，从不大声喧嚷。我们能直接理解日本人的机智。他们对滑稽和幽默也颇具鉴赏力。令我惊讶的是，当涉及这些显然是深层的心理时，日本人和欧洲人没有太大区别。日本人的机智并没有挖苦的意味，这充分表现出了他们的善良。

我最感兴趣的是日本音乐。日本音乐中有从我们的音乐中发展而来的部分，也有毫无关系的部分。人们只有在聆听完全陌生的艺术时，才会接近一种理想化状态，将至今习以为常的音乐与基于人性的本质的音乐区别开来。日本音乐与我们的区别确实是根本的。和弦与分段式结构在我们欧洲音乐中是普遍的，似乎是不可缺少的，但日本音乐却缺乏这些。另一方面，两者都用13个音来划分1个八度。我觉得日本音乐是一种不可思议的直接印象的感情画。对于艺术效果来说，就连音准也不是绝对必需的。我感觉它更像是将人声和自然声响风格化的情感表达。这里所说的自然声响，是如鸟鸣或海浪拍岸等能唤起人的情感的声音。通过打击乐器的重要作用，这种印象被进一步放大。这类打击乐器并没有自己特定的音高，更适合于用来表现节奏。对我来说，日本音乐的主要魅力在于它极其精致的韵律。我完全知道自己并未体会这种音乐的精妙之处。从艺术家的个人表达中听出纯正的传统，总是需要长期的经验。除此之外，我也不理解大多数日本音乐作品中相当重要的念白和唱词。在我看来，日本精神的艺术之道的特征，在于柔和的笛子的独特使用，而不是声音很刺耳的金属管乐器。这里又一次体现了日本人对优雅和精巧的独特偏好，而这在日本绘画和日常生活用品的设计中表现得尤为突出。最感染我的是作为一个舞台剧或哑剧（舞蹈），特别是能剧的伴奏音乐。我认为，阻碍日本音乐发展成为一种主流的高等艺术形式的，是它缺乏正式的分段和结构布局。

对我来说，日本艺术中最宏伟的领域，在于绘画和木雕。这里真正地表明，日本人注重视觉形式上的享受，不知疲倦地赋予事物以艺术形式，将其转化为特殊风格的线条。日本人不理解我们在现实主义中试图重现自然，正像他们不理解宗教对肉欲的摈弃一样，尽管受到了与他们的精神格格不入的亚洲大陆的佛教的影响。对于一个日本人来说，所有的东西都是形式和色彩的体验，所以忠于自然，但当程式化在大范围内占据上风时，也远离自然。他最喜欢的是清晰和简单的线条。一幅画总是被当成一个不可分割的整体来理解。

我只能提到我这几周获得的美好印象，无关任何政治和社会问题。关于日本妇女的优雅，这些像花儿一样的生命——我不想置评；因为只有诗句才能描绘她们，普通人岂敢放言。在我心中还有一件事想说。日本人羡慕西方的智力成就，怀着伟大的理想主义，成功地深入科学之中，这并没有错。不过但愿他不要忘了完美地保持自己所拥有的、优于西方人的伟大特征：对生活的艺术塑造，在个人需求中的谦卑和质朴，以及日本精神的纯净和安宁。

文件5：致山本实彦[17]

[京都，1922年12月12日]

尊敬的山本先生，

您为我和我夫人的日本之行出力良多，因此我觉得绝对有义务向您阐明下述情况。这艘邮轮[18]在16天后才离开门司，而我在这段时间并没为您做任何事情。所以我觉得，在此期间，自己不应去麻烦稻垣先生和他夫人。[19]尽管我很爱他俩，但我请求您，为了减轻我的内疚，让我和我妻子独自留在京都度过这段安静的时光。您让我们在这座美妙的城市待了这么久，确实为我们做了很多事情。我也请您，不要让任何人纯粹出于对我们的友好而前往福冈和门司。

值此良机，我要向您表达我内心最深处的感谢，感谢您让我们有机会看到这个奇妙的国度，您一直全程宽容而悉心照料我们，让我们整个行程都非常愉快。

顺致诚挚问候，您的

A.爱因斯坦

252　　我妻子昨天不在大阪，因为我要求她留在京都。我之所以这样做，是因为事先没能及时知道要在大阪举行一个官方欢迎会。[20]由于不是她的问题而造成了意外的混乱，我妻子对此非常不高兴。[21]

文件6：致汉斯·阿耳伯特与爱德华·爱因斯坦[22]

[京都，1922年12月17日]

亲爱的孩子们，

现在你，亲（爱的）阿耳伯特，已经当了两个月的大学生。[23]我经常很骄傲地想到这点。虽然在日本也相当疲惫，但这个旅行妙不可言。我已经做了13场报告。我非常高兴，我把你，亲（爱的）阿耳伯特留在了苏黎世；是因为我找不出那么多时间来关照你，而且对你来说，大学学业比任何旅行都要重要。无论旅行多么美好，在很多情况下需要出席官方场合。[24]顺便说一下，相较于我迄今所认识的所有其他民族，日本人更吸引我：安静、谦虚、聪明，欣赏艺术而又体贴，没有什么是为了表象，一切都是为了实质。现在你们所有人也真的要得到诺贝尔奖的奖金了。[25]想想房子的事。[26]剩下的钱将以你们的名字做些投资。这样你们就会富得流油，说不定哪天我可能又必须找你们借钱，这取决于事情如何进展。我回国后（三月底或四月初）还必须去斯德哥尔摩领奖。随后我在日内瓦时，[27]自然会去看望你们；我已经期待着那一天。然后我们也可以商量明年夏天干什么。我已经决定，不再总是环游世界；但我自己还能推掉这些吗？

你们这些坏蛋根本不给我写信；现在要寄到亚洲也太晚了。如果你们要在我回德国前写信给我，例如因为房子的事，那就寄往西班牙 ²⁵³（马德里大学）或者——如果你们想快点写的话——寄到在耶路撒冷的犹太复国主义组织。我还在信里给你，亲（爱的）特特（Tete），[28]装了一些在路上收集的邮票。

向你们和妈妈[29]致以温暖的问候，来自你们的

〈阿耳伯特〉爸爸。

文件7: 致威廉·佐尔夫[30]

[宫岛，1922年12月20日][31]

[……]

我再赶紧跟您汇报一些详细情况，作为我的电报答复的补充。[32] 哈登的声明让我在德国的处境变得更加困难，这对我来说当然是不愉快的。它既不完全对，但也不完全错。[33] 因为那些充分了解德国形势的人确实认为，我的生命受到某种威胁。诚然，我在拉特瑙谋杀案发生前对局势的评估不如事后。在很大程度上，是对远东的向往让我接受了前往日本的邀请；另一部分原因，则是暂时摆脱我们祖国的紧张氛围，那种氛围经常让我陷入困难的境地。然而，在拉特瑙谋杀案发生后，我当然相当高兴能有机会较长时间地离开德国，它能让我摆脱暂时加剧的危险，又不必做任何可能让我的德国朋友和同事不悦的事情。

[……]

文件8: 致石原纯[34]

[门司，1922年12月23日至29日][35]

给我亲爱的同事石原以作纪念，我和他一起见到了这么多的美好事物，一起工作，一起消磨了如此多的快乐时光。他是为数不多的那些我非常想以同志的精神来一起思考和工作的人之一；虽然来自完全不同的家族和传统，我们之间还是存在着一种神秘的和谐。

阿耳伯特·爱因斯坦

门司，1922年

285

文件9: 致土井晚翠³⁶

[于"榛名丸"号蒸汽邮轮上, 1922年12月30日]

非常尊敬的土井先生,

我怀着极大的乐趣和崇敬,读了您严肃缜密的诗歌的德文译本³⁷和您极其友好的来信。您对我的成就的过高评价,并不重要³⁸——只要这些话是来自于纯洁的灵魂。科学的探索确实还是不同于艺术家的探索。艺术家如果有能力去看和感知,有力量去塑造,并且有耐心和爱去追求至善至美的作品,那他肯定能得到发展。而科学却像猜谜,甚或是买彩票一样。如果人们能发现什么真正有价值的东西,那就是一件罕见的幸运事。很多具有很高天赋的年轻人工作到耄耋之年,也没能让严酷的女神向他展示自己深深隐藏的任何秘密;她不可揣度,也不在乎人们忘我地探索真理的美德^①。而她向我所吐露的那一点点东西,在那些不知情的人的眼里,肯定是极度地被放大了;这些人不了解前辈以及与我的同事们的功绩。即便如此——我还是很高兴听到您的这些充满热情的话。

您讲的那些关于您的美丽国家的东西,以及它现在所处的怪诞的过渡状态,我觉得非常好。但我觉得您的描述或许太严厉了。通过这几十年西方科学的培养,日本已经达到很高的水平,并且进行着最深的问题的研究。日本从西方吸收的并非仅仅是文明的外在因素!³⁹对每个国家来说,外国文化的泛滥都是危险的,在这种泛滥中,人们很容易忽视并忘记自己高尚的价值——我的意思是指贵国那些令我如此钦佩和喜欢的艺术、社会和道德传统。日本人并没有意识到自己在这方面比欧洲人优越;如果能让他意识到这一点,使他感到,不分青

---

① 爱因斯坦的意思是说,科学女神不会仅仅因为你刻苦虔诚的探索就会给你回报。

红皂白地接受欧洲的生活方式，将会危及伟大的价值，那将是大有裨益的。日本可以默许欧美的文明精神，但它必须知道，自己的灵魂远比所有这些外在的闪光的小东西①更有价值。

我怀着喜悦的心情，颤抖着双手，接受了您赠送的华丽的日中艺术复制品。[40]它们将在这个旅途中陪伴我，并将缓解我在回欧洲时的痛苦。日本人的艺术之手具有无与伦比的细腻性。

我迄今为止的论文全集不久后将会以日语出版，[41]我很乐意给您寄一套，只是要加一个题词很难。但我会想办法。附上一张给您儿子的小卡片。[42]

请收下最诚挚的问候，和最热烈的谢意，您的

A.爱因斯坦

文件10：致土井英一[43]

[于"榛名丸"号上，1922年12月30日][44]

熟悉思考科学问题的人，从不会觉得空虚和孤独，他还能在命运的变幻中获得一个坚定的立足点。

向年轻的英一先生致意

阿耳伯特·爱因斯坦

256

---

① 指前一页提到的"文明的外在因素"。

文件11: 致山本美[45]

[于"榛名丸"号蒸汽邮轮上, 1922年12月30日[46]]

对我来说, 您, 尊敬的山本夫人, 将永远代表日本女性的理想典范。安静, 欢快, 像花儿一样, 您是家庭的灵魂, 您的家庭似乎是一个珠宝箱, 您可爱的孩子们像珠宝一样放在里面。[47]在您身上, 我真正地看到了你们人民的灵魂以及他们对高雅和美丽的古代文化的崇敬。

您的

阿耳伯特·爱因斯坦

文件12: 在上海犹太人招待会上的演讲[48]

[上海, 1923年1月1日]

有人请求我就耶路撒冷的大学讲几句话。[49]从个人经历来看, 我认为建立这样的一个机构是很必要的。当我在瑞士学习的时候, 我甚至都不知道自己是一个犹太人。[50]当时我觉得知道自己是一个人就够了。后来前往柏林的时候, 我意识到了许多人就像我一样, 感到有着心灵上的需求。[51]他们需要借助某种事物将他们的犹太民族意识清晰地表达出来, 被人们听到。而当这种需求不能被满足时, 有些人试图人为地压抑它, 然而这并没有给他们带来宽慰。

然后犹太复国主义出现了, 给许多人的灵魂带来了新的和谐。[52]现在, 这所犹太人大学将为犹太人的灵魂提供支点, 并将促使犹太学者去寻找他们自己的方向。与其说这里是一所为学生们准备的学校, 不如说它作为犹太学术研究的聚集地, 以及犹太思想的权威中心, 将有助于定义与阐明我们民族在全世界的前景。随着这所大学的影响传播 257

288

开来，它也会振奋与启发众多散落各处的以色列人社群。

插图33　诺贝尔物理学奖章，1922年12月10日（承蒙耶路撒冷希伯来大学阿耳伯特·爱因斯坦档案馆惠允）。

文件13：致斯万特·阿伦尼乌斯[53]

［新加坡附近，1923年1月10日］

尊敬的同事先生，

　　我在乘坐"北野丸"号快到日本时，通过电报收到了被授予诺贝尔奖的消息。[54]除了其他理由之外，我非常高兴的原因是，不再会有人用下面的问题非难我了：为什么您没有赢得诺贝尔奖？（我每次都这样回答：因为这个奖不是我颁发的。）

　　汉布格尔夫人告诉我，[55]您好心地暂时将这些钱做了投资。[56]我非常感谢您好心的关照。您（和玻尔）[57]还写信说授奖仪式定在6月，我对此非常感激。最晚在4月初，我就会从这次美妙的旅行中归来。我相当喜欢日本这个国家和日本人民，一切都那么微妙和独特。而且漫长的海上旅行非常有益于思考和工作——这是一个没有书信、拜访、会

258

议和魔鬼的其他发明的天堂！和我敬佩和爱戴的玻尔一起获奖，这让我特别高兴。

愉快地期盼着一个快乐的重逢，最迟在斯德哥尔摩，我向您致以所有敬意和友好问候，您的

A.爱因斯坦

文件14：致尼尔斯·玻尔[58]
[新加坡附近，1923年1月10日]

亲爱的，不如说，心爱的玻尔！

收到您的情真意切的来信[59]，是在我离开日本前不久的时候。[60]我可以毫不夸张地说，它给我带来的愉快不亚于诺贝尔奖。您担心在我之前获奖，我觉得这特别可爱——这真是典型的玻尔风格。您关于原子的新研究[61]在旅途中陪伴着我，而我对您才智的爱与日俱增。我现在相信，我终于掌握电和引力的关系了。[62]爱丁顿比外尔更接近其要点。[63]

这次旅行是美妙的。我对日本和日本人心醉神迷。我肯定您也会这样。此外，海上旅行对一个喜好苦思冥想的人来说，是一个美妙的存在——像一座修道院。此外，再加上赤道附近的温暖宜人。温暖的水慵懒地从天空落下，万物归于平寂，让人不自觉地昏昏欲睡——这封短信就是证明。

衷心问候。期待愉快的重逢，最晚在斯德哥尔摩。

您的仰慕者

A.爱因斯坦 259

文件15: 致日本无产者同盟[64]

[于 "榛名丸" 号蒸汽邮轮上，1923 年 1 月 22 日][65]

亲爱的朋友们，

　　我没能早点回复你们的信[66]，因为我把信和地址都弄丢了。山本先生[67]再次向我提供地址，所以我愿意回答你们的问题，不过问题的细节已经记不起来。①

　　首先，我必须指出，我对日本社会和政治条件的观察如此有限，以至于无法依据自己的判断。关于第一点，我观察到了两件乍看之下似乎不相容的事。既没有明显的贫困，也不缺钱，但在家从事的计件工作，报酬多半极其低廉。就我的观察，我相信这个谜能被解释为人们的欲望少，他们的生活方式与之相配，此外他们在酒精的消耗上特别节制。即便如此，无论如何我还是相信这个国家将会变得日益工业化，而由于政治局势，将工人阶级组织起来将成为必要。如果这个组

---

① 按照日本学者金子务《爱因斯坦的冲击》第二部:《对日本文化和思想的影响》(《アインシュタイン・ショックⅡ 日本の文化と思想への衝撃》，岩波书店，2005 年版，第 128—129 页)，在爱因斯坦访日期间，"日本学生联合会"曾于 1922 年 12 月 11 日给爱因斯坦发电报:"我们对您在一次世界大战期间竭力反对资本主义国家以及它们带来的战争的态度，表示极大的尊重。"这封电报在第二天（1922 年 12 月 12 日）的《读卖新闻》上发表。同一天，以播种社、无产阶级、下层民众等为中心的激进思想团体"日本无产者同盟"也向爱因斯坦发出类似的电报，并附加了两条提问。
"日本青年（国际主义无产者组织）对 [爱因斯坦] 教授在大战中所采取的彻底的反军国主义的态度表示深深的敬意。在教授离开日本土地之时，如果能知道您对以下几点持有何种见解，并由此能够将您的考虑告知日本青年的话，这将是我们无上的喜悦。
一、您对日本的 xx 帝国主义政府有何种见解?
二、您对日本青年有何期望? "
这里的隐讳号 xx 应当是"侵略"二字，但这在当时是不被允许出现在报纸上的。当时的报纸《读卖新闻》在 12 月 13 日也刊登了这两个提问，但一直到 12 月 15 日都没有收到爱因斯坦的回答。或许，对于政治言论受到德国大使馆严格监视的爱因斯坦来说，至少在日本逗留期间对提问（一）是没有办法回答的。后来才知道，回信晚是因为爱因斯坦博士丢失了这些问题。制作这封提问的主谋是"播种社"的中心人物小牧近江（1894—1978）。

RED STAR LINE
NEW TRIPLE SCREW STEAMER BELGENLAND 26.500 TONS.

插图34 寄给耶路撒冷的亚瑟·鲁平的明信片，1923年2月3日或5日。在爱因斯坦的素描中，他在自己的绘画旁边加上了"光晕"，在汉娜·鲁宾（Hannah Ruppin）绘画的旁边加上"鲁平太太"（Frau Ruppin）字样（承蒙耶路撒冷希伯来大学阿耳伯特·爱因斯坦档案馆惠允）。

织要对整个国家有价值，那它就不能变成一个恶意的运动，不能像我们在欧洲长期以来发生的那样，为了反对而反对。你们必须特别认识到，家庭手工业低薪酬背后的主要原因在于这个国家的人口过剩，所以不能仅仅用政治方法消除。另一方面，我觉得反对军国主义的斗争是一个纯粹的政治事件。我认为这给这个国家构成了一个真正的危险。这是因为，由于地理位置，日本有幸几乎不需要军事保护。华盛顿会议创造了一个机会，第一次使我们能在这件事上保有一些希望。[68]

我坚信，在未来，人们的努力将与国际合作和国际组织联系在一起，而永远不会与军事计划相结合。我希望日本为了自己和世界上所有国家的利益，能从中得出结论。

特别致意，

A.爱因斯坦

文件16：致亚瑟·鲁平[69]

[耶路撒冷，1923年2月3日或5日][70]

亲爱的鲁平先生，

我们在巴勒斯坦度过美好而难忘的日子，阳光明媚，充满欢乐。您的妻子[71]站在我旁边，正在偷看我写的关于她的东西。她正数着日子等您回来。[72]您的，

A.爱因斯坦

293

文件17："爱因斯坦教授谈他对巴勒斯坦的印象"[73]

[柏林，1923年4月24日]

我对巴勒斯坦的印象[74]

阿耳伯特·爱因斯坦

在开始写这些感想之前，我必须向那些在巴勒斯坦期间对我表现出如此友好的人表示衷心的感谢。我永远也不会忘记我受到的真诚和热情的接待——因为在我看来，这是巴勒斯坦犹太人生活中和谐与健康的象征。

任何与巴勒斯坦犹太人接触过的人，都无不为他们非凡的工作意愿和百折不挠的决心所鼓舞，这是任何障碍都无法抵挡的。在这种力量和精神面前，移居工作无疑是成功的。 262

巴勒斯坦的犹太人分为两类：城市工人和乡村移居者。在前者的成就中，特拉维夫市给我留下了非常深刻的印象。[75]这座城市发展如此迅捷和充满活力，以至于犹太人充满深情地戏称它为"我们的芝加哥"。

巴勒斯坦真正实力的一个显著特征表现为，在该国居住了数十年的犹太人，无论在文化还是在他们所展示的活力方面，都比那些最近才来的犹太人明显要好得多。在巴勒斯坦的犹太人"景点"中，没有比比撒列工艺学校和犹太工人团体更能打动我了。[76]我非常钦佩那些最初是以"非技术工人"的身份来到巴勒斯坦的年轻工人所完成的工作。我非常高兴地看到，除木材外，其他的建筑材料都是在这个国家生产的。但是，当我得知建筑费用是从美国犹太人那里借来的高利贷时，我的高兴之情有所减弱。[77]

我非常赞赏我们的农业工人所展现出来的自我牺牲精神。那些亲眼见过这些人工作的人，必定会对他们的坚定不移的意志，以及在债务和疟疾的困难面前表现出的坚定决心表示尊重。[78]与这两种"祸害"相比，阿拉伯问题就变得无关紧要了。关于最后一点，我必须指出，我不止一次看到犹太人和阿拉伯工人之间的友好关系。我相信大多数困难都来自知识分子，而不仅仅只来自阿拉伯知识分子。[79]

　　与疟疾斗争的历史本身可以写成一本书。疟疾是一种恶魔，不仅影响农村人口，而且影响城市人口。在我前一段时间访问西班牙期间，我们向西班牙犹太人提出了一个建议，由他们出资向巴勒斯坦派遣一名疟疾问题专家，该专家应结合耶路撒冷大学的工作开展相关工作。[80]目前疟疾非常流行，以至于人们认为，它可能使我们在巴勒斯坦的移民工作削弱了三分之一。

　　但是债务问题尤其令人沮丧。以德加尼亚（Deganiah）移居点的工人为例。[81]这些了不起的人民在债务的负担下呻吟着，必须节衣缩食，才不至于签订新的债务合同。一个人，即使财力有限，但只要慷慨相助，都可以减轻这群人的沉重负担。在这片土地和建筑工人中盛行的精神令人钦佩。他们为自己的工作感到无比自豪，并对这个国家和他们工作的这块狭小之地怀有深切的爱。

　　就建筑品位而言——正如城镇和农村的建筑物所展示的那样——并没有什么可遗憾的。但在这方面，工程师考夫曼（Kaufman）[82]做了很多工作，把良好的品位和对美丽的热爱带入巴勒斯坦的建筑中。

　　政府[83]在道路建设、抗击疟疾以及总体上开展的卫生工作，都应给予高度认可。在这里，政府面临着艰巨的任务。人们很难找到另一个如此小的国家，它由于其自身人口的分化以及外界对它的兴趣而变得如此复杂。

巴勒斯坦现在最需要的是熟练工人。现在不需要学术力量。希望快要建成的理工学院（Technikum）[84]能有效地满足这个国家对训练有素的工人的需求。

我确信，巴勒斯坦目前正在进行的工作将引领我们成功实现这一目标，因为我们将在这个国家建立统一的社区，它将成为世界犹太人的道德和精神中心。我认为，这才是这项工作的意义，而不是其经济成就。当然，我们不能忽视我们在巴勒斯坦的经济地位问题，但我们绝不能忘记，所有这些只是达到目的的一种手段。在我看来，巴勒斯坦以最快的速度实现经济独立似乎是次要的。我认为，更为重要的是，巴勒斯坦应成为整个犹太民族强大的道德和精神中心。在这个方向上，希伯来语的复兴必须被视为一项了不起的成就。接下来就必须建立艺术和科学机构。从这一观点出发，我们必须把大学的建立作为最重要的基础。大学的建立在很大程度上要归功于美国犹太医生的热心投入，现在已可以在耶路撒冷开展工作了。[85]大学已经拥有一本科学期刊，它是在来自许多领域和许多国家的犹太科学家真诚合作下完成的。[86]

巴勒斯坦不会解决犹太人的问题，但巴勒斯坦的复兴将意味着犹太民族灵魂的解放和复兴。能够亲眼目睹这个国家的重生和欣欣向荣，是我最为宝贵的经历之一。

行程年表

1922年	10月6日	与爱尔莎一起离开苏黎世前往马赛。
	10月7日	在马赛与爱尔莎一起登上"北野丸"号蒸汽邮轮（S.S. Kitano Maru）。
	10月8日	离开马赛。
	10月13日	到达塞得港。
	10月14日	通过苏伊士运河。
	10月28日	到达科伦坡。
	10月31日	在"北野丸"号蒸汽邮轮上庆祝日本天皇诞辰。
	11月2日	抵达新加坡。
	11月3日	离开新加坡。
	11月9日	被授予1921年度诺贝尔物理学奖。
		到达香港。
	11月10日	离开香港。
	11月13日	到达上海。
	11月14日	离开上海。
	11月17日	到达神户。坐火车前往京都。
	11月18日	在京都参观游览。坐火车前往东京。
	11月19日	在庆应义塾大学举行首次公开演讲。
	11月20日	帝国学士院在小石川植物园举行招待会欢迎爱因斯坦。
	11月21日	在赤坂离宫御花园参加观菊御宴。受到皇后问候。
	11月22日	出席在改造社社址举行的招待会。
	11月24日	在东京青年大会堂举行第二次公开演讲。
	11月25日	在东京帝国大学物理研究所举行首次科学演讲。
	11月27日	在东京帝国大学物理研究所举行第二次科学讲座。
	11月28日	出席东京商科大学招待会。
		在东京帝国大学物理研究所举行第三次科学讲座。
	11月29日	参加茶道。
		出席东京早稻田大学招待会。
		在东京帝国大学物理研究所举行第四次科学讲座。
		出席东京女子高等师范学校招待会。

11月30日	造访了宫内省式部职下属的乐部。
	在东京帝国大学物理研究所举行第五次科学讲座。
	出席东京所有大学的学生举行的招待会。
12月1日	在东京帝国大学物理研究所举行第六次科学讲座。
12月2日	参观东京高等工业学校（东京工业大学的前身）。
	坐火车前往仙台。
12月3日	在仙台市公会堂举行第三次公开演讲。
	在仙台东北帝国大学会议室的墙上用日本书法笔题写他的签名。
	坐火车前往松岛。
12月4日	坐火车前往日光。
12月5日	在中禅寺湖观光。
12月6日	在日光观光。坐火车返程前往东京。
12月7日	坐火车前往名古屋。
12月8日	在名古屋国技馆举行第四次公开演讲。
12月9日	在名古屋观光。
	坐火车前往京都。
12月10日	在京都市公会堂举行第五次公开演讲。
	在京都观光，浏览京都御所。
12月11日	乘火车前往大阪。
	在大阪中之岛中央公会堂举行第六次公开演讲。
12月12日	在京都①观光。
12月13日	坐火车前往神户。
	在神户基督教青年会举行第七次公开演讲。
12月14日	完成"对宗教问题的回答"
	（*CPAE 2012*，第十三卷，文件398）。
	在京都帝国大学举行的学生招待会上发表了关于"我如何创造相对论"的即兴演讲。
12月15日	在京都观光。
12月16日	游览琵琶湖。
12月18日	在奈良观光。
12月19日	坐火车前往广岛。
12月20日	到达宫岛。
12月23日	坐火车到门司。
12月24日	前往福冈。
	在福冈博多的大博剧场举行第八次公开演讲。

---

① 此处原文误为大阪。这里按爱因斯坦日记内容改正。

12月25日	出席在福冈九州帝国大学举行的宴会。
	坐火车返回门司。
	在门司基督教青年会（Moji YMCA）举行的儿童圣诞节派对上拉小提琴。
12月26日	在门司观光。
12月27日	完成《爱因斯坦著作集》日文版序言（*CPAE 2012*，第十三卷，文档406）。
	在下关海峡短暂航行。
12月29日	在门司坐"榛名丸"号蒸汽邮轮（S.S. *Haruna Maru*）离开日本。
12月31日	到达上海。

1923年	1月	发表了《我对日本的初步印象》（*CPAE 2012*，第十三卷，文件391）。
	1月1日	上海犹太人社团在盖顿（S. Gatton）的家中举行招待会，欢迎爱因斯坦。
		上海市工部局市政厅进行有关相对论的讨论。
	1月2日	离开上海。
	1月5日	到达香港。
	1月6日	离开香港。
	1月10日	到达新加坡。
	1月12日	离开新加坡。
	1月13日	抵达马六甲，同日离开。
	1月14日	到达槟城。
	1月15日	到达科伦坡。
		游览尼甘布。
	1月22日	完成"论广义相对论"（*CPAE 2012*，第十三卷，文件425）。
	1月31日	到达埃及苏伊士。
	2月	发表《对宗教问题的回答》（*CPAE 2012*，第十三卷，文件398）。
	2月1日	到达塞得港。
		坐火车前往坎塔拉。
		乘渡轮穿越苏伊士运河。
		坐火车前往巴勒斯坦的卢德（Lod）。
	2月2日	到达卢德，受到犹太复国主义高层的欢迎。
		换乘火车前往耶路撒冷。
		抵达耶路撒冷，下榻在赫伯特·塞缪尔爵士处。
	2月3日	游览耶路撒冷旧城的穆斯林区和犹太区，包括岩石圆顶寺、阿克萨清真寺和西墙。
	2月4日	游览耶利哥和艾伦比桥（Allenby Bridge）。
	2月5日	游览西耶路撒冷，包括国家图书馆。

2月6日 游览比撒列艺术学院。

出席耶路撒冷犹太社区在莱梅尔学校的正式欢迎会。

2月7日 游览旧城区的基督教区。

在耶路撒冷斯科普斯山希伯来大学未来校址发表演讲。

出席在高级专员官邸举行的欢迎爱因斯坦宴会。

2月8日 乘汽车前往特拉维夫。

"赫茨利亚"（"Herzliya"）文法中学举行欢迎爱因斯坦招待会。

特拉维夫市政厅举办正式欢迎会；被授予特拉维夫名誉市民。

参观特拉维夫的各种基础设施项目。

"赫茨利亚"文法中学举办欢迎爱因斯坦的公众招待会。

2月9日 参加以色列总工会举行的半年一次（每年举办两次）的会议。

参观"米可夫·伊斯雷尔"农业学校。

参观里雄莱锡安。

坐火车前往海法。

2月10日 出席在以色列理工学院（Technion）举行的招待会。

出席实科学校（Reali School）为他在学校举行的节日宴会。

2月11日 参观实科学校。

参观海法附近的工业项目。

乘汽车经由拿撒勒前往加利利海。

浏览纳哈拿莫沙夫（Nahalal moshav）。

到达米格达（Migdal）。

2月12日 乘汽车前往加利利海。

游览德加尼亚基布兹。

到达拿撒勒。

2月13日 乘汽车前往耶路撒冷。

在莱梅尔学校发表关于相对论的演讲。

2月14日 乘火车离开耶路撒冷前往卢德。改乘火车前往坎塔拉。

到达塞得港。

2月16日 乘坐"霍尔木兹"号蒸汽邮轮（S.S. Ormuz）离港。

2月21日

或22日 在土伦下船。

2月22日 从马赛乘火车抵达巴塞罗那。

2月24日 在巴塞罗那省政府大楼举行首次演讲。

2月25日 游览位于巴塞罗那和弗朗科利河畔埃斯普卢加镇（L' Espluga de Francolí）外的波夫莱特（Poblet）修道院。

2月26日 游览塔拉莎（Terrassa）市。

在巴塞罗那省政府大楼举行第二次演讲。

2月27日 参观两所创新学校。

出席巴塞罗那市政厅举办的欢迎会。在巴塞罗那市政府发表演讲。

在巴塞罗那皇家科学艺术学院发表演讲。

出席为爱因斯坦举办的告别宴会。

2月28日　参观巴塞罗那工业学校。

3月1日　乘火车离开巴塞罗那。

到达马德里。

3月2日　在马德里市内观光。

参观物理研究实验室。

3月3日　首次游览普拉多。

出席马德里市政厅举办的正式欢迎会。

在中央大学进行首次公开演讲。

出席皇宫饭店举办的宴会。

3月4日　在国王阿方索十三世主持下的皇家精确科学、物理和自然科学学院特别会议上发表演讲。

3月5日　参加数学学会举办的特别会议。

在中央大学进行第二次公开演讲。

3月6日　游览托莱多。

被提名为巴塞罗那皇家科学和艺术研究院的通信院士。

3月7日　在皇家宫殿谒见国王阿方索十三世和来自奥地利的王太后玛丽亚·克里斯蒂娜。

在中央大学进行第三次公开演讲。

参加德国大使馆为欢迎他举办的招待会。

3月8日　获得中央大学的荣誉博士学位。

在"马德里图书馆"（Madrid Athenaeum）举行第四次公开演讲。

3月9日　游览埃斯科里亚尔（El Escorial）和门多萨城堡（Mendoza Castle）。

出席为欢迎他在中央大学的"学生公寓"（Residencia de Estudiantes）举行的公众欢迎会。

3月10日　第二次游览普拉多。

3月11日　第三次游览普拉多。

3月12日　乘火车前往萨拉戈萨。

在萨拉戈萨大学医学与科学学院进行首次演讲。

3月13日　游览萨拉戈萨。

出席为欢迎他在"商业中心"（Centro Mercantile）举行的正式午餐会。

在萨拉戈萨大学的医学与科学学院进行第二次演讲。

出席为欢迎他在德国领事馆官邸举办的宴会。

3月14日　从萨拉戈萨出发前往巴塞罗那。

3月15日　从巴塞罗那旅行到苏黎世。

3月21日　从苏黎世前往柏林。

缩略语

描述性代码

AD   签名文件（Autograph Document）

AKS   签名明信片（Autograph Postcard Signed）

ALS   亲笔签名信（Autograph Letter Signed）

ALSX   复印的签名信（Autograph Letter Signed Xerox）

PLS   签名的印刷信（Printed Letter Signed）

REPT   重印（Reprint）

TDS   签名的打印文件（Typed Document Signed）

TLS   签名的打印信件（Typed Letter Signed）

TTrL   打字手稿（Typed Transcript Letter）

图书馆档案馆缩写代码

AEA   耶路撒冷希伯来大学阿耳伯特·爱因斯坦档案馆
（Albert Einstein Archives, Hebrew University of Jerusalem）

CPT   加州帕萨迪纳加州理工学院档案馆
（Archives of the California Institute of Technology, Pasadena, California）

DkKoNBA   哥本哈根尼尔斯·玻尔档案馆（Niels Bohr Archive, Copenhagen）

EPPA   加州帕萨迪纳加州理工学院爱因斯坦论文项目档案馆
（Einstein Papers Project Archives, California Institute of Technology, Pasadena, California）

Es-BaACA   巴塞罗那皇家科学院巴塞罗那档案馆
（Royal Academy of Sciences and Arts of Barcelona Archives, Barcelona）

GyBAr（B）   柏林德国联邦档案馆（Deutsches Bundesarchiv, Berlin）

GyBPAAA   柏林联邦外交部政治档案馆
（Politisches Archiv des Auswärtigen Amtes, Berlin）

GyBSA   柏林（达勒姆）普鲁士文化遗产局秘密国家档案馆

IsJCZA [Geheimes Staatsarchiv, Preußischer Kulturbesitz, Berlin (Dahlem)]
耶路撒冷犹太复国主义中央档案馆
IsReWW (Central Zionist Archives, Jerusalem)
以色列雷霍沃特魏茨曼研究所魏茨曼档案馆
JSeTU (Yad Chaim Weizmann (Weizmann Archives), Weizmann Institute, Rehovoth, Israel)
JTDRO 日本仙台东北大学图书馆 (Tohoku University Library, Sendai, Japan)
JTJA 东京外务省外交史料馆 (Diplomatic Record Office, Tokyo)
JTNAJ 东京日本学士院 (The Japan Academy, Tokyo)
NjP-L 东京日本国立公文书馆 (National Archives of Japan, Tokyo)
新泽西州普林斯顿普林斯顿大学图书馆
NNLBI (Princeton University Library, Princeton, New Jersey)
NNPM 纽约利奥·贝克学会 (Leo Baeck Institute, New York)
SSVA 纽约皮尔蓬特·摩根图书馆 (The Pierpont Morgan Library, New York)
SzZuETH 斯德哥尔摩皇家科学院 (Kungliga Vetenskapsakademien, Stockholm)
SzZuZB 苏黎世瑞士联邦理工学院 (Eidgenössische Technische Hochschule, Zurich)
苏黎世中央图书馆 (Zentralbibliothek, Zurich)

注释

历史导读

1. 对于这次远东、巴勒斯坦和西班牙之旅的总体概述，见 *Grundmann* 2004, pp. 223 — 250; *Eisinger* 2011, pp. 21 — 71; 与 *Calaprice et al.* 2015, pp. 111 — 115。

2. 见 "在日本、巴勒斯坦和西班牙的旅行日记"，1922年10月6日至1923年3月12日 [*CPAE* 2012, Vol. 13, Doc. 379, pp. 532 — 588]。

3. 见 *Sugimoto 2001b*, pp. 12 — 133; *Rosenkranz 1999*; "Einstein's Travel Diary for Spain, 1923," 见 *Glick 1988*, pp. 325 — 326; and *Nathan and Norden 1975*, pp. 75 — 76。

4. 关于爱因斯坦在1921年春季的美国之旅，见 *CPAE* 2009, Vol. 12, Introduction, pp.xxviii- xxxviii。

5. 见 "在阿根廷、乌拉圭和巴西的南美洲旅行日记"，1925年3月5日至5月11日 [*CPAE 2015*, Vol. 14, Doc. 455, pp. 688 — 708]; "1930年美国之旅"，1930年11月30日至1931年6月15日 [AEA, 29 134]; "美国旅行日记"，1931年12月3日至1932年2月4日 [AEA, 29 136]; "1932年12月帕萨迪纳之旅"，1932年12月10日至1932年12月18日 [AEA, 29 138]; 以及 "帕萨迪纳旅行日记"，1933年1月28日至1933年2月16日 [AEA, 29 143]。

6. 见 "旅行日记背面的计算"，约为1923年1月9日至22日 [*CPAE 2012*, Vol. 13, Doc. 418, pp. 670 — 694]。

7. 我们可以从爱因斯坦在南美洲旅行期间写的一封信中找到与此相关的间接证据。1925年4月15日，他从布宜诺斯艾利斯向家中写信："这是一次多么棒的不凡经历啊! 你们将会在我的日记中读到它。"（见 "爱因斯坦致爱尔莎和玛戈·爱因斯坦"，1925年4月15日 [*CPAE 2015*, Vol. 14, Doc. 474]）

8. 见 *Sayen 1985*, p. 72。

9. 见 *Bailey 1989*, pp. 348 — 351。

10. 见 "文件注释"，1980年3月3日 [AEA, Helen Dukas Papers, Heineman Foundation file]。

11. 见 "詹姆斯·海涅曼致奥托·内森"，1980年10月21日 [AEA, Helen Dukas Papers, Heineman Foundation file]。

12. 见 Charles Hamilton Galleries Inc., "证明"（"Certification"），1981年7月8日，以及 John F. Fleming,

304

无标题的估价（untitled appraisal），1981 年 7 月 8 日 [AEA，Helen Dukas Papers，Heineman Foundation file]。

13. 见"奥托·内森致詹姆斯·海涅曼"，1981 年 8 月 15 日，与"詹姆斯·海涅曼致奥托·内森"，1981 年 8 月 20 日 [AEA，Helen Dukas Papers，Heineman Foundation file]。

14. 关于这些若干因素，见 *Grundmann 2004*，pp. 180—183。

15. 见 *CPAE 2009*，Vol. 12，引言，pp. xxviii–xxxviii。

16. 他于 1919 年 1 月至 2 月在苏黎世大学教授了一次系列课程；1920 年 6 月，在奥斯陆发表系列演讲，又在哥本哈根理工大学（The Technical University of Copenhagen）发表了一场关于相对论的演讲；1920 年 10 月，在莱顿大学发表就职演说；1921 年 1 月，在布拉格的乌拉尼亚天文台（Urania）和维亚纳大学发表演讲（见 *CPAE 2004*，Vol. 9，年表和日程表，1919 年 1 月 20 日记录；*CPAE 2006*，Vol. 10，年表和日程表，1920 年 6 月 15、17、18 与 25 日和 1920 年 10 月 27 日记录；以及 *CPAE 2009*，Vol. 12，年表和日程表，1921 年 1 月 7、8、10、11 与 13 日记录）。

17. 1921 年 6 月，他向曼彻斯特大学的犹太学生协会发表演讲（见 *CPAE 2009*，Vol. 12，年表和日程表，1919 年 6 月 9 日记录）。

18. 见 *CPAE 2012*，Vol. 13，年表，1922 年 4 月 3、5 至 7 日记录。

19. 见 *Kagawa 1920*。

20. 见山本实彦，"改造社的十五年"，《改造》，1934 年 4 月；以及 *Kaneko 2005*，p. 13。

21. 见石原纯，"序言"，*Ishiwara 1923*。

22. 见 *Yokozeki 1956*。

23. 见"石原纯致爱因斯坦"，1921 年 9 月 24 日 [*CPAE 2009*，Vol. 12，Doc. 244]。

24. 见"室伏高信致爱因斯坦"，1921 年 9 月 27 日之前 [*CPAE 2009*，Vol. 12，Doc. 245]。

25. 见"爱因斯坦致爱尔莎·爱因斯坦"，1921 年 1 月 8 日 [*CPAE 2009*，Vol. 12，Doc. 12]。

26. 见"爱因斯坦致伊尔莎·爱因斯坦"，1921 年 11 月 9 日 [*CPAE 2009*，Vol. 12，Doc. 292]。

27. 见"爱因斯坦致石原纯"，1921 年 12 月 6 日 [*CPAE 2009*，Vol. 12，Doc. 312]。

28. 见"山本实彦致爱因斯坦"，1922 年 1 月 15 日 [*CPAE 2012*，Vol. 13，Doc. 21]。

29. 见"爱因斯坦致保罗·埃伦费斯特"，1922 年 3 月 15 日 [*CPAE 2012*，Vol. 13，Doc. 87]。

30. 见"爱因斯坦致石原纯"，1922 年 3 月 27 日 [*CPAE 2012*，Vol. 13，Doc. 118]。

31. 见"山本实彦致爱因斯坦"，1922 年 7 月 12 日至同年 8 月 8 日之间 [*CPAE 2012*，Vol. 13，Doc. 283]。

32. 见"上井不墨致爱因斯坦"，1922 年 5 月 27 日 [*CPAE 2012*，Vol. 13，Doc. 206]。

33. 见"爱因斯坦致室伏高信"，1921 年 9 月 27 日 [*CPAE 2009*，Vol. 12，Doc. 246]。

34. 见本书"其他文件选"一节中的"文件4"。

35. 见"驻哥本哈根中国公使馆丁文渊（W.Y.Ting）致爱因斯坦"，1920 年 9 月 11 日 [*CPAE 2006*，Vol. 10，年表和日程表，1920 年 9 月 11 日记录]。

36. 见"朱家骅致爱因斯坦"，1922 年 3 月 21 日 [*CPAE 2012*，Vol. 13，Doc. 101]。

37. 见"爱因斯坦致朱家骅"，1922 年 3 月 25 日 [*CPAE 2012*，Vol. 13，Doc. 111]。

38. 见"魏宸组致爱因斯坦"，1922 年 4 月 8 日 [*CPAE 2012*，Vol. 13，Doc. 135]。

39. 见"爱因斯坦致魏宸组"，1922 年 5 月 3 日 [*CPAE 2012*，Vol. 13，Doc. 177]。

40. 见"魏宸组致爱因斯坦",1922年7月22日[*CPAE 2012*, Vol. 13, Doc. 305]。

41. 关于巴勒斯坦之旅,见*Rosenkranz 2011*, pp. 139 — 180。

42. 见"哈伊姆·魏茨曼致爱因斯坦",1921年10月7日[*CPAE 2009*, Vol. 12, Doc. 259]。

43. 这次邀请是书面形式的,但是它没有留存下来。关于表明存在这份邀请函的证据,见"亚瑟·鲁平致犹太复国组织执行委员会",1922年10月16日[IsJCZA, A 126 / 542]。关于布卢门菲尔德在1922年10月12日递交的记录,见本书"其他文件选"一节中的"文件2"。

44. 爱因斯坦打算前往巴达维亚(爪哇)的目的是向荷兰-德国联合远征队致谢。作为试图证实爱因斯坦的理论的远征队之一,后者曾在此观测日食。(见"爱因斯坦致保罗·埃伦费斯特",1922年5月18日,[*CPAE 2009*, Vol. 12, Doc. 193])

45. 见本书"其他文件选"一节中的"文件2"。

46. 见"爱因斯坦教授访问巴勒斯坦",*Zionistische Korrespondenz*,1922年10月6日;以及"爱因斯坦将要访问巴勒斯坦",*Latest News and Wires through Jewish Correspondence Bureau News and Telegraphic Agency*,1922年10月10日。

47. 见"魏茨曼致爱因斯坦",1922年10月6日[*CPAE 2012*, Vol. 13, Doc. 380];"伊尔莎·爱因斯坦致魏茨曼",1922年10月20日[*CPAE 2012*, Vol. 13, Doc. 435];以及*Wasserstein 1977*,引言,注释15。

48. 关于爱因斯坦在美国旅行期间产生的问题,见*CPAE 2009*, Vol. 12, 引言,第xxxiv页。

49. 所罗门·金茨贝格(Solomon Ginzberg)在爱因斯坦的美国旅行期间扮演了东道主的角色。

50. 她的名字实际上是罗莎·金茨贝格(Rosa Ginzberg);她是所罗门的妻子。

51. 见"亚瑟·鲁平致耶路撒冷犹太复国组织执行委员会",1922年10月16日[IsReWW]。

52. 见"亚瑟·鲁平致犹太复国组织执行委员会",1922年10月16日[IsReWW]。

53. 见"爱因斯坦致弗里茨·哈伯",1920年10月6日[*CPAE 2006*, Vol. 10, Doc. 162]。

54. 见"胡里奥·雷伊·帕斯托致爱因斯坦",1920年4月22日[*CPAE 2004*, Vol. 9, Doc. 391];*CPAE 2004*, Vol. 9, 年表和日程表,1920年4月28日记录,以及*CPAE 2009*, Vol. 12, 年表和日程表,1921年7月1日记录。

55. 见"爱因斯坦致海因里希·赞格尔",1922年6月18日[*CPAE 2012*, Vol. 13, Doc. 241]。

56. 关于瓦尔特·拉特瑙被刺杀一事的细节,见*Sabrow 1994a*和*Sabrow 1999*。

57. 见*Sabrow 1994b*,第157 — 169页。

58. 见"爱因斯坦至玛蒂尔德·拉特瑙(Mathilde Rathenau)",1922年6月24日之后[*CPAE 2012*, Vol. 13, Doc. 245]。

59. 见"纪念瓦尔特·拉特瑙",1922年8月[*CPAE 2012*, Vol. 13, Doc. 317]。

60. 见"米列娃·爱因斯坦-马里奇致爱因斯坦",1922年6月24日之后[*CPAE 2012*, Vol. 13, Doc. 248]。

61. "弗里德里希·施特恩塔尔致爱因斯坦",1922年6月28日[*CPAE 2012*, Vol. 13, Doc. 253]。

62. "赫尔曼·安许茨-肯普费致爱因斯坦",1922年6月25日[*CPAE 2012*, Vol. 13, Doc. 250]。

63. "爱因斯坦致赫尔曼·安许茨-肯普费",1922年7月1日[*CPAE 2012*, Vol. 13, Doc. 257]。

64. 爱因斯坦在之前表达过他渴望生活在乡村,离开柏林这个他认为"伤脑筋"的地方。(见爱因斯坦致爱尔莎·爱因斯坦,1920年9月14日[*CPAE 2006*, Vol. 10, Doc. 149])但是就在同一个月，爱因斯坦之前已经安慰他最亲密的政界友人康拉德·黑尼施（Konrad Haenisch）说，"柏林是我因为个人和专业的关系而扎根最深的地方"。所以他不会离开柏林，除非"外部环境逼迫我这么做"。（见"爱因斯坦致康拉德·黑尼施"，1920年9月8日［*CPAE 2006*，Vol. 10，Doc. 137］）

65. "爱因斯坦致居里夫人"，1922年7月11日［*CPAE 2012*，Vol. 13，Doc. 275］。

66. "爱因斯坦致马克斯·冯·劳厄"，1922年7月12日［*CPAE 2012*，Vol. 13，Doc. 278］。

67. "爱因斯坦致赫尔曼·安许茨－肯普费"，1922年7月12日［*CPAE 2012*，Vol. 13，Doc. 276］。

68. "爱尔莎在爱因斯坦致赫尔曼·安许茨－肯普费信中的附笔"，1922年7月16日［*CPAE 2012*，Vol. 13，Doc. 292］。

69. "爱因斯坦致马克斯·普朗克"，1922年7月6日［*CPAE 2012*，Vol. 13，Doc. 266］。

70. 见"胡戈·贝格曼致爱因斯坦"，1919年10月22日［*CPAE 2004*，Vol. 9，Doc. 147］。

71. 见Bergman 1919，pp. 4—5。这篇文章以希伯来语发表。但它也可能同时以德语发表了。

72. 见"爱因斯坦致保罗·爱泼斯坦"，1919年10月5日［*CPAE 2004*，Vol. 9，Doc. 122］。

73. 见本书记1922年10月13日的记载。

74. 同上，1922年10月14日的记载。

75. 关于卡尔·迈著作中的"所声称的未堕落的、真实的东方"，见*Krobb 2014*，p. 14。

76. 见本书记1923年2月1日的记载。

77. 同上，1922年10月28日的记载。爱因斯坦没有分清科伦坡的印度居民和僧伽罗居民。

78. 同上，1922年1月19日的记载。

79. "爱因斯坦致保罗·埃伦费斯特"，1919年3月22日［*CPAE 2004*，Vol. 9，Doc. 10］。

80. "爱因斯坦致埃米尔·齐歇尔"，1919年4月15日［*CPAE 2004*，Vol. 9，Doc. 23］。

81. "爱因斯坦致海因里希·赞格尔"，1919年12月24日［*CPAE 2004*，Vol. 9，Doc. 233］。

82. 见本书日记正文中1922年11月2日的记载。

83. 同上，1922年11月3日的记载。

84. 同上，1922年11月10日的记载。

85. 同上。

86. 同上，1922年11月14日的记载。

87. 同上，1923年1月1日的记载。

88. 见*Clifford 2001*，pp. 133—134。

89. 同上。

90. 同上，2001，p. 132。

91. 见"爱因斯坦致马克西米利安·斐司德（Maximilian Pfister）"，1922年8月28日［*CPAE 2012*，Vol. 13，Doc. 331］。

92. 关于计划在中国的讲学之旅以及爱因斯坦对上海的访问，见*Hu 2005*，pp. 66—79。

93. 见"蔡元培致爱因斯坦"，1922年12月8日［*CPAE 2012*，Vol. 13，Doc. 392］。

94. 见"爱因斯坦致蔡元培"，1922年12月22日［*CPAE 2012*，Vol. 13，Doc. 403］。

95. 见"爱因斯坦致莫里斯·索洛文（Maurice Solovine）"，1909年3月18日［*CPAE 1993*，Vol. 5，Doc. 142］。

96. 见 "爱因斯坦致雅各布·劳布 (Jakob Laub)", 1910年11月4日 [*CPAE 1993*, Vol. 5, Doc. 231]。

97. 见 "爱因斯坦致桑木或雄", 1920年12月28日 [*CPAE 2006*, Vol. 10, Doc. 246]。

98. 见 "爱因斯坦致伊尔莎·爱因斯坦", 1921年11月9日 [*CPAE 2009*, Vol. 12, Doc. 292]。

99. 见 "爱因斯坦致爱尔莎·爱因斯坦", 1921年11月20日 [*CPAE 2009*, Vol. 12, Doc. 303]。

100. 见 *Lambourne 2005*, p. 174。

101. 见 *Hashimoto 2005*, p. 104。

102. 见 *Kaneko 1984*, pp. 51 — 52。

103. 见本书 "其他文件选" 一节中的 "文件4"。

104. 见 *Jansen 1989*, pp. 147 — 148。

105. 见 *Kaneko 1987*, p. 354, 以及 *Bellah 1972*, p. 109。

106. 见 *Gordon 2003*, pp. 161 — 180。

107. 关于这次对日本的访问, 见 *Ezawa 2005*; *Jansen 1989*; *Kaneko 1981*, *1984*, *1987*, 与 *Kaneko 2005*; *Nisio 1979*; *Okamoto 1981*; 以及 *Sugimoto 2001a*, *2001b*。

108. 见本书日记1922年10月8日的记载。

109. 同上, 1922年10月10日的记载。

110. 同上, 1922年10月31日的记载。

111. 同上, 1922年10月31日和同年11月3日的记载。

112. 同上, 1922年11月17日至18日的记载。

113. 同上, 1922年12月5日的记载。

114. 同上。

115. 同上, 1922年12月7日的记载。

116. 同上, 1922年12月10日的记载。

117. 见本书 "其他文件选" 一节中的 "文件6"。

118. 见本书 "其他文件选" 一节中的 "文件4"。

119. 见 *Kalland and Asquith 1997*, pp. 1 — 2, 以及 *Craig 2014*, p. 3。

120. 同上, p. 5。

121. 同上, p. 6。

122. 见本书日记1922年11月25日的记载。

123. 见本书 "其他信件选" 一节中的 "文件4"。

124. 见本书 "其他信件选" 一节中的 "文件11"。

125. 见 *Hashimoto 2005*, p. 121。

126. 见本书日记1922年11月24日的记载。

127. 同上, 1922年11月25日的记载。

128. 见本书 "其他文件选" 一节中的 "文件4"。

129. 同上。

130. 见 *Hashimoto 2005*, p. 118。

131. 见 *Johnson 1993*, p. 138。

132. 见 *Neumann and Neumann 2003*，p. 187。

133. 见"威廉·佐尔夫致德国外交部"，1923年1月3日（GyBPAAA/R 64882）。

134. 见本书"其他文件选"一节中的"文件7"。

135. 关于这一时期的伊休夫，见 *Eliav 1976*，*Lissak 1993*，*Malamat et al. 1969*，pp. 272—288，以及 *Porat and Shavit 1982*。

136. 见 *Yapp 2003*，p. 214，217。

137. 见 *Kaiser 1992*，pp. 261—262，265。

138. 见 *Metzler and Wildt 2012*，p. 189，以及 *Saposnik 2006*，pp. 1106，1111—1112。

139. 见本书日记1923年2月2日的记载。

140. 同上，1923年2月3日的记载。

141. 见 *Friedman 1977*。

142. 见 *Kaiser 1992*，p. 271。

143. 见本书日记1923年2月4日的记载。

144. 见本书"其他文件选"一节中的"文件17"。

145. 关于这一问题，见例如 *Goldstein 1980*。

146. 见"在巴勒斯坦的记录"，[*CPAE 2012*，Vol. 13，附录G]。

147. 见本书日记1923年2月12日的记载。

148. 见本书"其他文件选"一节中的"文件17"。

149. 见"爱因斯坦致莫里斯·索洛文"，1923年5月20日 [*CPAE 2015*，Vol. 14，Doc. 34]。

150. 见 *Rosenkranz 2011*，p. 84。

151. 见本书"其他文件选"一节中的"文件17"以及"爱因斯坦致莫里斯·索洛文"，1923年5月20日 [*CPAE 2015*，Vol. 14，Doc. 34]。

152. 见 *Ben-Arieh 1989*。

153. 同上。

154. 见本书日记1923年2月12日的记载。

155. 同上，1923年2月3日的记载。

156. 见"爱因斯坦致伊尔莎·爱因斯坦"，1920年10月7日，以及"伊尔莎·爱因斯坦致爱因斯坦"，1920年10月10日 [CPAE 2006，Vol. 10，Doc. 165以及173]。

157. 关于爱因斯坦的西班牙之旅，见 *Glick 1988*，*Roca Rossell 2005*，*Sánchez Ron and Romero de Pablos 2005*，以及 *Turrión Berges 2005*。

158. 尽管西班牙媒体报道了大量据称是爱因斯坦在西班牙三周内所说的话，但是如果将这些报道视为爱因斯坦的真实言论，则会削弱本书采用的编写方法的有效性。

159. 见本书日记1923年3月5日的记载。

160. 同上，1923年3月7日的记载。

161. 同上，1923年3月8日的记载。

162. 同上，1923年2月22日至28日的记载。

163. 同上，1923年3月6日和同月9日的记载。

164. 见"爱因斯坦致保罗·埃伦费斯特"，1919年3月22日 [*CPAE 2004*，Vol. 9，Doc. 10]。

309

165.见本书日记1923年11月14日的记载。

166.同上，1923年1月1日的记载。

167.同上，1922年10月28日的记载。

168.见*Poiger 2005*, p. 121。

169.见*Fuhrmann 2011*, p. 126。

170.见本书日记1922年11月10日的记载。

171.见*Root 2013*, p. 184。

172.见本书日记1923年1月19日的记载。

173.同上，1923年2月2日的记载。

174.关于这一类研究，见*Wiemann 1995*, p. 99；关于引用部分，见*Germana 2010*, p. 81。

175.见*Wilke 2011*, p. 291。

176.见*Pratt 1992*, p. 4。

177.见*Sachs 2003*, p. 117。

178.见*Lubrich 2004*, p. 34, 37。

179.见*Said 1978*, p. 3。

180.关于一些讨论萨义德的理论的例子，见*Dirlik 1996*, *Foster 1982*, *Lary 2006*，以及*Marchand 2001*。

181.见*Foster 1982*, p. 21; *Jackson 1992*, p. 247; *Lary 2006*, p. 3; *Mudimbe-Boyi 1992*, p. 31; 以及*Wiemann 1995*, pp. 99 — 102。

182.见*Wiemann 1995*, p. 100。

183.见*Saposnik 2006*, pp. 1107 — 1108。

184.见*Aschheim 1982*, p. 187。

185.见*Saposnik 2006*, p. 1109。

186.同上，p. 1111。

187.见*Winteler-Einstein 1924*, pp. 25 — 26。

188.见爱因斯坦致爱尔莎·爱因斯坦，1917年8月7日［*CPAE 2006*, Vol. 8, Doc. 369 b, in Vol. 10］以及爱因斯坦致海因里希·赞格尔，1917年8月8日［*CPAE 2006*, Vol. 8, Doc. 370 a, in Vol. 10］。

189.见爱因斯坦致路易丝·卡尔-克鲁西（Luise Karr-Krüsi），1919年5月6日［*CPAE 2004*, Vol. 9, Doc. 35 a, in Vol. 13］。

190.见本书日记1922年10月10日和11月2日以及1923年2月3日和15日的记载。

191.同上，1922年10月6日的记载。

192.见*Kaplan 1997*, p. 22。

193.见本书日记1922年11月14日的记载。

194.同上，1923年1月19日的记载。

195.见*Kaplan 1997*, p. 6。

196.这句话是电影评论家劳拉·穆维（Laura Mulvey）在1975年提出来的（参见*Kaplan 1997*, p. 22）。

197.见本书日记1922年12月31日的记载。

198.同上，1923年1月14日的记载。

199.同上，1923年1月19日的记载。

200.同上，1923年2月4日的记载。

201.同上，1923年2月14日的记载。

202.见*Pratt 1992*，p. 7。

203.这句话是从非裔美国社会学家和民权领袖杜波伊斯（W. E. B. Du Bois）借来的（参见*Kaplan 1997*，pp. 8 — 10）。

204.见*Mudimbe-Boyi 1992*，p. 28。

205.见*Seth and Knox 2006*，pp. 4 — 5，214。

206.同上，p. 6。

207.见*Mudimbe-Boyi 1992*，p. 27。

208.见*Pratt 1985*，p. 139。

209.见*Kretschmer 1921*。

210.见*Leerssen 2000*，pp. 280 — 284。

211.见*Rosenkranz 2011*，pp. 261 — 262。

212.见*Doron 1980*，pp. 390 — 391。

213.见*Weiss 2006*，p. 51。

214.见*Doron 1980*，p. 391和*Lipphardt 2016*，p. 112。

215.见*Weiss 2006*，pp. 51 — 52。

216.见*Weiss 2006*，p. 58和*Gelber 2000*，p. 126。

217.见*Doron 1980*，p. 392和*Niewyk 2001*，pp. 105 — 107。

218.见*Doron 1980*，p. 398，note 26。

219.见*Falk 2006*，pp. 140 — 141。

220.见*Doron 1980*，p. 404和*Hambrock 2003*，p. 52。

221.见*Doron 1980*，p. 412。

222.同上，p. 412和*Niewyk 2001*，p. 130。

223.见*Niewyk 2001*，p. 130。也见*Doron 1980*，p. 422和*Gelber 2000*，pp. 125 — 126。

224.见*Niewyk 2001*，p. 131。

225.见*Miles and Brown 2003*，p. 10。

226.同上，p. 85。

227.见*Miles 1982*，p. 157，引自*Miles and Brown 2003*，p. 100。

228.见*Miles and Brown 2003*，p. 103。

229.同上，p. 104。

230.见"关于民族自决权的调查表"（"On the Questionnaire Concerning the Right of National Self-Determination"），1917年7月至1918年3月10日之前［*CPAE 2002*，Vol. 6，Doc. 45a，in Vol. 7］。

231.见"同化和反犹太主义"（"Assimilation and Anti-Semitism"），1920年4月3日［*CPAE 2002*，

Vol. 7, Doc. 34]。

232. 见爱因斯坦1920年4月5日致犹太信仰公民德国中央协会（Central Association of German Citizens of the Jewish Faith）[*CPAE 2004*, Vol. 9, Doc. 368]。

233. 见爱因斯坦致埃米尔·斯塔肯斯坦（Emil Starkenstein），1921年7月14日 [*CPAE 2009*, Vol. 12, Doc. 181]。

234. 关于他在1921年春与美国犹太社团之间的际遇，请参阅 *CPAE 2009*, Vol. 12, Introduction, pp. xxxi– xxxiv。

235. 见本书日记1922年11月10日的记载。

236. 同上，1923年2月3日的记载。

237. 见爱因斯坦1920年4月3日致保罗·内森（Paul Nathan）[*CPAE 2004*, Vol. 9, Doc. 306]。

238. 请参阅插图18。

239. 是否有其他德国犹太人和犹太复国主义知识分子在他们的私人著述中表达了所谓其他民族低劣的看法，历史学家似乎尚未进行这样的研究。它超出了本导读的范围。

240. 见 *Miles and Brown 2003*, p. 104。

241. 见 *Youngs 2013*, p. 102。

242. 见 *Confino 2003*, p. 326。

243. 见 *Koshar 1998*, p. 325 – 326。

244. 见 *Clifford 2001*, p. 129。

245. 见 *Selwyn 1996*, p. 21。

246. 见 *Nünning 2008*, p. 16。

247. 见 *Walton 2009*, p. 117。

248. 见 *Keitz 1993*, p. 187。

249. 见本书日记，1922年10月9日至10日的记载。

250. 见 *Mansfield 2006– 2007*, pp. 706 — 707, 711。

251. 见 *Kisch 1938*, pp. 29 — 31。

252. 与阿耳伯特·爱因斯坦档案馆芭芭拉·沃尔夫（Barbara Wolff）的私人通信，2008年2月25日。

253. 参见，例如，*Rosenkranz 2011*, p. 84。

254. 见 *Jokinen and Veijola 1997*。

255. 见本书日记1922年10月6日的记载。

256. 同上，1922年11月2日的记载。

257. 同上，1922年12月7日的记载。

258. 同上，1922年12月11日的记载。

259. 爱因斯坦在日记中拼写爱尔莎（Elsa）名字时前后不一致。

260. 同上，1923年2月15日的记载。

261. 同上，1922年11月18日的记载。

262. 同上，1922年11月29日的记载。

263. 同上，1922年12月25日的记载。

264.同上，1923年2月7日的记载。

265.同上，1923年3月7日的记载。

266.请参阅本书"其他文本"部分中的文本13。

267.请参阅本书"其他文本"部分中的文本6。

268.见 *Einstein 1923b.*

269.请参阅本书"其他文件选"部分中的文件14。

270.见克里斯托弗・阿伦尼乌斯致爱因斯坦，1922年11月10日 [*CPAE 2012*，第十三卷，文件 384]。有关早些年将奖项授予爱因斯坦的建议，请参见，例如，*Friedman 2001*，pp. 133 — 138。

271.见斯万特・阿伦尼乌斯致爱因斯坦，1922年9月17日或之前 [*CPAE 2012*，第十三卷，文件359]。

272.见马克斯・冯・劳厄致爱因斯坦，1922年9月18日 [*CPAE 2012*，第十三卷，文件363]。

273.见爱因斯坦致斯万特・阿伦尼乌斯，1922年9月20日 [*CPAE 2012*，第十三卷，文件365]。

274.见 *Grundmann 2004*，pp. 180 — 182。

275.见 *Renn 2013*，p. 2577。

276.见爱因斯坦致弗里茨・哈伯，1920年10月6日 [*CPAE 2006*，Vol. 10，Doc. 162]。

277.见 *CPAE 2009*，Vol. 12的导言以及大事年表中1921年6月9日的内容。

278.有关各国接受相对论的研究的汇总，请参见 *Glick 1987*。

279.见 *Hu 2007*，pp. 541 — 542。

280.见 *Kaneko 1987*，p. 363。

281.同上，pp. 353 — 354。

282.见 *Glick 1987*，p. 392。

283.同上，p. 362。

284.同上，p. 363。

285.同上，p. 354。

286.同上，pp. 372 — 374。

287.见本书日记的注释151以及1922年12月10日"格奥尔格・尼古莱（ Georg Nicolai ）的《战争生物学》（ *Biologie des Krieges* ）日文版序 [*CPAE 2012*，第十三卷，文件394，注释3]。

288.请参阅本书"其他文件选"部分中的文本15，注释66。

289.例如，参见他对各个政治呼吁的回应，他反对"毫无意义地加剧对抗，除非这种对抗本身是必要和富有成效的"（ 见爱因斯坦1926年2月28日致工人国际救济组织（ Workers International Relief) [*CPAE 2018*，第十五卷，文档206])。

290.请参阅本书"其他文件选"部分中的文件15。

291.见 *Glick 1987*，p. 353。

292.见威廉・佐尔夫致德国外交部，1923年1月3日 [GyBSA，I. HA，Rep. 76 Vc，Sekt. 1，Tit. 11，Teil 5c，Nr. 55，Bl. 157 – 158]，和 *Neumann and Neumann 2003*，p. 187。

293.见"爱因斯坦教授在斯科普斯山上的演讲"（ "Prof. Einstein's lecture on Mt. Scopus") 以及 1923年2月11日《国土报》（ *Ha'aretz*) 上阿哈龙・切尔尼亚夫斯基（ Aharon Czerniawski) 的无标题文章；以及"爱因斯坦理论"，《巴勒斯坦周刊》（ *Palestine Weekly*) 1923年2月9日，第 83 — 84页。

294. 见 *Berkowitz 2012*, p. 223。

295. 见 "莱梅尔学校欢迎爱因斯坦教授招待会"（"The reception for Prof. Einstein at the Lemel School"），《每日邮报》（*Do'ar Hayom*），1923年2月8日；"希伯来书院的开幕"（"The Opening of the Hebrew College"），《每日邮报》（*Do'ar Hayom*），1923年2月9日；以及 "爱因斯坦教授在斯科普斯山上的演讲"（"Prof. Einstein's lecture on Mt. Scopus"），《国土报》（*Ha'aretz*），1923年2月11日。

296. 见哈伊姆·魏兹曼致爱因斯坦，1923年2月4日 [*CPAE 2012*, 第十三卷，文件427]。

297. 见 "爱因斯坦教授在斯科普斯山上的演讲"（"Prof. Einstein's lecture on Mt. Scopus"），《国土报》（*Ha'aretz*），1923年2月11日；"爱因斯坦在以色列家园"（"Einstein in Eretz Yisrael"），1923年2月1日《镜报》（*Aspeklarya*），第12期，第5页；以及1923年2月9日《每日邮报》（*Do'ar Hayom*）上的无标题的文章。

298. 见插图34。

299. 见 *Glick 1987*, pp. 231 — 234, 243 — 244。

300. 同上，pp. 252 — 258, 395；以及 *Renn 2013*, pp. 2583 — 2585。

301. 见 *Glick 1987*, p. 393。

302. 见 *Renn 2013*, p. 2581。

303. 见 *Glick 1988*, p. 70。

304. 见 *Renn 2013*, p. 2583。

305. 见 *Patiniotis and Gavroglu 2012*, p. 1。

306. 见 *Pratt 1992*, p. 6。

307. 见本书日记1922年10月10日的记载。

308. 下面的几个例子涉及爱因斯坦的生物学世界观及其对遗传学的看法。1917年，爱因斯坦因与第一任妻子米列娃育有子女而表示悔和自责，他认为米列娃是 "一个身体上和精神上低下的人"。与此同时，他还承认自己的家庭缺乏高质量的遗传谱系。1917年3月，他提出模仿 "斯巴达人的方法" 来应对儿子爱德华所谓的基因劣等的可能性。一年后，他区分了 "有价值的人"（即具有较高才智的人）和价值较低的人（即 "无趣的普通 [人]"），后者因而在战争中更易牺牲。他的密友保罗·埃伦费斯特的最小儿子瓦西里·沃西里被诊断患有唐氏综合征，爱因斯坦对待这一问题的方式，进一步定义了他认为哪些人的生命 "有价值"，哪些人的没有。他认同 "将孩子交给机构照顾的计划"，并补充说："不应为无可救药的事业而牺牲有价值的人。"（见爱因斯坦1917年2月16日到海因里希·赞格尔 [*CPAE 2006*, Vol. 8, 299a, in Vol. 10]；爱因斯坦1918年3月23日致奥托·海因里希·瓦尔堡 [*CPAE 1998*, Vol. 8, Doc. 491]；爱因斯坦1922年8月22日或之后致保罗·埃伦费斯特 [*CPAE 2012*, 第十三卷，文件329]）

309. 见 *Yamamoto 1934*。

310. 见爱因斯坦1900年8月14日致米列娃·玛里奇 [*CPAE 1987*, Vol. 1, Doc. 72]。

311. 见 *Isaacson 2008*, p. 289。

312. 关于爱因斯坦人道主义的局限，参见 *Rosenkranz 2011*, pp. 266 — 267。

旅行日记: 远东、巴勒斯坦、西班牙, 1922年10月6日至1923年3月12日

1. AD (NNPM, MA 3951)。[AEA 29 129]。在 *CPAE 2012* 年第十三卷作为文件379 (第532 — 588页) 上以 "日本、巴勒斯坦、西班牙的旅行日记" 发表。在 *Nathan and Norden 1975*, pp. 75 — 76上发表了摘录。在 *Glick 1988*, pp. 325 — 326以 "爱因斯坦1923年西班牙旅行日记" ("Einstein's Travel Diary for Spain, 1923") 发表; *Rosenkranz 1999*; 和 *Sugimoto 2001b*, pp. 12 — 133. 此处的文件内容来自于一本笔记本的一部分。该笔记本长22.7厘米, 宽17.5厘米, 由182面带有线纹的内页组成。笔记本包括81面线纹页的旅行日记条目, 之后是82面的空白线纹页, 以及写在19面线纹页和一张无线纹的里页上的计算 (请参阅CPAE 2012, 第十三卷, 文件418)。这些计算写在这份文件的背面, 即写在旅行日记的背面尾部, 并与日记条目方向颠倒。NNPM已经对这本笔记本的页码进行编号。在前面雇页的内部, 爱因斯坦的秘书海伦·杜卡斯 (Helen Dukas) 标注了 "Reise nach Japan Palestine Spanien 6. Oktober 1922 — 12. 3. 23. (前往日本、巴勒斯坦和西班牙的旅行, 1922年10月6日至1923年3月12日)"。日记条目出现在第1至41v面。页面39v为空白。日记条目以墨水书写, 但第1、5v和6面全部用铅笔书写, 第1v、2v、3、3v、4v和5面部分用铅笔书写。在此翻译中, 将原始文本中被认为很重要的删除内容放在尖括号中。

2. 米歇勒·贝索 (Michele Besso, 1873 — 1955) 是瑞士 - 意大利工程师, 爱因斯坦的密友。他曾受雇于伯尔尼的瑞士专利局, 并在苏黎世理工学院讲授专利法。

3. 吕西安·沙旺 (Lucien Chavan, 1868 — 1942) 是爱因斯坦的朋友, 也是伯尔尼退休的瑞士 - 法国电工技术员。爱因斯坦于10月3日离开柏林, 并于10月3日至4日希望了他在苏黎世的儿子 (见埃德加·迈尔 [Edgar Meyer] 于1922年10月4日致保罗·爱泼斯坦 [CPT, Paul Epstein Collection, folder 5.60])。

4. 爱尔莎·爱因斯坦 (Elsa Einstein, 1876 — 1936) 是爱因斯坦的第二任妻子。

5. "北野丸" 号蒸汽邮轮 (S.S *Kitano Maru*) 是属于日本邮船公司 (Nippon Yusen Kaisha) 的船只。它建于1909年, 航行于从安特卫普到横滨的路线。1942年, 这艘船在菲律宾林加延湾碰到日本水雷而沉没。

6. 这人可能是九州帝国大学 (Kyushu Imperial University) 的外科教授三宅速 (Hayari Miyake, 1866 — 1945)。三宅身材矮小, 所以爱因斯坦最初可能错判了他的年龄。他在欧洲为日本政府考察医学机构和外科手术设备。他也在欧洲外科医生中为一份请愿书收集签名; 这个请愿书是给国际外科学会 (International Surgical Association) 的, 反对它对南轴心国的抵制。

   来自慕尼黑的医生可能是恩斯特·费迪南德·绍尔布鲁赫 (Ernst Ferdinand Sauerbruch, 1875 — 1951), 慕尼黑大学医学教授, 三宅在欧洲时曾拜访过他。但和爱因斯坦提到的驱逐三宅一事相反, 据说绍尔布鲁赫是在巴黎为三宅送行的诸多德国外科医生之一, 他甚至还向爱因斯坦介绍了三宅 (见 *Hiki 2009*, p. 13)。

7. 三宅速。他在布雷斯劳大学 (University of Breslau)[①] 学过医。

8. *Kretschmer 1921*。

---

① 现波兰弗罗茨瓦大学的前身。

9.*Bergson 1922*。

10.在黎曼几何中，当矢量围绕闭合曲线平行移动时，不需要保持它的方向。在赫尔曼·外尔（Hermann Weyl）的引力和电磁场统一场论中，当要求线元 *ds* 局部共形不变时，电磁规范场包括在几何内；因此，一个矢量在闭合曲线附近平移时，也不再需要保持它的大小（见 *Weyl 1918a*）。

11.一座小岛，在第勒尼安海（Tyrrhenian Sea）中的西西里岛北岸不远处。它拥有意大利三座活火山中的一座。

12.保罗·奥本海姆（Paul Oppenheim, 1885—1977），是 N.M. Oppenheim Nachfolger 公司的德国犹太化学家。

13.石井菊次郎子爵（Viscount Kikujiro Ishii, 1866—1945），日本驻法国大使以及日本在国际联盟的一位代表。

14.穿过苏伊士运河。

15.据推测是大苦湖，即位于苏伊士运河北部和南部之间的咸水湖。

16.瑞士高原山脉中的一座山，位于苏黎世郊外。

17.三宅速在一份备忘录中回顾说，爱因斯坦相信自己可能患了结肠癌。但三宅速让爱因斯坦确信，事实并非如此（见 *Kaneko 1981*, vol. 1, p. 178）。

18.位于非洲之角的瓜达富伊角（Cape Guardafui）。

19.三宅速。

20.可能是卡拉尼亚寺（Kelaniya Raja Maha Vihara Temple），科伦坡附近最著名的佛寺。

21.可能是在科伦坡的贝塔区（Pettah district）。

22.大正天皇，讳嘉仁（Emperor Yoshihito, 1879—1926），1912年到1926年的大正时代在位。纪念天皇的宴会菜单（见插图8[AEA, 36 454]）。

23.“Banzai”是一个传统的日语欢呼语，意为“万岁”。日本国歌是“Kimigayo”（“君之代”）。

24.这是一场净琉璃（*joruri*）或义大夫（*gidayu*）表演，是一种用 *samisen*（三味线，一种弦乐器）伴唱的传统日本戏剧故事。

25.佐久间信[Shin（Noboru）Sakuma, 1893—1987]，日本驻柏林的三等秘书。他安排了爱因斯坦与《改造》杂志驻欧洲记者室伏高信（Kôshin Murobuse）于1921年9月在柏林会面（见 *Kaneko 1981*, vol. 1, p. 63）。

26.阿尔弗雷德·蒙托尔（Alfred Montor, 1878—1950），一位钻石商人。安娜·蒙托尔（Anna Montor, 1886—1945）、马克斯·蒙托尔（Max Montor, 1872—1934）。见《海峡时报》（*Straits Times*），1922年11月3日。

27.魏茨曼（Weizman）在9月中旬发电报给新加坡犹太复国主义协会，要求在新加坡为爱因斯坦举办一个欢迎会，在欢迎会上为希伯来大学募捐。魏茨曼要求，一旦爱因斯坦抵达科伦坡，就用电报告知爱因斯坦计划好的欢迎会（见哈伊姆·魏茨曼致新加坡犹太复国主义协会，1922年10月12日[IsRWW]；以及哈伊姆·魏茨曼致玛纳西·迈耶，1922年10月12日[IsJCZA, Z4/2685]）。协会发电报给爱因斯坦，并于10月21日在玛纳西·迈耶家开会筹划欢迎会（见新加坡犹太复国主义协会金斯堡[C. R. Ginsburg]致伦敦犹太复国主义组织的以色列·科恩（Israel Cohen），1922年11月9日[IsJCZA, Z4/2685]）。

28. 犹太社区的致辞由蒙托尔宣读，由基托维兹（D. Kitovitz）撰写（见新加坡犹太复国主义协会金斯堡［C. R. Ginsburg］致伦敦犹太复国主义者组织的以色列·科恩，1922年11月9日［IsJCZA, Z4/2685］）。蒙托尔代表犹太社区欢迎爱因斯坦，赞扬了他对科学的贡献，表达了希望他接受希伯来大学校长职位的愿望。爱因斯坦的讲话赢得了喝彩。蒙托尔的演讲全文见《海峡时报》（*Straits Times*），1922年11月3日。有关爱因斯坦讲话的文本，请参见本书"其他文本"部分的文本3。迈耶的Konversations-Lexikon是德国的主要百科全书。

29. 玛纳西·迈耶（1846—1930）是新加坡犹太社区领导人和卓越的慈善家。克罗伊斯是吕底亚（Lydia）的古国王，因为他传奇的财富而享有盛名。

30. 1905年，圣诺犹太庙（Chesed El Synagogue）在迈耶府邸的场地建成。

31. 亨德里克·洛伦兹（Hendrik A. Lorentz，1853—1928），莱顿大学的理论物理学教授。

32. 莫采莱·尼西姆（Mozelle Nissim，1883—1975）。"美是大自然界最古老的贵族"（"beauty is the oldest nobility in nature"）这一说法，源于*Kotzebue 1792*，p. 59。

33. 参见插图9。

34. 欢迎会在下午5点举行，地点在新加坡欧思里坡（Oxley Rise）的贝尔维（Belle Vue）。在晚宴上，"所有社团和教义的代表都到场了"。约300位宾客出席聚会，包括犹太社团的领导成员和圣公会主教［见《海峡时报》，1922年10月31日和11月3日；以及《以色列信使报》（*Israel's Messenger*），1922年12月1日］。

35. 新加坡圣公会主教查尔斯·詹姆斯·弗格森·戴维（Charles James Ferguson-Davie，1872—1963）。

36. 媒体报道称，宴会有40位宾客出席，由莫采莱·尼西姆在迈耶（Meyer）公馆主持（见《以色列信使报》［*Israel's Messenger*］，1922年12月1日）。布拉登（Braddon）的管弦乐队为宾客助兴（见《海峡时报》，1922年11月3日）。

37. 英译文很难与这个成语的德语原文及其种族主义的措辞相称："negerte lustig drauf los"（直译为"气冲冲地走了"）。

38. 在爱因斯坦访问的一周后，新加坡犹太复国主义协会名誉秘书长金斯堡（C. R. Ginsburg）告诉在伦敦的犹太复国主义者组织，迈耶捐了500英镑给希伯来大学，"部分是爱因斯坦教授私人交谈的结果，他解释了捐款意图，但我觉得主要是因为迈耶先生刚从魏茨曼博士那儿收到一封迷人信件"。犹太社团剩下的人捐了250英镑（见新加坡犹太复国主义协会金斯堡［C. R. Ginsburg］致伦敦犹太复国主义者组织的以色列·科恩，1922年11月9日［IsJCZA, Z4/2685］）。人们希望，当爱因斯坦在日本旅行回来后再次到访时，能够再筹一些钱（见伦敦犹太复国主义者组织总秘书以色列·科恩致戴维·基托维兹（David Kitovitz），1922年12月12日［IsJCZA, Z4/2685］）。

39. 山顶高552米，是香港岛的最高海拔。

40. 根据媒体报道，在媒体首次报道爱因斯坦即将抵达香港时，就已安排好他在犹太人休闲俱乐部（Jewish Recreation Club）做演讲。但爱因斯坦抵达后，要求不举办欢迎会或演讲。媒体推测，他不愿在短暂的停留期间公开露面的一个可能原因是到访时间接近"休战纪念日"（Armistice Day）。唯一依照计划进行的事项是游览浅水湾。［见《南华早报》（*South China Morning Post*），1922年11月10日。］

317

41. 在这些商人中，可能有一位名为戈宾（Gobin），见注释195。

42. 可能是浅水湾酒店（Repulse Bay Hotel）。

43. 这里提到的，很可能是中国海员在1922年初的成功罢工（见 *Butenhoff 1999*, p. 50）。

44. 非正式的欢迎会在犹太人休闲俱乐部进行（见《以色列信使报》，1922年12月1日）。

45. 香港大学，成立于1911年。

46. "北野丸"号蒸汽邮轮停泊在上海的汇山码头（Wayside Wharf）。

47. 稻垣守克（Morikatsu Inagaki, 1893—? ）是改造社的一名工作人员和新近成立的国际联盟日本协会的首席秘书（chief secretary）。改造社社长山本实彦要求他担任爱因斯坦在日期间的向导和翻译。他的职责是翻译爱因斯坦的所有演讲和日常对话，但不负责科学演讲（见 *Ishiwara 1923*, "*Preface*", p. 10; *Kaneko 1981*, vol. 1, p. 14; 以及 *Kaneko 1984*, p. 70）。他的妻子是生于德国的托妮·稻垣（Tony Inagaki）。

48. 弗里茨·蒂尔（Fritz Thiel, 1863—1931）。蒂尔对爱因斯坦几次访问上海的三份报告现在仍被保留着。在爱因斯坦首次出访后，蒂尔告诉外交部，他已经将几个来自日本和马来群岛的邀请交给爱因斯坦，并邀请爱因斯坦去他的私人府邸用早餐。但是，因为爱因斯坦"已经被一个前来上海欢迎他的日本人缠住了，我不得不撤回"。尽管如此，爱因斯坦告诉蒂尔，他对改造社负有契约义务。除非他们与改造社协调好，否则他不能接受任何科学约定。蒂尔力劝爱因斯坦，"一定不能忽视"那些专注于培养德日科学和文化纽带的德国团体和协会，"对它们没有丝毫注意"。蒂尔不同意爱因斯坦所谓的那个杂志社可以垄断爱因斯坦"整个人"的声明。他提醒爱因斯坦，那样的话他就会没有时间去"履行国家的职责"或进行个人消遣。作为回应，爱因斯坦让蒂尔相信，自己将考虑这些观点。他告诉蒂尔，他觉得有义务接受去巴达维亚（今雅加达）的邀请，因此他拿不准自己是否能完成受邀在中国的系列演讲。

   为了否认在上海的德意志协会因为反犹而冷落爱因斯坦的谣言，蒂尔在爱因斯坦第二次到访后告诉文化部，他试图安排爱因斯坦在同济大学工程学院[①]做一个演讲，但没有收到任何回复。在爱因斯坦返回上海的几天前，当地的德意志协会收到了一张来自爱尔莎·爱因斯坦的明信片，谢绝了招待邀请。此外，蒂尔得知，据说爱因斯坦将在犹太社区的一个封闭式招待会中发表关于相对论的演讲，他决定忽略爱因斯坦的第二次上海行 [见弗里茨·蒂尔致外交部，1922年11月13日GyBPAAA/R 9208/3508 Deutsche Botschaft China（德国驻华大使馆）]；弗里茨·蒂尔致胡贝特·克尼平（Hubert Knipping），1922年11月28日；以及弗里茨·蒂尔致外交部，1923年1月6日GyBPAAA/R 64677。

49. 马克西米利安·斐司德（Maximilian Pfister, 1874—? ），上海同济医学院[②]内科教授；安娜·斐司德·柯尼斯堡（Anna Pfister-Königsberger, 1876—? ）。

50. 爱因斯坦抵达上海后得知自己被授予诺贝尔物理学奖。他先收到瑞典皇家科学院秘书的电报

---

① 此处应该指的是同济医工专门学校。同济大学的前身是1907年创办的德文医学堂（Deutsche Medizinschule für Chinesen in Shanghai），后改名为同济德文医学堂；1912年与创办不久的同济德文工学堂合并，更名为同济德文医工学堂；1917年12月，更名为私立同济医工专门学校，1923年才正式定名为同济大学。

② 同上注。此处应指同济大学的前身，同济医工专门学校。

和来信，随后被瑞典总领事通知获奖（见克里斯托弗·阿伦尼乌斯于1922年11月10日致爱因斯坦《CPAE 2012，第十三卷，文件384和385》）。媒体报道他"对被授予诺贝尔奖表现得非常高兴"［见《大陆报》（*The China Press*），1922年11月14日；以及《民国日报》，1922年11月15日。爱因斯坦刚一抵达，14名日本记者便采访了他。他们用餐的饭店是"一品香"。那位记者实际上是日本报纸《东京日日新闻》（*Tokyo Nichinichi Shinbun*）驻上海的代表，村田（Murata）（见《民国日报》，1922年11月14日；《大陆报》，1922年11月14日；以及《东京日日新闻》，1922年11月15日）。

51. 他们在下午参观了上海老城的城隍庙和豫园，并在小世界剧院观看了一场传统昆曲的演出（见《民国日报》，1922年11月14日）。

52. 茶会显然有上海德意志协会成员参加（见《大陆报》，1922年11月14日）。

53. 犹太代表团由上海拉比伍尔夫·赫希（Woolf Hirsch）率领（见《以色列信使报》，1922年12月1日）。

54. 晚宴在王一亭（1867—1938）的府邸举行，他是一位企业家、社会名流、慈善家、画家和佛学研究者。说德语的中国夫人是浙江法政学校教务长应时（Shi Ying）和他的妻子章肃（Su Zhang）。他们的女儿是应蕙德（Huide Ying）。上海大学校长是于右任（1879—1964）。另一位杰出的嘉宾是前北京大学教授张君谋。关于在拜访期间拍摄的合照，见插图10。

55. 于右任和爱因斯坦的晚餐谈话发表在1922年11月14日的《民国日报》上。爱因斯坦在他的讲话中，表达了对王一亭艺术的钦佩以及他相信中国青年未来对科学的贡献。

56. 前英国国务卿、陆军大臣、首相大臣理查德·B.霍尔丹勋爵（Richard B. Haldane，1856—1928）是律师和哲学家。

57. 学士会（Gakushi-Kai），日本各帝国大学的男性毕业生协会。

58. 长冈半太郎（Hantaro Nagaoka，1865—1950），东京帝国大学理论物理教授。长冈登代（Toyo Nagaoka，1870—1946）。石原纯（Jun Ishiwara，1881—1947）是东京岩波书店出版公司的科学作家兼新闻记者，仙台东北帝国大学物理学前教授。桑木彧雄（Ayao Kuwaki，1878—1945）是福冈市九州帝国大学的物理学教授。德国领事是奥斯卡·特劳特曼（Oskar Trautmann，1877—1950）。这个德意志俱乐部是建于1911年的日德协会［康科迪亚俱乐部（Club Concordia）］。

根据外交和新闻报道，爱因斯坦在下午3点抵达，受到了石原、仙台东北帝国大学物理学教授爱知敬一（Keiichi Aichi）、著名日本和平主义者贺川丰彦（Toyohiko Kagawa）和"其他一些人"的欢迎［见兵库县知事致外务大臣，1922年11月18日［JTDRO, Diplomatic R/3.9.4.110.5；以及《日本时报和邮报》］（*Japan Times & Mail*），1922年11月17日］。爱因斯坦未能受到德国大使威廉·佐尔夫（1862—1936）的欢迎，因为他当时在德国小住，尚未返回（见*Grundmann 2004*, p. 229）。

59. 爱因斯坦抵达后，便告诉诸多记者，"这次访问是要到日本观光并了解它的艺术和音乐，特别是后者。"他还说，"我高兴来到日本，因为我觉得我正以此借助科学这一媒介来促进入类的兄弟情谊。"爱因斯坦和记者们说德语，而爱尔将他的回复翻译成英文（见《日本时报和邮报》，1922年11月18日）。他在另一个采访中说，"我自从读了（作家）'拉夫卡迪奥·赫恩

（Lafcadio Hearn）'①和雷德斯代尔（Redesdale）勋爵所写的《古日本的故事》（*Tales of Old Japan*）后，总是想要看看旭日之国。我想要通过学术关系在不同国家间快速地建立纽带，想要使科学界成为一个国际共同体，这些意图激起了我来到这个国家的愿望。"[《大阪每日新闻》（*Osaka Mainichi*），英文日报版，1922年11月18日]。

60. 东方酒店（The Oriental Hotel）。

61. 下午5点半，爱因斯坦从三宫（Sannomiya）火车站离开神户，山本、石原和长冈与他同行。他在晚上7点半抵达京都站，并入住京都的都酒店（Miyako Hotel）（见兵库县知事致外务大臣，1922年10月18日；以及京都府知事致外务大臣，1922年11月18日[JTDRO, Diplomatic R/3.9.4.110.5]）。

62. 爱因斯坦的车经过了贺茂神社（Kamo-Shrine）、平安神宫（Heian-Shrine）和（旧皇居）京都御所（Kyoto Gosho）（见*Ishiwara 1923*, pp. 18—19）。

63. 他在晚上9点15分离开京都站（见京都府长官致外务大臣，1922年11月18日[JTDRO, Diplomatic R/3.9.4.110.5]；以及《东京日日新闻》，1922年11月19日）。列车经过了琵琶湖（Lake Biwa）、滨名湖（Lake Hamana）和富士山。爱因斯坦在关原——日本历史上一场重要战役的地点——停留了一会儿。

64. 爱因斯坦夫妇抵达东京火车站，人们"像欢迎一位凯旋的将军似的"。数以万计的民众聚集在车站站台和广场上欢迎爱因斯坦夫妇。他们夫妇在半个多小时里都未能离开站台（见*Yamamoto*, *Sa.1934*）。火车在晚上7点20分抵达。拥挤的人群一看见爱因斯坦，便开始高呼"爱因斯坦! 爱因斯坦!"他在一片"万岁"的呼声中离开车站（1922年11月19日的《东京日日新闻》）。在车站的人群太挤了，以至于"警察被迫无能为力地忍受着危及性命的拥挤"；见威廉·佐木夫致外交部，1923年1月3日（GyBSA, I. HA, Rep. 76 Vc, Sekt. 1, Tit. 11, Teil 5c, Nr. 55, Bl. 157—158）。

65. 东京帝国酒店（Tokyo Teikoku Hoteru），当时正由弗兰克·劳埃德·赖特（Frank Lloyd Wright）重新设计。

66. 帝国学士院院长穗积陈重（Nobushige Hozumi）和另外两名院士，东京帝国大学哲学教授桑木严翼（Genyoku Kuwaki）以及同校的英国法教授兼贵族院（House of Peers）议员土方康（Yasushi Hijikata）代表帝国学士院欢迎爱因斯坦。约50位来自学士院和改造社的人在站台上等着，只是"勉强得以"向爱因斯坦夫妇致意（见*Kaneko 1981*, vol. 1, p. 36）。

67. 齐格弗里德·贝利纳（Siegfried Berliner, 1884—1961）是东京帝国大学的工商管理教授。他是在东京火车站迎接爱因斯坦的德国人之一（见《东京日日新闻》，1922年11月19日）。他的妻子是安娜·贝利纳（Anna Berliner）。

68. 爱因斯坦在庆应义塾大学（Keio University）三田（Mita）大报告厅，进行关于狭义和广义相对论的首次公开讲座。两千名听众，"由各界人士组成，大部分是科学人士和学生"，其中包括文部大臣镰田永吉（Eikichi Kamada）。爱尔莎·爱因斯坦穿着一件和服去讲座，受到热烈欢迎。根据媒体报道，爱因斯坦试图让普通听众理解讲座；但在下半段，它有时变得专业。爱因斯坦演讲不用讲稿，大概间隔15分钟就暂停一下，以便让石原翻译[见《日本时报和邮

---

① 后取名为小泉八云。

报》，1922年11月20日；《大阪每日新闻》，英文日报版，1922年11月21日；"Pressebericht vom 5. Dezember 1922（1922年12月5日媒体报道）"［GyBSA, I. HA, Rep. 76 Vc, Sekt. 1, Tit. 11, Teil 5c, Nr. 55, Bl. 147］；以及 *Ezawa 2005*, p. 9］。公开讲座的入场券票价为成人3日元、学生2日元，"相当于10顿普通午餐的花费"（见 *Kaneko 1987*, p. 357）。

69. 午餐会在东京小石川植物园（Koishikawa Botanical Gardens）举办。穗积陈重主持，约40位学士院院士出席，包括长冈半太郎、井上哲次郎（Tetsujiro Inoue）、北里柴三郎（Shibasaburo Kitasato）、福田德三（Tokuzo Fukuda）和法务大臣冈野敬次郎（Keijiro Okano）。长冈起草了欢迎演讲（见 *Kaneko 1987*, p. 379）。欢迎演讲的德文版，见《爱因斯坦全集》第十三卷（*CPAE 2012*）未刊文献摘要一览表，452。日文版见 "Einstein-Sensei Kangei no Ji（欢迎爱因斯坦教授之时）"［AEA 65 020.1］。出席午餐会的成员名单，见 "Einstein-Kyoju kangei gosankai kiji"（"欢迎爱因斯坦教授的午餐会的报道"，［JTJA］）。

70. 山本实彦（Sanehiko Yamamoto）。在爱因斯坦访问之后，"帝国自然科学媒体报道中心"向外交部寄了一份报道，声称爱因斯坦的旅行由"共产主义报纸"《改造》资助。这促使外交部与德国驻东京大使馆核实这份报道（见卡尔·科赫霍夫（Karl Kerkhoff）致奥托·泽林（Otto Soehring），1923年1月11日［GyBPAAA, R64677］；以及奥托·泽林（？）致德国驻东京大使馆，1923年1月27日［GyBPAAA, R85846］）。

71. 一场在明治座举行的歌舞伎表演。该剧场建于1893年，是被用作歌舞伎和新派戏剧的民众剧场。

72. 观菊御宴在东京的皇家赤坂离宫（Akasaka Palace）举行。这一传统始于1880年。有关御宴的节目单和入场证见 "Programme（节目单）"和"1922年11月21日"［JTNAJ］。按照德国大使的说法，观赏御宴是爱因斯坦被授予的"荣誉的最高点"：出席聚会的德国大使馆成员描述道，"约3000名出席这一皇室家族联盟传统节日的人，是怎样因为爱因斯坦而完全忘记了庆典的意义"；见威廉·佐尔夫致外交部，1923年1月3日［GyBSA, I. HA, Rep. 76 Vc, Sekt. 1, Tit.11, Teil 5c, Nr. 55, Bl. 157—158］）。媒体报道称有600人出席了聚会，包括诸如日本首相加藤友三郎子爵（Viscount Kato Tomosaburo）这样重要的客人，以及其他日本和外国政治家、商人和军队官员（见［京都］《日出新闻》（*Hinode Shinbun*），1922年11月22日）。

73. 恩斯特·贝瓦尔德（Ernst Bärwald, 1885—1952）是德国I.G. 法本公司驻东京的代表。

74. 九条节子（贞明）皇后（1884—1951），大正天皇的皇后。1919年末，天皇自己从公共事务中退隐到他的乡间别墅里，很少在东京露面（见 *Seagrave and Seagrave 1999*, p. 81）。

75. 稻垣和他的妻子。山本实彦。

76. 在东京的主要娱乐区浅草。

77. 在东京的增上寺（Zojo Temple）。

78. 被用来款待的是日本传统菜，寿喜烧和寿司（见 *Inagaki 1923a*, p. 178；以及1922年11月13日的《东京日日新闻》）。

79. 山本美（Yoshi Yamamoto）和他们的孩子美佐枝[①]以及 Sayoko。爱因斯坦还游览了纪念前天皇的明治神社（见 *Kaneko 1981*, vol. 1, p. 258）。

---

① 按日译本，此处原文 Misako 有误，应为 Misae。

80. 穗积陈重院长和他的女婿涩泽元治（Motoji Shibusawa）（1876—1975），涩泽曾跟随爱因斯坦母校苏黎世理工学院的物理学教授海因里希·弗里德里希·韦伯（Heinrich Friedrich Weber，1843—1912）学习。

81. 藤泽利喜太郎（Rikitaro Fujisawa，1861—1933），东京帝国大学前数学教授。杉元贤治（Kenji Sugimoto）声称爱因斯坦误把藤泽当成了穗积，而且由于爱因斯坦曾为自己的博士论文与韦伯争论，所以他对这个计划中的欢迎会感到不悦（见 *Sugimoto 2001b*，p. 33）。

82. 德意志东亚自然和民族学协会。

83. 尼康（Nikon）前身日本光学工业（Nippon Kogaku Kogyo）公司邀请8位有专业技能的德国专家到它的大井町（Oimachi）工厂（见 *Long 2006*，p. 11）。

84. 舒尔茨（M. H. Schultz）是德国驻东京大使馆的首席书记官。

85. 改造社邀请各日本报纸的记者出席一个午餐会。爱因斯坦表达了他对使用人力车、日本卫生以及日本媒体干扰私人生活的看法（见 *Inagaki 1923a*，p. 173）。

86. 东京音乐学校（Tokyo School of Music），日本第一所官方音乐学院，建于1887年。

87. 恩斯特·贝瓦尔德（Ernst Bärwald）和长井长义（Nagayoshi Nagai，1845—1929）是东京帝国大学的化学教授。

88. 在银座（Ginza）的商店街（见 *Inagaki 1923a*，p. 179）。

89. 根津嘉一郎（Kaichiro Nezu，1860—1940）是一位杰出的企业家和艺术收藏家。爱因斯坦和来自东京帝国大学的一位哲学毕业生矢崎美盛（Yoshimori Yazaki）参观了博物馆（见他在1923年1月的《改造》杂志中的描述）。

90. 爱因斯坦在东京的神田青年会馆（Kanda Seinenkaikan）进行了第二次公开讲座。讲座的题目是"论物理学中的空间和时间"。会馆太拥挤了，以至于"几十个有入场券的人……进不来"。改造社为此支付了他们去下一个讲座举办地仙台的返程票的钱（见 *Ezawa 2005*，p. 9；以及 *Kaneko 2005*，p. 13）。第二次讲座的特点是比第一次"的基础要广泛得多"，因为它解释了时间和空间，而不是狭义和广义相对论（见《大阪每日新闻》，英文日报版，1922年11月28日）。

91. 爱因斯坦在东京帝国大学物理系的中央讲堂进行了他的首次科学讲座。根据 *Sugimoto 2001a*，pp. 10—11，该系列的首次讲座标题是"洛伦兹变换，狭义相对论"。但根据 *Ishiwara 1923*，p. 88，标题是"狭义相对论"。"120位教授之类，以及5位研究生和18位大学生"参加了爱因斯坦的科学讲座。在《改造》杂志一月刊号上有这些参与者的不完整名单和讲座报道（*Ezawa 2005*，p. 8和11）。

92. 欢迎会由大学的学生团体主持，于大学法学院的八角讲堂（Octagon Hall）举办。在长冈半太郎的介绍后，政治系三年级学生竹内德藏（Tokudo Takeuchi）①代表全体学生欢迎爱因斯坦（见《东京日日新闻》，1922年11月26日）。

93. 市村座（Ichimura Theater），日本最古老的歌舞伎剧场之一，建于17世纪。爱因斯坦在观看完演出后访问了后台，亲自感谢舞蹈演员[见《东京朝日新闻》（Tokyo Asahi Shinbun），1922年11月26日]。

94. 首都圈记者俱乐部（Metropolitan Press Association）在平野屋日式旅店（Hirano-Ya Ryokan，一家传统日本客栈）举办了这个接待会。

95. 稻垣守克。

96. 大仓集古馆（The Museum Shoko-Kan）②，由商人和艺术收藏家大仓喜八郎（Kihachiro Okura，1837 — 1928）所建。

97. 他可能在宝生会（Hoso Kai Theater）③看的能剧（1922年11月25日之后，爱因斯坦致宝生会演员，见《爱因斯坦全集》第十三卷[CP4E 2012]未刊文献摘要一览表，457）。有关爱因斯坦对能剧的印象的其他例证，请参见本书"其他信件"文件4和Kuwaki 1934。

98. 在爱因斯坦入住的酒店附近的丸善出版社（Maruzen publishing house）（见Sugimoto 2001b，p. 45）。

99. 冈谷辰治（Tatsuji Okaya），长冈以前的学生；以及冈谷富美（Fumi Okaya，1898 — 1945）。在长冈家的午宴菜单，见"Déjeuner（午餐）"，1922年11月27日（NjP-L，Einstein in Japan Collection，box 2，folder 1，C0904）。参见插图13。

100. 爱因斯坦在东京帝国大学物理系的主礼堂进行了他的第二次科学演讲。根据Sugimoto 2001a，pp. 10 — 11，第二次讲座的题目是"闵可夫斯基的四维空间中的张量代数"。但根据Ishiwara 1923，题目是"狭义相对论"，与第一次讲座一样。

101. 德川义亲侯爵（Marquis Yoshichika Tokugawa，1886 — 1976），东京帝国大学毕业生，植物学家和元德川尾张家（Owari）的首领。他也自欧洲乘坐"北野丸"号蒸汽邮轮航行（见Jansen 1989，p. 152）。

102. 克里斯托夫·W. 格鲁克（Christoph W. Gluck）；米斯卡·（米夏埃尔）·豪瑟（Miksa [Michael]Hauser，1822 — 1887），奥匈小提琴手和作曲家；约翰·巴赫（Johann S. Bach），

---

① 此处英文原文为，Following an introduction by Hantaro Nagaoka，Tokudo Takeuchi，a third-year student in the Department of Politics，welcomed Einstein on behalf of the student body。新的日译本为"竹内时男和一位政治系三年级的学生"。这种翻译肯定有误。首先，竹内时男的罗马拼法为 Tokio Takeuchi，他早在1918年就毕业于东京帝国大学，学的是物理学，不是政治学，1922年时已28岁了，不可能是大三学生。在日本爱因斯坦研究专家金子务的《爱因斯坦的冲击》一书中，明确记载竹内时男是参加了这次欢迎会的，但并没有讲话。1922年11月26日的《东京日日新闻》上面明确写的是学政治学的大三学生竹内德藏。值得注意的是，东京大学毕业生名录上并没有竹内德藏，而有一个叫竹内德治的学生，也是学政治学的，当时也在读大三。是否报社记者将竹内德治误为竹内德藏，还不能完全确定，需要更多证据。

② 正确发音应为 Shuko-Kan。

③ 正确发音应为 Hosho Kai。

波兰小提琴家兼作曲家亨利克·维尼亚夫斯基（Henryk Wieniawski, 1835—1880）。对爱因斯坦演奏的回忆，见*Inagaki 1923b*。

103. 东京商科大学[现一桥大学（Hitotsubashi University ）]。爱因斯坦在致答谢欢迎词时，称他相信日本正是通过艺术流派（genre of art）对世界文化作出了重要贡献。（见*Nagashima 1923*, pp. 136—137）。关于大学学生会的欢迎，见《爱因斯坦全集》第十三卷（CPAE 2012）未刊文献摘要一览表，461。

104. 爱因斯坦的演讲题目是"致日本年轻人"。关于媒体的报道，见《大阪每日新闻》，英文日报版，1922年11月30日。校长是佐野善作（Zensaku Sano, 1873—1952）。

105. 爱因斯坦的第三次科学讲座在东京帝国大学物理系的主礼堂举行。根据*Sugimoto 2001a*, pp. 10—11，讲座题目是"空间-时间的张量表示"。但根据*Ishiwara 1923*，题目是"狭义相对论"，与前两次讲座一样。

106. 一家在新桥火车站的中华料理店，约30至40名的改造社职员出席（见*Inagaki 1923a*, p. 183）。

107. 可能是在本书"其他文件选"部分的文件4中关于音乐的文章。在那份文件的草稿中，爱因斯坦添加了以下注释，可能是他在这里提到的"短文"："向I夫人口述关于音乐的短文。这里略去。E."。"I夫人"可能是说德语的稻垣妻子。

108. 尼尔·戈登·芒罗（Neil Gordon Munro, 1863—1942）是一位苏格兰医生，对日本文化和考古学充满热情。

109. 爱因斯坦显然要求山本安排他出席一个茶道。商人和茶道专家高桥义雄，也叫箒庵（Soan, Yoshio[①] Takahashi, 1861—1937）随后邀请爱因斯坦参加这个仪式。关于茶道举行地点的报道互相矛盾。根据*Kaneko 1984*，是在东京赤坂的伽蓝洞一木庵（Garando-Ichiki-an）举办。但根据*Inagaki 1923a*，它在高桥家的一间私人茶室进行。多卷著作是*Takahashi 1921—1927*，最终编有10卷（见*Kaneko 1984*, p. 65）。关于高桥对与爱因斯坦会面的回忆，见*Takahashi 1933*。

110. 大隈重信侯爵（Marquis Shigenobu Okuma, 1838—1922）曾在明治时期担任财务大臣和外务大臣，在大正时期出任首相。早稻田大学建于1882年，以"学术独立"原则为指导（见*Waseda 2010*, p. 8）。校长盐泽昌贞（Masasada Shiozawa, 1870—1945）发表了欢迎辞，而爱因斯坦在答谢中提到，他注意到日本学术团体出人意料的进步，并期待它未来的贡献[见《早稻田学报》（*Waseda Gakuho*）, 1923年1月10日]。

111. 根据*Sugimoto 2001a*, pp. 10—11和*Ishiwara 1923*，爱因斯坦第四次科学讲座的题目是"论广义相对论"。

112. 在东京女子高等师范学校[现御茶水女子大学（Ochanomizu Women's University ）]，这是一个教师培训机构。欢迎会由帝国教育协会和另外11个教育协会主持，一千人出席[见《东京女子高等师范学校 大正十一年日志》（*Taisho 11 nen Nisshi Tokyo-joshi-koto-shihan-gakkou*）, 1923年11月29日]。

113. 爱因斯坦参观了宫内省式部职属乐部，并出席了一场雅乐（gagaku）——日本古代宫廷音乐

---

① 此处原文误为 Yoshi。

324

和舞蹈——演出[见《读卖新闻》(*Yomiuri Shinbun*),1922年12月1日;以及 Aichi 1923,p. 300]。

114. 据 *Sugimoto 2001a*,pp. 10—11,爱因斯坦第五次科学讲座的题目是"论引力场方程"。然而根据 *Ishiwara 1923*,它的标题是"广义相对论"。田丸卓郎(Takuro Tamaru, 1872—1932)是东京帝国大学的物理学教授。土井不曇(Uzumi Doi, 1895—1945)是东京帝国大学长冈半太郎门下的研究生和享有盛名的第一高等学校(First Higher School)的物理讲师。关于他质疑相对论的著作,见 *Doi 1922c*。根据媒体报道,批评爱因斯坦理论的土井承认自己错了,并请田丸用德语读他的声明认错[见《东京朝日新闻》,1922年12月2日;以及《河北新报》(*Kahoku Shimpo*),1922年12月1日。早先,爱因斯坦证实他已经读了土井给他寄到柏林的小册子,它值得"认真研究"。但他没有担心它会对相对论形成真正挑战(见《东京日日新闻》和《大阪每日新闻》,1922年11月18日)。土井在爱因斯坦访问期间的日记中写道,见过爱因斯坦之后,仅过了半小时,就撤回了对自己理论的反驳,请参阅 EPPA, 95077。土井和爱知敬一之间关于爱因斯坦理论的公开论战,见《大阪每日新闻》,英文日报版,1922年11月5日。

大学学生的欢迎词尚存(请参阅东京帝国大学学生1922年11月30日[?]致爱因斯坦,《爱因斯坦全集》第十三卷[CPAE 2012]未刊文献摘要一览表,464)。

115. 丹麦大使是尼尔斯·霍斯特(Niels Höst, 1869—1953)。

116. 根据 *Sugimoto 2001a*,pp. 10—11,爱因斯坦第六次(和最终的)科学讲座的标题是"论宇宙学论问题"。但根据 *Ishiwara 1923*,它的标题是"广义相对论"。爱因斯坦和日本的科学家们在大学中心的三四郎池(Sanshiro Pond)拍了一张纪念照,以此作为讲座系列结束的标志。照片被送给了爱因斯坦,附有物理系教职人员和学生签名的纪念册。该纪念册(见NNLBI, Albert Einstein Collection: Addenda[AR 7279])也包括了长冈半太郎写的一封感谢信,还有他和另外124位名人的签名(请参见长冈半太郎等人于1922年12月1日致爱因斯坦,[CPAE 2012],第十三卷,文档389)。对这些事件的描述,见 *Ishiwara 1923*, pp. 111—112。

117. 为了纪念讲座系列的结束,在帝国酒店举行了这个晚宴。150位学者、作家和改造社雇员出席。其中包括长冈半太郎、石原纯、桑木彧雄、有岛武郎(Takeo Arishima)、田丸卓郎、井上哲次郎、寺田寅彦(Torahiko Terada)和小泉信三(Shinzo Koizumi)(见《河北新报》,1922年12月3日;以及 *Kaneko 1981*, vol. 1, p. 259)。

118. 东京高等工业学校(现东京工业大学),建于1881年。竹内时男(Tokio Takeuchi, 1894—1944)是那里的物理学副教授。

119. 爱因斯坦在晚上9点17分抵达仙台站(见宫城县知事1922年12月6日致外务大臣,[JTDRO, Diplomatic R/3.9.4.110.5])。本多光太郎(Kotaro Honda, 1870—1954)和爱知敬一(1880—1923)都是在仙台的东北帝国大学(Tohoku Imperial University)的物理学教授。他们从仙台旅行到了郡山(Kooriyama)站,这大概是东京和仙台的中途站(见《河北新报》,1922年12月4日)。

120. 在东北帝国大学的知名物理学家是日下部四郎太(Shirota Kusakabe)、远藤美寿(Yoshitoshi Endo)和山田光雄(Mitsuo Yamada)。校长是小川正孝(Masataka Ogawa)。汉斯·莫里什(Hans Molisch, 1856—1937)是一位奥地利植物学家和生物学教授。由于大批拥挤的人群,爱因斯坦用了20分钟从车站到仙台酒店。爱因斯坦在酒店受到了宫城县知事力石雄一郎（Yuichiro Chikaraishi）和仙台市市长鹿又武三郎（Takesaburo Kanomata）以及小川正孝的欢迎（见宫城县知事致外务大臣，1922年12月6日[JTDRO, Diplomatic R/ 3.9.4.110.5]；以及《河北新报》，1922年12月4日）。

121. 爱因斯坦题为"论相对性原理"的第三次公开讲座在仙台市政礼堂举行。它由爱知敬一翻译，显然是为了补偿没能进东京神田青年会馆听讲座的听众而免费举办的。有350位听众，主要是教授和大学生（见宫城县知事致外务大臣，1922年12月6日[JTDRO, Diplomatic R/3.9.4.110.5]）。关于讲座的报道，见《读卖新闻》，1922年12月4日；以及 *Okamoto 1981*, pp. 931—932。

122. 冈本一平（Ippei Okamoto, 1886—1948）是一位承袭西方传统的画家，也是为东京《朝日新闻》工作的漫画家。他"出于个人的仰慕和想要近距离观察这位大科学家的愿望，独自"加入了爱因斯坦的随从队伍（见 *Okamoto 1981*, p. 931）。在爱因斯坦游览期间，冈本一平向他的报纸投稿（见1922年12月9日—15日）。在爱因斯坦离开后，他出版了 *Okamoto 1923*。松岛是位于仙台附近的群岛，由约260个被松树覆盖的小岛组成。在坐火车前往群岛时，冈本给爱因斯坦画了素描，爱因斯坦在上面签上了"阿耳伯特·爱因斯坦或作为思想容器的鼻子"（见 *Okamoto 1981*, p. 932）。参见插图18。

123. 他们在松岛酒店进餐（见 *Kaneko 1981*, vol. 2, p. 34），并参观了在松岛的瑞岩寺（Zuiganji Temple）（见 *Okamoto 1981*, p. 933）。土井晚翠[Bansui Tsuchi（Doi），1871—1952]是一位诗人和英语文学学者。葛饰北斋（Katsushika Hokusai, 1760—1849）是江户时代最著名的木版画艺术家之一。土井给了爱因斯坦两套木版画以供选择，歌川广重（Utagawa Hiroshige）的"东海道五十三次"（*Fifty-three Stations on the Tokaido*）和葛饰的"富岳百景"（*One Hundred Views of Mount Fuji*）（见 *Okamoto 1981*, p. 932）。冈本在纪念册的扉页用德语题字"衷心感谢阿耳伯特·爱因斯坦"，并在"一平画"的签名上用日语题词"在仙台。大正11年，12月"（见 *Jansen 1989*, p. 145）。意大利语诗集见 *Tsuchii 1920*。

124. 在仙台的东北帝国大学。在学生欢迎会上，大学校长小川正孝带领学生们为爱因斯坦齐呼"万岁"。超过50名教授在工程学院的会议厅欢迎爱因斯坦（见 *Okamoto 1981*, p. 933）。医学系主任是藤田敏彦（Toshihiko Fujita, 1877—1965）。爱因斯坦将他的名字写在大学一间会议室的墙上，在汉斯·莫里什（Hans Molisch）的签名下方。题词写着："Albert Einstein 3.XII 22.[阿耳伯特·爱因斯坦，22年12月3日。]"[JSeTU 95 037]。有媒体报道称，东北帝国大学给爱因斯坦提供了一个临时的物理学教授席位。薪水是10000日元（约5000美元），据说还打算提供一处住所（见《大阪每日新闻》，英文日报版，1922年12月5日）。这类报道甚至引起了爱因斯坦计划移民日本的流言；德国外交部随后否认了它们（见奥托·索林[Otto Soehring]致德国驻日内瓦领事馆，1922年12月9日[GyBPAAA/R 64677]）。

125. 本多光太郎。

126. 冈本的妻子是日本著名小说家和诗人冈本加乃子（Kanoko Okamoto, 1889—1939）。爱尔莎·爱因斯坦和托尼·稻垣留在了东京。

127. 他们在下午4点10分抵达日光市火车站，并在日光市的金谷酒店（Kanaya Hotel）停留[见栃木县（Tochigi Prefecture）知事致外务大臣，1922年12月7日[JTDRO, Diplomatic R/3.9.4.110.5]；

以及有爱因斯坦签名的酒店记录［AEA 122 789］。当天晚些时候，爱尔莎·爱因斯坦与托尼·稻垣分别从东京出发而抵达（见Okamoto 1981，p. 935）。在"10平方英寸的细致精巧的硬纸板写着"10个主题，它被交给了爱因斯坦，这份主题列表见Okamoto 1981，p. 937。

128.托尼·稻垣。

129.爱因斯坦、稻垣和冈本在上午10点参观了位于日光市中禅寺湖附近的中宫祠（Chugu Shrine）。他们游览了方等滝（瀑布）、般若滝和华严滝，在下午4点返回酒店（见栃木县知事致外务大臣，1922年12月7日［JTDRO, Diplomatic R/3.9.4.110.5］；以及Okamoto 1981，p. 935）。

130.冈本对这些对话的描述，见Okamoto 1981，pp. 935—936。

131.爱因斯坦、爱尔莎和其他人参观了东照宫寺庙和"其他相关寺院"（见栃木县知事致外务大臣，1922年12月7日［JTDRO, Diplomatic R/3.9.4.110.5］）。

132.德川幕府在江户时代（1603—1868）统治了日本。德川家康（Ieyasu Tokugawa，1543—1616）是它的开创者和首位将军。

133.他们在下午5点10分离开日光市前往东京（见栃木县知事致外务大臣，1922年12月7日［JTDRO, Diplomatic R/3.9.4.110.5］）。

134.恩斯特·贝瓦尔德（Ernst Bärwald）。对于文章，请参阅本书"其他文件选"部分中的"文件4"。

135.爱因斯坦在下午4点41分抵达名古屋站。新爱知（Shin Aichi）新闻社的主管们，来自医学院和高等院校的校长和教授们，以及约1000名来自医学院和高中的高呼着"万岁"的学生欢迎了他［见《新爱知》（Shin Aichi），1922年12月8日］。

136.利奥诺·米夏埃利斯（Leonor Michaelis，1875—1949）在德国出生，是爱知医学院的生物化学教授。

137.热田神宫（Atsuta Shrine）。

138.改造社和新爱知新闻社在酒店举行午餐会。爱因斯坦在下午4点46分离开名古屋，一大群人前来告别（见《新爱知》，1922年12月10日）。爱因斯坦夫妇在下午7点38分抵达京都站并入住都酒店（Miyako Hotel），见京都府知事致外务大臣，1922年12月11日［JTDRO, Diplomatic R/3.9.4.110.5］。京都的知恩院（Chion-in Temple），在里面的"通常不为任何人撞响的大钟，为了'爱因斯坦'而撞响"（见Okamoto 1981，p. 937）。

139.在原始文本的这里，爱因斯坦在右侧页边附上："8日和9日顺序错误。"

140.名古屋城。

141.爱因斯坦的第四次公开讲座，标题是"论相对性原理"，在名古屋国技馆（Nagoya Kokugikan）进行，由石原纯翻译（见Ishiwara 1923）。

142.在原始文本的这里，爱因斯坦在右侧页边附上："错误顺序。"

143.爱因斯坦（在没有爱尔莎陪同下）在上午10点40分离开京都站，于上午11点32分抵达大阪站，陪同的有德国大使佐尔夫、石原和山本。爱因斯坦和佐尔夫出席了日德协会（Japanese-German Society）在大阪酒店举行的欢迎会。两百人出席了欢迎会。爱因斯坦在答谢佐多爱彦的欢迎时，强调"我认为热情的欢迎并不只为了我，也为了作为一个整体的德国科学；而只有在这个意义上，我才能接受它"。大阪驻防军乐队演奏了日本和德国的国歌，欢迎会随着高呼这两个国家"万岁"而结束（见京都府知事致外务大臣，1922年12月11日；以及大阪府知事致外务大臣，1922年12月14日［JTDRO, Diplomatic R/3.9.4.110.5］；以及《大阪每日新闻》，英文日本版，1922年12月12日）。大阪市长是池上四郎（Shiro Ikegami, 1857—1929）。佐多爱彦（Aihiko Sata, 1871—1950）是病理学教授，大阪医学院院长和日德协会主席。

144. 爱因斯坦的第六次公开讲座，标题是"论广义和狭义相对论原理"，于下午6点在大阪中央公会堂举行，由石原翻译。2000人出席。他在同日的晚上10点22分离开大阪返回京都（见大阪府知事致外务大臣，1922年12月14日［JTDRO, Diplomatic R/3.9.4.110.5］；以及*Ezawa 2005*, p. 9）。

145. 爱因斯坦的第五次公开讲座，题目是"论相对论原理"，在京都市政礼堂举行，由石原翻译（见《大阪每日新闻》，英文日报版，1922年12月8日）。

146. 京都的仙洞御所（Sento Imperial Palace）。石原对爱因斯坦参观京都御所的描述，见*Ishiwara 1923*, pp. 155—157。

147. 32位中国圣人的画像被画在8张纸（屏风）上。它们源于平安时代（公元794—1185年）。

148. 罗伯特·科赫（Robert Koch, 1843—1910）的纪念祠堂由他教授的一位热心的日本学生，北里柴三郎所建。它最初位于国立传染病研究所，随后迁至北里研究所，两者都在东京。

149. 京都二条城（Nijo castle），德川家康所建。

150. 有关他们合著文章的细节，请参阅石原纯1923年1月12日致爱因斯坦（*CPAE 2012*, 第十三卷，文件422）和石原纯1923年2月26日之后或1923年3月21日之后致爱因斯坦（*CPAE 2012*, 第十三卷，文件433）。

151. 贺川丰彦（Toyohiko Kagawa, 1898—1960）是一位基督教改革者和工人运动者。在原始文本中没有写出贺川的名字，而是留白空白。贺川对他与爱因斯坦两次会面的印象，见*Kaneko 1987*, p. 369。

152. 爱因斯坦的第七次公开讲座的标题是"论相对论原理"，在神户基督教青年会（Y.M.C.A.）举行，由石原翻译。德国总领事奥斯卡·特劳特曼（Oskar Trautmann）主持了在德意志俱乐部进行的欢迎会（见《大阪每日新闻》，英文日报版，1922年12月15日）。

153. 京都帝国大学，校长是荒木寅三郎（Torasaburo Araki, 1866—1942）。学生代表是荒木俊马（Toshima Araki, 1897—1978）。他代表学生会对爱因斯坦的祝词，见《爱因斯坦全集》第十三卷（CPAE 2012）未刊文献摘要一览表，467。

154. 一个题为"我如何创造了相对论？"的即兴演讲，由西田几多郎（Kitaro Nishida）发起，在京都帝国大学法学院大礼堂进行，石原作翻译［见《大阪朝日新闻》（*Osaka Asahi Shinbun*），1922年12月15日；以及*Ezawa 2005*, p. 10。有关石原记录的演讲手稿，请参阅"我如何创造了相对论？"，1922年12月14日，（*CPAE 2012*, 第十三卷，文件399）。

155. 木村正路（Masamichi Kimura, 1883—1962）是京都帝国大学的物理学教授。

156. 其中有一件礼物是送给爱尔莎的传统的*naga juban*（长襦袢）[①]（见*Nakamoto 1998*, p. 77）。

---

① 一种穿在汗衫和长和服之间的内衣，形状类似于和服。关西剪裁有像领子一样的垂直领，关东剪裁有通领。所使用的材料主要是棉、平纹细布、羊毛和丝绸，夏季使用麻和纱布作为纺织品。

157.京都的知恩院。有关爱因斯坦坐在知恩院台阶上的照片，请参见插图20。

158.可能是八坂神社（Yasaka Shrine）和四条通（Shijo Street）购物区，两者都很靠近都酒店（Miyako Hotel）。

159.青莲院将军塚大日堂（Shogunzuka Dainichido Temple）。

160.西本愿寺（Nishi Honganji Temple）是净土真宗本愿寺的主寺，净土真宗是在京都的佛教净土宗分支。

161.琵琶湖，位于京都东北，是日本最大的湖泊。三井寺（Mii Temple）是日本最古老的寺庙之一。

162.这里所提到的，极有可能是世界闻名的京都西阵织锦缎。

163.奈良位于京都以南480千米。奈良酒店，爱因斯坦弹钢琴的地方（见Sugimoto 2001b，p. 112）。

164.这些寺庙中最出名的是春日大社（Grand Shrine of Kasuga），建于公元768年。东大寺收藏的大佛像，众所周知为卢舍那佛坐像（Rushanabutsu-Zazo），建于公元745—752年。

165.奈良国立博物馆。爱因斯坦还参观了奈良公园（见Sugimoto 2001b，p. 114）。

166.若草山（Mount Wakakusa）。

167.宫岛（Miyajima Island）位于广岛安芸郡（Aki district of Hiroshima）。

168.严岛神社（Itsukushima Shrine）。

169.神圣的弥山（Mount Misen）。濑户内海（Seto Inland Sea）。

170.德国驻东京大使威廉·佐尔夫。佐尔夫报告他和爱因斯坦的私人关系"发展成友好的关系"。至于这个急件，佐尔夫告诉柏林，《日本广知报》（Japan Advertiser）发表了一篇来自国际路透通讯社（Kokusai-Reuter news agency）的报道。根据该报道，马克西米利安·哈登（Maximilian Harden）已经向柏林法院证明，"爱因斯坦离去日本，是因为他觉得自己在德国不安全"。哈登在被问及他所谓的暗杀者时，实际说的是"现在实现了什么？大学者阿耳伯特·爱因斯坦现在在日本，因为他觉得自己在德国不安全"。佐尔夫怕这篇报道可能会"损害爱因斯坦的访问对德国极有利的影响"，所以请求爱因斯坦允许他通过电报否认它（见威廉·佐尔夫致外交部，1923年1月3日[GyBSA, I. HA, Rep. 76 Vc, Sekt. 1, Tit. 11, Teil 5c, Nr. 55, Bl. 157—158]；以及Neumann and Neumann 2003，p. 187）。有关爱因斯坦对佐尔夫的后续回应，请参阅本书"其他文件选"部分的文件7。

171.门司是一座位于九州福冈县北部的城市。爱因斯坦夫妇在下午4点10分离开宫岛，并在晚上8点05分抵达下关。他们转乘轮船，前往关门海峡对面的门司。晚上9点半，他们抵达门司，受到了三井银行分行经理长井村太人（Sonta Nagai）的欢迎。爱因斯坦在采访中声称，"日本人这种适应自然的生活方式是无限宝贵的。如果可能，我愿意永远享受这种日式生活和风格。如果条件允许，从今以后，我甚至要在日本生活。"见福冈县知事致外务大臣，1923年1月6日[JTDRO, Diplomatic R/3.9.4.110.5上《福冈日日新闻》（Fukuoka Nichinichi Shinbun），1922年12月25日以及Nakamoto 1998，pp. 45—46]。根据另一媒体报道，爱因斯坦评论道，在日本缺乏一个真正民主的选举制度，这严重阻碍了该国的发展（见《读卖新闻》，1922年12月25日）。三井俱乐部是由三井物产公司在1921年建立的社交俱乐部。

172.爱因斯坦在中午12点4分抵达福冈博多（Hakata）站。他的第8次公开讲座的标题是"论狭义和广义相对论原理",在福冈的博多大博剧场（Hakata Daihaku Theater）举行，超过3000人出席（见福冈县知事致外务大臣，1923年1月6日 [JTDRO, Diplomatic R/3.9.4.110.5]；以及 *Ezawa 2005*, p. 9）。关于仙台的免费讲座，见注释90。

173. 改造社组织的晚宴在博多区的保利斯塔咖啡馆（Café Paulista）举行。在邻室聚会的，是九州帝国大学物理系（Kyushu School of Physics）校友会（见《福冈日日新闻》，1922年12月26日）。

174. 三宅速。爱因斯坦呆在博多区的荣屋旅馆（Sakayeya-Ryokan Hotel）。女店主是Tatsu Kuranari（仓成辰）（见《福冈日日新闻》，1922年12月25日；以及 *Nakamoto 1998*, p. 61）。

175. 爱因斯坦在其中一块绢布上写着 "Sakayeya A. Einstein. 1922."（荣屋旅馆，爱因斯坦，1922年。）

176. 他们回到了荣屋旅馆（Sakayeya Hotel）。

177. 韦尔病（Weil's disease）是一种严重的钩端螺旋体病，是一种细菌感染。庆祝宴会在九州帝国大学（见福冈县知事致外务大臣，1923年1月6日 [JTDRO, Diplomatic R/3.9.4.110.5]）进行。它的校长是真野文二（Bunji Mano, 1861—1946）。

178. 一则对研究所此次参观的报道，见《福冈日日新闻》，1922年12月26日。

179. 三宅速。爱因斯坦在拜访期间，弹奏三宅最近从德国运来的大钢琴（见 *Hiki 2009*, pp. 39—40）。县陈列室位于县政厅。县知事是泽田牛麿（Ushimaro Sawada）。

180. 爱因斯坦在下午4点3分离开博多站前往门司。在门司基督教青年会的儿童圣诞聚会上，他演奏了"圣母颂"（Ave Maria），下关女子中学（Shimonoseki Girls High School）的音乐老师石川千代子（Chiyoko Ishikawa）用钢琴伴奏（见《福冈日日新闻》，1922年12月27日）。他回到三井俱乐部过夜（见福冈县知事致外务大臣，1923年1月6日 [JTDRO, Diplomatic R/3.9.4.110.5]）。

181. 大谷山（Mount Otani）。三井俱乐部。此处记载可能有误。在他的日译版全集中，该前言的日期为"1922年12月27日"，即次日（见 *Einstein 1923c*）。

182. 船行驶在关门海峡中。渡边（Watanabe）是三井物产公司门司分公司的长井村太的顾问。关于诗歌和绘画，请参见 *Ishiwara 1923* 的卷首插图背面。

183. 商工会议所（The Chamber of Commerce and Industry）。

184. 根据一份媒体报道，爱因斯坦夫妇在前往门司港的路上看到了一个人在路边打年糕，还在大声叫喊庆祝新年。他们出于好奇停了下来。爱因斯坦头绑红色发带加入了敲打行列，并跟着大声喊叫（见《东京朝日新闻》，1922年12月30日）。

185. 日本邮船公司所属的"榛名丸"号蒸汽邮轮（SS *Haruna Maru*）建于1921年，航行从横滨到安特卫普的路线。1942年，它在日本御前崎市（Omaesaki）附近搁浅，后沉没。桑木彧雄和桑木务（Tsutomu Kuwaki, 1913—2000）。三宅速。来自三井物产公司的渡边和长井村太（见《福冈日日新闻》，1922年12月30日）。

186. 土井晚翠的诗，"致伟大的爱因斯坦"（见土井晚翠1922年12月30日之前致爱因斯坦，《爱因斯坦全集》第十三卷 [*CPAE 2012*] 未刊文献摘要一览表，486）。

187. "榛名丸"号蒸汽邮轮在下午3点从门司港离开（见福冈县知事致外务大臣，1923年1月6日 [JTDRO, Diplomatic R/3.9.4.110.5]）。爱因斯坦在对日本的告别信中，对他所受到的欢迎表达了感激，并说他印象最深的是，认识到了"仍有一个国家纯朴地保存着高雅的传统艺术和美丽的心灵"。(见《福冈日日新闻》，1922年12月[29(？)]日[)。

188.关于爱因斯坦提到他的前一封信，请参见爱因斯坦在1923年2月26日之后或1923年3月21日之后致石原纯（*CPAE 2012*，第十三卷，文件433）。

189.指的是赫尔曼·外尔（Hermann Weyl）（*Weyl 1918*）和阿瑟·斯坦利·爱丁顿（Arthur Stanley Eddington）（*Eddington 1920*）的理论。

190.见爱因斯坦1922年12月30日致山本实彦（*CPAE 2012*，第十三卷，文件413），以及本书"其他文件选"部分中的文件9和文件11。安娜·贝利纳（Anna Berliner）。

191.德容（R. de Jonge）[①]，工程师。爱因斯坦夫妇安顿在盖顿（S. Gatton）位于杜美路9号的家中（见《民国日报》，1922年12月28日；以及《大陆报》，1922年12月30日）。

192.欢迎会由上海犹太社区协会组织（见《大陆报》，1922年12月31日）。爱因斯坦的演讲，请参见本书"其他文件选"部分的文件12。W. 赫希拉比（Rabbi W. Hirsch）和犹太社区协会主席戴维（D. M. David）也发表了演讲（见《大陆报》，1923年1月3日）。

193.下午6点，关于相对论的讨论会在上海工部局市政厅（Shanghai Municipal Committee）进行，仅限受邀者出席，由青年希伯来协会（Young Men's Hebrew Association）和"探索社"（Quest Society）[②]举办。讨论会由"探索社"会长、土木工程师赫伯特·查特利（Herbert Chatley，1885—1955）主持，赫希拉比（Rabbi Hirsch）和德容（担任翻译）协助。讨论会以问答座谈会的形式进行。对以下几个方面提出了值得注意的问题：迈克耳孙–莫雷实验、最近一次对澳大利亚的日食探险以及木星卫星的遮挡问题。三四百名西方人出席，只有四五个中国人参加，其中包括张君劢。他问了爱因斯坦关于奥利弗·洛奇（Oliver Lodge）的"心灵研究"问题，爱因斯坦认为这"不严肃"，未予回复（见《民国日报》，1922年12月28日和1923年1月3日；以及《大陆报》，1922年12月30日、31日和1923年1月3日）。

194.见*Eddington 1921*。

195.戈宾（Gobin）显然是爱因斯坦上一次访问香港时遇到的两个商人之一（见注释41）。法国总领事是于里斯·拉斐尔·雷奥（Ulysse-Raphaël Réau，1872—1928）。

196.参见"论广义相对论"，约1923年1月9日（*CPAE 2012*，第十三卷，文件417）。

197.请参阅本书"其他文件选"部分的文件13和14。写给普朗克的一封信的信封留下来了（AEA，2 096）。

198.阿尔弗雷德·蒙托尔（Alfred Montor）。若昂·武特（Joan Voûte，1879—1963）。爱因斯坦可能发电报并写信告诉武特，与自己的原计划相反，他将到不了爪哇（见1922年5月18日爱因斯坦致保罗·埃伦费斯特《*CPAE 2012*，第十三卷，文件193）。截止到12月初，他显然仍想去爪哇旅行：爱尔莎·爱因斯坦告诉一个亲戚，他们将在12月26日踏上爪哇之旅（见1922年12月9日，爱尔莎·爱因斯坦致珍妮·爱因斯坦[AEA，75 226]）。

199.亚伯拉罕·弗兰克尔（Abraham Frankel），一位在新加坡的犹太商人，以及他的妻子罗莎

---

①　正文中写成 de Jong。

②　日记中（p.554）和附录 F 中（p.858）又用的 The Question Club，为"探索社"的不同译法。《申报》上译为"求理会"。

（Rosa）。他们的宅邸称为"实乞纳"（"Siglap"）（见 *Ginsburg 2014*，第24页）。

200.玛纳西·迈耶（Manasseh Meyer）和他的女儿莫采莱·尼西姆（Mozelle Nissim）。虽然爱因斯坦将会在回访新加坡时参与为希伯来大学进行的额外筹款，但新加坡犹太复国主义协会还是决定收缩计划。他们通知在伦敦的犹太复国主义者组织，"鉴于近期的募捐款项，也鉴于卡罗琳·格林菲尔德夫人（Mrs. Caroline Greenfield）为她的医院事业而将继续在下周呼吁，所以为给大学筹集更多捐款而去接近社区的想法并不明智[哈达萨[Hadasah]]"（见1923年1月12日金斯堡[C. R. Ginsburg]致以色列·科恩[IsJCZA, Z4 / 2685]）。

201.尼甘布位于科伦坡以北37千米。

202.卡尔·哈根贝克（Carl Hagenbeck, 1844—1913）是一位野生动物商人，在汉堡建立了一座私人动物园。

203.参见 *Einstein 1923b*。

204.来自法国和比利时的部队在1923年1月11日进军鲁尔区。占领的直接理由是确保德国交付作为战争赔偿的煤和焦炭。但部队行动的大背景是法德对赔偿计划的谈判失败，以及法国对其战时盟友未能支持自己的对德立场感到沮丧（见 *Fischer 2003*, p. 1）。

205.坎塔拉（Al Qantarah El Sharqiyya）小镇位于苏伊士运河东侧的埃及北部。

206.在这里，爱因斯坦在右边空白处加了个"2."，用以表示2月2日。

207.铁路线从坎塔拉起，穿过西奈半岛到拉法、加沙和卢德（Lydda，吕大）。爱因斯坦在卢德车站受到了下列人员的欢迎：犹太复国主义执行委员会（Zionist Executive）主席梅纳赫姆·乌西什金（Menachem Ussishkin, 1863—1941）；犹太复国主义理事会（General Zionist Council）理事和"赫茨利亚（Herzliya）"中学校长本·锡安·莫辛森（Ben-Zion Mossinson, 1878—1942）；犹太复国主义执行委员会政治部主任弗雷德里克·基希（Frederick H. Kisch）上校；巴勒斯坦土地发展公司（Palestine Land Development Company）负责人雅各布·索恩（Jacob Thon）；"犹太民族委员会"（"Va' ad Leumi"）主席戴维·耶林（David Yellin）；耶路撒冷犹太委员会（Council of Jerusalem Jews）主席约瑟夫·梅尤哈斯（Joseph Meyuchas）；特拉维夫市长梅尔·迪岑哥夫（Meir Dizengoff）。基希在他的日记中如此描述爱因斯坦的抵达场面："在吕大，冲过站台去欢迎阿耳伯特·爱因斯坦教授。发现他相当疲倦，因为他坐了一整夜，但我后来知道这是他自己的错，因为尽管每人都劝说他登上为他预订的铁路卧铺（wagon-lit），但他还是坚持坐着二等座旅行"[见《国土报》（*Ha'aretz*），1923年2月4日；《苏黎世犹太新闻中心》（*Jüdische Pressezentrale Zürich*），1923年2月9日；以及 *Kisch 1938*, p. 29]。

208.从卢德至耶路撒冷，一路经过的站是拉姆拉（Ramleh）、代尔·阿班（Dayr Aban）和巴地尔（Battir）。

209.所罗门·金茨贝格（Solomon Ginzberg, 1889—1968），英国托管地的教育督察。1921年，爱因斯坦在美国旅行期间第一次见到了金茨贝格，当时金茨贝格作为秘书为他服务（见爱因斯坦1921年4月18日致犹大·马格纳斯[Judah L. Magnes][*CPAE 2009*，第十二卷，文件122]）。

210.爱因斯坦由赫伯特·塞缪尔（Herbert Samuel）爵士的副官卡斯特（L.G.A. Cust, 1896—1962）上尉陪同[见《巴勒斯坦周刊》（*Palestine Weekly*），1923年2月9日]。爱因斯坦夫妇安顿在高级专员的官邸中，它位于橄榄山的奥古斯塔·维多利亚（Augusta Viktoria）建筑群里。

赫伯特·塞缪尔爵士，塞缪尔子爵一世（1870—1963），英国驻巴勒斯坦高级专员。埃德温·塞缪尔（Edwin Samuel, 1898—1978），耶路撒冷地方长官罗纳德·斯托斯（Ronald Storrs）爵士的总部工作人员。哈达萨姆·塞缪尔·格拉索夫斯基（Hadassah Samuel-Grasovsky, 1897—1986）和大卫·塞缪尔（David Samuel, 1922—2014）。塞缪尔在他的自传中提到了爱因斯坦住在高级专员官邸一事（见 *Samuel 1945*, pp. 174—175）。

211. 耶路撒冷老城。

212. 圣殿山上的圆顶清真寺（Masjid Qubbat As-Sakhrah）。

213. 阿萨克清真寺（Masjid al-Aqsa）。

214. 西墙（ha-Kotel ha-Ma'aravi）。

215. 老城的城墙。

216. 亚瑟·鲁平（Arthur Ruppin, 1876—1943）是在雅法的巴勒斯坦办事处主任。在爱因斯坦访问时，鲁平曾在美国为一家抵押银行和其他犹太复国主义金融机构筹集资金（参见 *Wasserstein 1977*，第272页，注3）。他的妻子是汉娜·鲁平-哈科恩（Hannah Ruppin-Hacohen, 1892—1985）。

217. 布哈拉区由来自中亚的布哈拉犹太人1891年建立。

218. 胡戈·贝格曼（Hugo Bergmann, 1883—1975）是建于1892年的犹太国家图书馆的馆长。爱因斯坦1911年至1912年间在布拉格时，第一次见到了他（见 *Bergman 1974*, p. 390）。1919年，贝格曼恳求爱因斯坦支持希伯来大学的建立（见胡戈·贝格曼致爱因斯坦，1919年10月22日，[*CPAE 2004*，第九卷，文件147]）。

219. 哈达萨·塞缪尔·格拉索夫斯基（Hadassah Samuel-Grasovsky）。

220. 杰里科（Jericho）位于耶路撒冷东北方向约45千米处。极有可能是艾伦比桥（Allenby Bridge）。

221. 这里提到的是温德姆·迪兹（Wyndham Deeds, 1883—1956）爵士，在巴勒斯坦的英国托管地的政务司司长。

222. 爱因斯坦参观了耶路撒冷西部的贝特·哈克雷姆区（Beth Hakerem）的郊区花园和南部的塔皮奥塔（Talpiot）。哈达萨·塞缪尔、汉娜·鲁平和所罗门·金茨贝格陪同爱因斯坦参观贝特·哈克雷姆区。他游览了邻区的新街道，"犹太青年运动街"（Hechalutz Street）。这两个地区都根据德国犹太建筑家理查德·考夫曼（Richard Kaufmann, 1887—1953）的设计建于1922年（见《国土报》和《每日邮报》[*Do'ar Hayom*]，1923年2月7日；以及 *Kark and Oren-Nordheim 2001*, p. 169）。

爱因斯坦在当天早先参观了犹太复国主义执行委员会的耶路撒冷总部。根据弗里德里希·基希的说法，爱因斯坦在参观期间"做了一个小报告，解释了自己大脑的特性，说按这个样子，他想学希伯来语，脑子也不行"（见 *Kisch 1938, p. 30*）。他在下午参观了犹太复国主义者组织的农业博物馆，陪同的有乌西什金和犹太复国主义执行委员会司库萨多克·范弗里斯兰（Tsadok van Friesland）。傍晚，在乌西什金家进行了一个茶话会，耶路撒冷的犹太大人物、英国高级官员和犹太复国主义执行委员会的部门首脑出席，其中包括托管地首席检察官诺曼·本特威奇（Norman Bentwich, 1883—1971）、盎格鲁-犹太历史学家阿耳伯特·海姆森（Albert Hyamson），以及犹大·L.马格尼斯（Judah L. Magnes）[见《每日邮报》，1923年2月7日；《国土报》，1923年2月7日和8日；《新巴勒斯坦》（New Palestine），1923年2月16日]。

223.犹太国家图书馆位于埃塞俄比亚大街（Ethiopia Street）的"Beth Ne'eman"上。媒体报道爱因斯坦受到了戴维·耶林、代表图书馆董事会的耶沙亚胡·普雷斯（Yeshayahu Press）以及它的负责人和员工的欢迎。爱因斯坦参观阅览室的时候，读者们起立以示对客人的敬意。图书馆准备了一个希伯来出版业开始以来关于数学的希伯来语图书展，爱因斯坦对印刷物的精美印象深刻。他要求提供有关图书馆状况的信息，并承诺要感化他在欧洲的同僚们，以此帮助筹措必要的资金，把那些为图书馆从海外搜集到的大量图书运到耶路撒冷（见《每日邮报》，1923年2月7日；以及《国土报》，1923年2月8日）。

224.这是佩萨赫·赫卜罗尼（赫夫罗尼）（Pessach Hebroni[Hevroni], 1888—1963），一位在耶路撒冷的希伯来语教师研讨班的教师。

225.可能是卡斯特（L.G.A. Cust）。

226.比撒列艺术学院（"Bezalel" Art Academy）由立陶宛犹太艺术家和雕塑家鲍里斯·沙茨（Boris Schatz）创立于1906年。在金茨贝格的陪同下，爱因斯坦游览了学院并观看了它的永久性展览。学院副院长泽夫·拉班（Ze'ev Raban）向客人展示了他的新作品，沙茨谈了机构的历史并送给爱尔莎一个护身符。爱因斯坦承诺将Emil Orlik给他画的画像寄给沙茨，用于计划中的国家博物馆（见《每日邮报》，1923年2月8日）。

227.耶路撒冷犹太社区的正式欢迎会在莱梅尔学校（Lämel School）举行（由犹太复国主义执行委员会员会和犹太民族委员会[Va'ad Leumi]联合赞助）。媒体报道称，来自耶路撒冷犹太学校的全体学生在大街上的队伍排到了莱梅尔学校，每个学校展示着自己的旗子。爱因斯坦一到欢迎会，人们便用响亮的欢呼声欢迎他，试图涌进大门里。陪同爱因斯坦的有乌西什金、耶林、巴勒斯坦犹太复国主义执行委员会秘书长哈伊姆·阿里夫（Haim Ariav）和犹太民族委员会（Va'ad Leumi）秘书长什穆埃尔·切尔诺维茨（Shmuel Czernowitz）。一个来自塔赫克蒙尼学校（Tachkemoni school）①的铜管乐队演奏了希伯来歌曲，一束花被献给了爱尔莎。人们为这个欢迎会而装饰了学校礼堂；约两百人出席。乌西什金和耶林代表他们各自的机构欢迎爱因斯坦，表达了他们渴望看到爱因斯坦在巴勒斯坦定居。耶林送给爱因斯坦一个长卷，里面题有各种各样的犹太机构首脑的名字。爱因斯坦的名字还被题在了犹太国家基金会的"金簿书（Golden Book）"之上（见《每日邮报》，1923年2月8日；《巴勒斯坦周刊》和《新巴勒斯坦》，1923年2月9日；《国土报》，1923年2月11日；有关金簿书铭文，请参见插图23）。

在欢迎会前，还在高级专员官邸举行了一个正式午宴，出席的有考古学家和建筑学家欧内斯特·里奇蒙德（Ernest T. Richmond），秘书处政治部主任和他的妻子玛格丽特·里奇蒙德-拉伯克（Margaret Richmond-Lubbock），所罗门夫人（可能是弗洛拉·所罗门[Flora Solomon]夫人，哈罗德·所罗门[Harold Solomon]的妻子，英国托管区的采购审计员），

---

① 塔赫克蒙尼学校1905年成立于特拉维夫，多年来一直是该市唯一的宗教学校。

还有几位天主教修士：圣方济各会考古学家高登齐奥·法里（Gaudenzio Orfali）；多明我会的哲学家安托南-吉尔贝·塞蒂扬热（Antonin-Gilbert Sertillanges）；神父伯特兰·卡里耶（Bertrand Carrière）。另外，一位在耶路撒冷经书考古学院（École Biblique）的多明我会的地理学家和语言学家以及爱德华-保罗·多尔姆（Édouard-Paul Dhorme），一位在圣经学院的多明我会的亚述学教授（见《巴勒斯坦周刊》，1923年2月9日）也出席了。有关午宴合照，请参见插图22。

228. 诺曼·本特威奇（Rorman Bentwich）。基希对午宴的描述如下："在本特威奇为爱因斯坦举办的午宴：一个非常愉快的聚会。午宴后，一段好音乐，弦乐五重奏，其中爱因斯坦担任第二小提琴手，展现出了相当高的天赋，显然很享受"（见Kisch 1938, p. 30）。

229. 基希在他的日记中记道，他在2月7日早上陪着爱因斯坦游览老城。在漫步中，他向爱因斯坦解释了"政治局势和一些错综复杂的阿拉伯问题"。至于对方，"爱因斯坦谈到了乌西什金试图说服他在耶路撒冷定居。他没有这样做的打算，不是因为这样做会使他与他的研究和朋友断绝关系，而是因为他在欧洲是自由的，而在这里他将总是一个囚徒。他不想成为耶路撒冷的一个纯粹的装饰品"（见Kisch 1938, p. 30）。

230. 讲座在位于斯科普斯山（Mount Scopus）的格雷·希尔别墅（Gray Hill House）的英国托管地警察学校的礼堂举行。大厅装饰着蓝色和白色的条纹布和米字旗，以色列十二支派的象征，"光和学问"（"ora ve-tora"）的标语，以及蒂奥多·赫茨尔（Theodor Herzl）和赫伯特·塞缪尔的画像。讲座由犹太复国主义执行委员会组织。受邀人包括托管地的高级官员、阿拉伯权贵、基督教和穆斯林社区的首领、犹太权贵和在耶路撒冷的犹太复国机构的首脑、外国领事、来自耶路撒冷和特拉维夫的科学社团成员，以及作家、教师和记者。但阿拉伯权贵并未出席。报道将这个事件描述为"在大学临时大厅中举办的首个科学讲座"。当地媒体热情洋溢地赞美这件事：《国土报》将这个场合称为一个"国家节日和科学节日"。《每日邮报》声称"希伯来学院"（Hebrew college）已经开放。此外，当爱因斯坦开始用希伯来语做他的报告时，埃里泽尔·本·耶胡达（Eliezer Ben Yehuda）的幻想——促进希伯来语言的复兴，正在被实现。知名的出席者有赫伯特·塞缪尔爵士、罗纳德·斯托斯（Ronald Storrs）爵士、大拉比亚伯拉罕·艾萨克·库克（Abraham Isaac Kook）、希伯来文作家和犹太复国主义思想家艾哈德·哈阿姆（Ahad Ha'am）、特拉维夫市长梅尔·迪岑哥夫（Meir Dizengoff）以及本·锡安·莫辛森（Ben-Zion Mossinson）。梅纳赫姆·乌西什金欢迎爱因斯坦并邀请他"登上已经等了您两千年的讲台！"

爱因斯坦在演讲的开始说他"很高兴在一个向世界发出光的国家，在一间向民族发出光的房子中，宣读演讲"。他为不能用他民族的语言发表演讲感到遗憾。为了让他的听众理解他的演讲，他用法语演讲，持续一个半小时。爱因斯坦在他的报告概述了相对论，解释了它对时间、空间和引力的含义。在爱因斯坦演讲后，赫伯特·塞缪尔表达了他对爱因斯坦的感激，并评论了他访问巴勒斯坦的重大意义（见《每日邮报》和《巴勒斯坦周刊》，1923年2月9日；《国土报》，1923年2月11日）。

231. 在高级专员官邸的晚宴由赫伯特·塞缪尔主持，出席的有：巴勒斯坦首席大法官托马斯·海克拉夫特（Thomas Haycraft）和夫人海克拉夫特女士；耶路撒冷副总督哈里·卢克（Harry Luke）和卢克夫人；托管地教育部主管汉弗莱·鲍曼（Humphrey Bowman）和鲍曼夫人；首席助理秘书爱德华·基思·罗奇（Edward Keith-Roach）和菲利帕·基思·罗奇（Philippa Keith-Roach）；耶路撒冷市长拉格卜·纳沙西比（Ragheb Al Nashashibi）和他的妻子；巴勒斯坦探索基金会（Palestine Exploration Fund）的W. J. 菲西安·亚当斯（W. J. Phythian-Adams）；美国考古学家威廉·奥尔布赖特（William F. Allbright）和他的妻子露丝·诺顿（Ruth Norton）；以及巴勒斯坦女性教育负责人希尔达·里德勒（Hilda Ridler）（见《国土报》，1923年2月8日；以及《巴勒斯坦周刊》，1923年2月9日）。

232. 爱因斯坦夫妇从高级专员官邸离开耶路撒冷。他们在本·锡安·莫辛森和所罗门·金茨贝格的陪同下抵达特拉维夫（见《国土报》，1923年2月8日；以及《巴勒斯坦周刊》，1923年2月9日）。

欢迎会在赫茨利亚文法中学（Herzliya Gymnasium）进行。该校是巴勒斯坦的第一所希伯来中学，于1909年在特拉维夫的第一个社区阿胡扎·拜伊特（Ahuzat Bayit）建成。莫辛森向爱因斯坦介绍了艾哈德·哈阿姆（Ahad Ha'am）、学校董事会和学校职工。在他的简短演讲中，爱因斯坦告诉他的听众，他从未见过如此大的犹太人聚会。他也表达了他深深钦佩着这个国家的成就。客人们视察了教学楼和各种教室，学生表演了体操（见《国土报》，1923年2月9日；《每日邮报》，1923年2月9日和12日；《巴勒斯坦周刊》，1923年2月16日）。

233. 通向特拉维夫市政府的街道上"排列着蜂拥而至的人们"。爱因斯坦一到，就受到了掌声的欢迎，学生们展示着他们的校旗以示敬意。文法中学管弦乐队为客人们演奏。市长梅尔·迪岑哥夫和市议会成员欢迎爱斯坦一行。有人向爱因斯坦致辞，称他被选为"特拉维夫荣誉市民"（见特拉维夫市长 [Meir Dizengoff] 致爱因斯坦，1923年2月8日，《爱因斯坦全集》第十三卷 [CPAE 2012] 未刊文献摘要一览表，514）。将这样一个荣誉授予一个访问者，这是第一次。爱因斯坦对这一荣誉的反应，请参阅1923年2月12日《每日邮报》。莫辛森告诉听众们，爱因斯坦请他告诉他们，他"深感抱歉，他还不能用希伯来语演讲，但他正在学习这一语言，并且希望以后能在耶路撒冷大学用希伯来语给你们讲课"。听众们对此欢迎，他们为之喝彩并高呼"爱因斯坦教授万岁"（见《国土报》和《每日邮报》，1923年2月9日；以及《巴勒斯坦周刊》，1923年2月16日）。有关爱因斯坦访问期间在市政厅外拍摄的一张照片，见插图24。

234. 特拉维夫的第一所电站由巴勒斯坦电力公司（Palestine Electric Corporation）创始人平哈斯·鲁滕贝格（Pinhas Ruthenberg）所建。在爱因斯坦访问期间，特拉维夫的第一条地下电缆铺设在艾伦比街（Allenby Street）下面（见《新巴勒斯坦》，1923年2月9日）。针对移民的传染病隔离站位于雅法港口。爱因斯坦在市长迪岑哥夫的陪同下游览了硅酸盐砖厂（见《国土报》，1923年2月11日）。在爱因斯坦参观的时候，工厂正在经历一场爆发于1922年春的严峻的劳资纠纷（见 Shachori 1990, p. 270）。

235. 民众的欢迎会在文法中学的操场进行。根据媒体报道，"数千人"出席。莫辛森在介绍爱因斯坦的讲话中，声称爱因斯坦"已经成了一位犹太复国主义者，他来是要看看这个国家……希望接着能在这里定居"。听众欢呼表示欢迎。有关爱因斯坦的演讲，见《国土报》，1923年2月11日；以及《巴勒斯坦周刊》，1923年2月16日。

236. 农业试验站由伊扎克·埃拉扎里-武尔卡尼（Yitzhak Elazari-Vulkani）所建，毗邻赫茨利亚文法中学。爱因斯坦在莫辛森和迪岑哥夫的陪同下参观设施（见《国土报》，1923年2月11

日）。课程在位于耶胡达·哈勒维街（Yehuda Halevi Street）的科学教育协会里进行。阿哈龙·切尔尼亚夫斯基（Aharon Czerniawski, 1887—1966）是赫茨利亚文法中学的一位教师。爱因斯坦参加了一个向他表示敬意的会议，由巴勒斯坦工程师和建筑师协会在百合花街（Lilienblum Street）举行。协会主席，工程师希蒙（？）·赖希（Shimon［？］Reich）授予爱因斯坦荣誉证书。证书任命爱因斯坦为协会的首位"荣誉会员"（见《国土报》，1923年2月11日；有关爱因斯坦的证书，见《爱因斯坦全集》第十三卷［CPAE 2012］末刊文献摘要一览表，505）。

237. 什穆埃尔·托尔科夫斯基（Shmuel Tolkowski, 1886—1965）是一位柑橘种植人和特拉维夫市议员。集会在文法中学报告厅进行。因为报告厅太小，只邀请了少量客人——其中有公众人物、教师和作家。市长迪岑哥夫介绍了爱因斯坦，还说这不是一个容易的任务，因为他前来耶路撒冷听他的报告，但是坦白承认他没有听懂爱因斯坦的报告。所以他没法向听众解释爱因斯坦伟大在哪里。爱因斯坦用德语演讲了相对论与哲学问题的关系，例如，相对性对认识论产生的影响，它对康德的时空观念的矛盾及其对宇宙空间有限性的影响。演讲结束后，哈妮娜·卡切夫斯基（Hanina Karchevskych）合唱队和学校管弦乐队为客人们合唱和演奏（见《国土报》，1923年2月11日；《每日邮报》，1923年2月11日和12日；以及《巴勒斯坦周刊》，1923年2月16日）。爱因斯坦没有在日记中提到他在特拉维夫地区两个游览地点：伊尔·加尼姆（Ir Ganim），特拉维夫郊外的一个花园城市［现拉马特甘（Ramat Gan）］；以及位于地中海赌场咖啡厅（Casino coffeehouse）附近的公共浴场（见《每日邮报》，1923年2月11日）。

238. 在特拉维夫，爱因斯坦出席了劳工总联合会在伊甸园电影院（Eden Cinema）进行的第二次半年度会议。爱因斯坦和爱尔莎在联合会秘书长大卫·本－古里安（David Ben-Gurion）讲话时进入了大厅。他们受到了代表们的热情欢迎。联合会的一位执行委员胡戈·贝格曼欢迎爱因斯坦。爱因斯坦在大会上的简短演讲中说道："我怀着极大的钦佩之情观察了你们在这个国家，尤其是在耶路撒冷的工作。我听说你们正在创造一个从未被这个国家见过的新工人联盟的路上；相信我，我非常想看到你们的工作。我对你们没什么太多要说的，但却从你们这听到了许多；因此我将保持沉默。"他还说他"坚信这个国家和我们人民的未来在你们的手中"（见以色列工人总组织［Histradrut］的第二次半年会议的会议记录，1923年3月，［AEA，67—524］；《国土报》，1923年2月11日；《巴勒斯坦周刊》和《犹太评论》（Jüdische Rundschau），1923年2月16日）。

239. "米可夫·伊斯雷尔"（Mikve Israel）由以色列精英世界同盟（Alliance Israélite Universelle）建于1870年。爱因斯坦在离开特拉维夫乘车前往里雄莱锡安的路上，在"米可夫·伊斯雷尔"农业学校停留。他游览了学校，陪同的有阿哈龙·切尔尼亚夫斯基（Aharon Czerniawski）、在朱迪亚（Judea）的巴勒斯坦犹太殖民化协会（Palestine Jewish Colonization Association）会长阿夫拉罕·布里尔（Avraham Brill）和学校的化学教师梅厄·维尼克（Meir Winik）。他参观了学校、宿舍、托儿所和奶场，负责人埃利亚胡·克劳泽（Eliyahu Krause）为他讲解。爱因斯坦还参观了学校创始人查尔斯·内特（Charles Netter）的墓地和葡萄园。在游览了"米可夫·伊斯雷尔"后，爱因斯坦参观了伊扎克·埃拉扎里－武尔卡尼（Yitzhak Elazari-Vulkani）建在本·谢门（Ben Shemen）的试验农场（见《国土报》，1923年2

月11日）。爱因斯坦看似没有区分开"米可夫·伊斯雷尔"农业学校和试验农场。

240. 爱因斯坦在切尔尼亚夫斯基和一位农学家（拉斐尔）弗兰克尔［(Rafael) Frankel］先生的陪同下，参观了里雄莱锡安的定居点。牧马人向他致意，"几乎所有定居者"聚在市政厅外欢迎他。在社区活动中心举行的欢迎会上，定居理事会主席阿夫拉罕·道夫·鲁布曼·哈维夫（Avraham Dov Lubman-Haviv, 1864—1951）代表市政当局欢迎爱因斯坦。在巴勒斯坦的农学家领袖梅纳什·梅洛维茨（Menashe Meirowitz, 1860—1949）代表农民协会欢迎他。爱因斯坦在他的演讲中告诉他的听众，他看到了"正在精力充沛地工作的人民，这给我留下了难以言表的印象"。他还承诺，"直至我剩下最后一口气，我都将为了我们的 *Yishuv*（'依舒夫'）和我们的国家行动"。爱因斯坦在欢迎会后参观了定居点的学校，迦密葡萄酒公司（Carmel wine company）创始人泽夫·格鲁斯金（Ze'ev Gluskin）还请他参观葡萄酒酒窖。访客们随后在赫茨利亚酒店用餐（见《每日邮报》, 1923年2月11日和12日；《巴勒斯坦周刊》, 1923年2月16日）。

241. 在这里和下面两个情况中，爱因斯坦弄错了，提到的实际是海法。

242. 希勒尔·雅费（Hillel Jaffe, 1864—1936），医生，犹太复国主义官员，海法的以色列理工学院（Technion）董事会成员，可能是俄罗斯物理学家约飞（Abram F. Ioffe）的堂兄。

位于海法南部的亚特利特（Atlit）的巴勒斯坦盐业公司。

243. 犹太安息日开始于星期五的日落。赫尔曼·施特鲁克（Hermann Struck）是在德国的正统犹太复国主义者的米斯拉基党（orthodox-Zionist Misrachi party）的创始人之一。他最近移民到了巴勒斯坦，定居在海法的哈达尔·哈卡梅尔（Hadar HaCarmel）社区。什穆埃尔·优素福·佩夫兹内尔（Shmuel Yosef Pevzner, 1878—1930），俄罗斯犹太复国主义者和海法犹太社区的主要建造商和开发商。他的妻子莉亚·佩夫兹内尔-金茨贝格（Lea Pevzner-Ginzberg, 1879—1940）是所罗门·金茨贝格的姐妹。爱因斯坦夫妇在海法期间和佩夫兹内尔一家住在一起（见《每日邮报》, 1923年2月14日）。

244. 玛里·（玛尔卡）施特鲁克（Mally［Malka］Struck, 1889—1964）。

245. 根据新闻报道，2月10日爱因斯坦访问了巴勒斯坦的犹太人社区的以色列理工学院，而不是实科学校（Reali School）。

海法的希伯来实科学校由犹太复国主义执行委员会在1913年建立。该校最近搬进了毗邻以色列理工学院的一栋建筑物里，它以前是英国军队的医院。实科学校创始人和首任校长亚瑟·比拉姆（Arthur Biram, 1878—1967）生于萨克森比绍夫斯韦达（Bischofswerda）。学校最初是作为进入以色列理工学院前的预备教育而建立。它旨在向学生传授技术知识、理论基础和一种"面向全国的希伯来语教育"（*Dror* 1991, p. 48）。

为了表达对爱因斯坦的敬意，2月10日早上在以色列理工学院举行了两场欢迎会。第一场实际上是面向大众的，大约有1500人参加，包括北部地区副主管埃里克·米尔斯（Eric Mills）和警长辛克莱（W. F. Sinclair）。海法犹太社区委员会主席耶胡达·埃坦（Yehuda Eitan）代表社区欢迎爱因斯坦。委员会成员利夫希茨（Lifshitz）宣告委员会已决定授予爱因斯坦"以色列家园居民（resident of Eretz Israel）"的头衔。希勒尔·雅费代表以色列理工学院委员会欢迎爱因斯坦（有关他的演讲法语版，请参见［AEA 43 833］）。爱因斯坦在回应官方的欢迎时，表达了无论犹太人从事什么职业，他都钦佩他们在这个国家的工作，并"承诺为了这片

338

上地的复兴而尽我所能"（"ve-hivtiach la'azor be'chol yecholto be'avodat ha-techiya"）。

第二次欢迎会由以色列理工学院委员会组织，仅限受邀者出席。爱因斯坦受到了以下人员的欢迎：委员会主席希勒·贾菲（Hillel Jaffe）；海法的犹太复国主义者委员会代表巴鲁赫·比纳（Baruch Bina）；犹太社区委员会成员什洛莫·布萨格洛（Shlomo Buzaglo）；代表教师的实科学校教师达维德·施皮格尔（David Spiegel）博士；以及代表哈达尔·哈卡梅尔（Hadar HaCarmel）社区的什埃尔·佩夫慈内尔。爱因斯坦也向出席者发表了演讲（见《每日邮报》，1923年2月14日）。

在爱因斯坦访问的时候，人们正在为以色列理工学院设立课程做准备。

246. 蕾切尔-利亚·魏茨曼-切梅林斯基（Rachel-Leah Weizmann-Tchmerinsky，1852？—1932），海法首个养老院的创始人，也是15个孩子的母亲。其中一个孩子是哈伊姆·魏茨曼（Chaim Weizmann）。

247. 新教牧师马丁·施耐德（Martin Schneider，1862—1933），是建于1913年的迦密山（Mount Carmel）布道所负责人。所提到的建筑物有一个斜屋顶，可能是布道所自己的房子，而非牧师的家。

248. 生于埃及的德语剧作家和诗人阿西斯·多梅特（Asis Domet，1890—1943）和他的妻子阿德尔海德·多梅特-科布克（Adelheid Domet-Köbke）。多梅特随后致信爱因斯坦，问他是否记得自己用阿拉伯语和德语欢迎他，并在大批观众前称他为"我的阿拉伯朋友"（见阿西斯·多梅特1929年9月24日致爱因斯坦，[AEA 46 055]）。

249. 根据新闻，庆祝宴会在实科学校而不是在理工学院举行。学校校长、教师、高年级学生、校友以及包括什穆埃尔·佩夫慈内尔、希勒尔·雅费、切尔尼亚夫斯基、埃利亚斯·奥尔巴赫（Elias Auerbach）和巴鲁赫·比纳在内的杰出宾客出席。奥尔巴赫（1882—1971）是一位医生和研究圣经时代的犹太史学者。学校合唱团为宾客歌唱，亚瑟·比拉姆（Arthur Biram）和一位校友为爱因斯坦发表欢迎致辞，阿哈龙·切尔尼亚夫斯基（Czerniawski）发表了一个关于相对论的简短谈话。爱因斯坦"充满情感和赞美"的演讲，得到了"狂热的掌声"（见《每日邮报》，1923年2月14日）。

250. 爱因斯坦在2月11日早上参观实科学校。有关他参观理工学院的信息，请参见注释245。他游览了实科学校的食堂以及用于机械、木匠手工和书籍装订的工作间。访问结束后，爱因斯坦和爱尔莎在以色列理工学院和实科学校间的操场上各种了一棵树（见《每日邮报》，1923年2月14日；《巴勒斯坦周刊》，1923年2月16日）。俄罗斯犹太实业家迈克尔·波拉克（Michael Polak）与罗斯柴尔德家族之间建立了密切的联系，这导致了波特兰水泥辛迪加（Portland Cement Syndicate）在1919年建立。在内谢尔（Nesher）生产水泥和相关产品的工厂，由这个辛迪加在1922年建于海法外的亚古尔（Yagur）。这个工厂为依舒夫提供了大部分建筑产品。

谢门（Shemen）油厂是一座榨油和生产肥皂的工厂，由俄罗斯犹太工业工程师纳胡姆·维勒布谢维茨（Nachum Wilbushevitz）于1920年建于海法。

251. 加利利海。

252. 拿哈拉（Nahalal）建于1921年，是第一座 moshav ovdim（工人莫沙夫，工人合作定居点）。爱因斯坦夫妇在他们的旅途中，由所罗门·金茨贝格陪同。莫沙夫的学校欢迎客人们。爱因斯坦在用茶时与莫沙夫委员会成员闲聊，谈到了工作条件和工人莫沙夫体系与其他定居点模式的不同。他们接着游览了莫沙夫，爱因斯坦表达了他惊愕于居民们"照顾他们的牲畜，比照顾他们自己和家庭成员还要好"（见《国土报》，1923年2月20日）。理查德·考夫曼（Richard Kaufmann，1877—1958），建筑家和城市规划家。拿哈拉是他在巴勒斯坦设计的第一个定居点。

253. 米格达位于提比利亚北部的吉诺萨尔山谷（Ginossar Valley）的加利利海西岸。它是一群来自莫斯科的犹太复国主义者的财产，建于1910年。在爱因斯坦参观的时候，它正被清盘。房地产由当时定居在海法的摩西·格利金（Moshe Glikin，1874—1973）经营。根据媒体报道，爱因斯坦在访问期间种了两棵树（见 *Regev 2006*，p. 111；以及《巴勒斯坦周刊》，1923年3月2日，p. 141）。

254. 媒体报道称，爱因斯坦在提比利亚"受到了全体（犹太）社区的热烈欢迎"。由于"大雨倾盆"，安排爱因斯坦在新犹太郊区基里亚特·史密尔（Kiryat Shmuel）种两棵树的计划被取消了（见《巴勒斯坦周刊》，1923年3月2日，pp. 140—141）。目前尚不清楚爱因斯坦是参观了建于1909年的第一个"集体农场"基布兹"德加尼亚A"（Degania Aleph），还是附近建于1920年的"德加尼亚B"（Degania Beth）[①]，或者二者都参观了。二者均位于加利利湖边。阿拉伯村庄Mejdal（抹大拉，Magdala）位于加利利湖西岸。在游览加利利湖定居点后，爱因斯坦一回到提比利亚，就见到了温和的穆夫提·谢赫·塔赫尔·塔巴里（Mufti Sheikh Taher el Tabari）和"不同社区的其他名人"（见《巴勒斯坦周刊》，1923年3月2日，p. 141）。

255. 很有可能是日耳曼尼亚酒店（Hotel Germania）。

256. 这是一个在耶路撒冷莱梅尔学校举行的公开讲座。讲座由在巴勒斯坦的犹太医生、教师、工程师和建筑家协会、希伯来技术学会（Hebrew Technical Society）和巴勒斯坦东方学会（Palestine Oriental Society）组织。爱因斯坦由希伯来文法中学（Hebrew Gymnasia）和耶路撒冷教师学校的数学教师伊扎克·拉迪赞斯基（Yitzhak Ladizhansky）介绍给听众，受到了热烈的欢迎。他的讲座持续了一个半小时，涉及相对论的要点。"整个耶路撒冷知识界"都出席了。听众中的名流包括比阿特丽斯·米里亚姆·塞缪尔·富兰克林（Beatrice Miriam Samuel-Franklin）女士、哈达萨姆·塞缪尔·格拉索夫斯基（Hadassah Samuel-Grasovsky）、梅纳赫姆·乌西什金、戴维·耶林（David Yellin）、犹大·马格尼斯（Judah L. Magnes）、希伯来语言学者阿哈隆·梅尔·马西（Aharon Meir Masie）、历史学家和希伯来文献学者约瑟夫·克劳斯纳（Joseph Klausner）、犹太复国主义执行委员会教育部主任约瑟夫·卢里（Joseph Lurie）、作家和政论家莫德凯·本·希尔·哈科恩（Mordechai Ben Hillel Hacohen）、多尔姆（Dhorme）神父和鲍里斯·沙茨（Boris Schatz），"以及定居在耶路撒冷的各种民族中的最有头脑的一些人"。约450人出席了讲座。大拉比受到了邀请，但并未出席（见《每日邮报》，1923年2月15日；以及《国土报》和《巴勒斯坦周刊》，1923年2月16日）。请柬"并没有一个欧洲（更别说德语）字母，而只用希伯来语印刷"，这无疑在德国外交圈中引起了一些恼怒。虽然受到了这些指责，但讲座还是取得了巨大的成功："蜂拥而至的人特别多，使得大门在原定时间的15分钟前就已被迫关上了。听众混杂：英国人、法国人和美国

---

① Aleph 和 Beth 是希伯来文的头两个字母的发音。

人等；天主教徒、新教徒和圣殿骑士，而大部分是犹太人。在战后，这是人们第一次在耶路撒冷看到一个如此大的聚会，那些人前来，是为了聆听一位德国教授的德语报告"；见Presse-korrespondenz des Deutschen Auslands-Instituts Stuttgart，1923年3月21日GyBPAAA/R 64677]）。在巴勒斯坦的犹太医生协会的证书中由耶路撒冷的眼科医生亚伯拉罕·阿耳伯特·蒂乔（Abraham Albert Ticho, 1883—1960）颁发给爱因斯坦（见《国土报》，1923年2月16日）。

257.爱因斯坦夫妇在2月13日返回了高级专员官邸（见《巴勒斯坦周刊》，1923年2月16日）。

258.弗里德里希·基希在他的日记中提到了离别："在耶路撒冷站为爱因斯坦送行；请他让我们知道，他是否在他的旅途中观察到了我们做了任何他觉得我们不应该做的事，或者我们是否漏了我们应该做的事。他回答：'Ramassez plus d'argent（请筹更多的钱）'"（见Kisch 1938, p. 31）。

259.马克斯·（莫迪凯）·穆希利（Max [Mordechai] Mouschly, 1874？—1950？），商人，犹太社区领袖和在塞得港的犹太复国主义官员（参见Ne'eman 2001, p. 31）。

260.费迪南德·得·利塞普斯（Ferdinand de Lesseps, 1805—1894）是监督苏伊士运河建造的法国外交官。他的雕像立在塞得港的运河入口。

261.西莉亚·穆希利-图克尔（Celia Mouschly-Turkel, 1875?—1960）。有关爱因斯坦表达他对穆利夫妇照顾爱尔莎的感激的话，请参阅爱因斯坦1923年2月14日至15日致穆利夫妇，《爱因斯坦全集》第十三卷（CPAE 2012）未刊文献摘要一览表，521。

262.东方船运公司（Orient Line）皇家邮政船"霍尔木兹"（RMS Ormuz）号。该船最初作为北德意志劳埃德（Norddeutscher Lloyd）船务公司的"齐伯林"号蒸汽邮轮（S.S. Zeppelin）于1914年建造。它于1920年由东方船运公司购买并更名，并沿伦敦和布里斯班之间的航线航行。1927年，它又回归北德意志劳埃德所有，并更名为"德累斯顿"号蒸汽邮轮（S.S. Dresden）。1934年，在纳粹邮轮组织"通过喜乐获得力量"（"Kraft durch Freude"）的邮轮首次航行中，它在挪威的卡姆（Karmøy）岛上搁浅，最终被报废。

263.根据德国媒体报道，法国入侵军队广泛关押在鲁尔区的公务员、警察和商人，并判定他们有罪［见《柏林日报》（Berliner Tageblatt），1923年2月16日，晨报］。

264.相似的厄运落到了爱因斯坦夫妇的身上：在塞得港，五件行李留在了"榛名丸"号上。事务长告诉他们，法国海关官员拒绝他们的行李登陆马赛。它们因此被运往阿姆斯特丹（见1923年2月26日日本邮轮公司致爱因斯坦，《爱因斯坦全集》第十三卷（CPAE 2012）未刊文献摘要一览表，528）。

265.爱因斯坦在土伦登陆，并乘火车经马赛前往巴塞罗那。媒体报道说，他在新加坡时就发出了他计划抵达西班牙的确认信息，但没有事先通知精确时间。因此，他在晚上抵达巴塞罗那的站台时，无人迎接（见爱因斯坦1923年2月23日或24日致埃斯特夫·泰拉达斯［Esteve Terradas］，《爱因斯坦全集》第十三卷［CPAE 2012］未刊文献摘要一览表，527和Roca Rossell 2005, p. 29）。根据德国驻巴塞罗那总领事，他访问的最终确认在他抵达的前一天才被收到，并且没有说明精确日期。加泰罗尼亚媒体对爱因斯坦在巴塞罗那的最初停留的报道互相矛盾。根据一份报道描述，他在抵达克科隆酒店（Hotel Colón）前先去了埃斯特夫·泰拉达斯家（见《加泰罗尼亚之声》［La Veu de Catalunya］，1923年2月24日）。与之相反，另一份报道声称他去了一家不起眼的小旅馆"四国"旅馆（Cuatro Naciones）。据说店主试图说服他待在丽兹酒店（Ritz Hotel），在那里已经为他订好了一个房间（见《辩论报》*El Debate*]①，1923年2月25日；乌尔里希·冯·哈塞尔致外交部，1923年2月26日 GyBPAAA/R 64 677]；以及 *Sallent del Colombo and Roca Rossell 2005*, p. 74）。

埃斯特夫·泰拉达斯（Esteve Terradas, 1883 — 1950）是巴塞罗那大学的声学和光学教授，巴塞罗那皇家科学与艺术学院（Barcelona Royal Academy of Sciences and the Arts）院士，加泰罗尼亚研究学院（Institut d'Estudis Catalans）科学分部创始人和狭义相对论在西班牙最早的传播者之一（见 *Glick 1988*, pp. 32 — 38 和 *Roca Rossell 2005*, p. 28）。拉斐尔·坎帕兰斯（Rafael Campalans, 1887 — 1933）是巴塞罗那工业学校（Industrial School of Barcelona）校长，工程师出身的加泰罗尼亚工团组织主义政治家。卡西米罗·拉娜-萨拉特（Casimiro Lana-Sarrate, 1892 —？），巴塞罗那电力与应用力学研究所的化学家。可能是伊尔莎·冯·哈塞尔（Ilse von Hassell, 1885 — 1982），德国驻巴塞罗那总领事乌尔里希·冯·哈塞尔（1881 — 1944）的妻子和海军上校阿尔弗雷德·冯·蒂尔皮茨（Alfred von Tirpitz, 1849 — 1930）的女儿。

"食堂"（Refectorium）是在兰巴拉中心区（Rambla del Centre，巴塞罗那的主要步行街的一部分）的一家餐馆，经常有加泰罗尼亚民族主义政治家光顾（见 *Glick 1988*, p. 117）。

爱因斯坦在巴塞罗那时，在巴塞罗那的加泰罗尼亚研究学院进行了一个关于相对论的系列讲座，一共有三次。讲座在省议会大厦（Diputació）会议室（Sala d'Actes）进行，由联邦（Mancomunitat）加泰罗尼亚地区当局赞助。讲座系列的票价为每次25比塞塔。在报告厅中显眼地展示着加泰罗尼亚民族主义者的标志。第一次和第二次讲座定位于受过科学教育的听众，第三次打算只为专家进行。听众们给予了爱因斯坦"极其热烈的欢迎和大声鼓掌感谢"（见乌尔里希·冯·哈塞尔[Ulrich von Hassell] 致外交部，1923年2月26日 [GyBPAAA/R 64 677]）。2月24日，第一次讲座在晚上7点进行，涉及狭义相对论。报告厅挤得满满的，没有足够的位置给所有受邀者（见《加泰罗尼亚之声》[*La Veu de Catalunya*]，1923年2月20日；*La Vanguardia*，1923年2月28日）。

2月25日，爱因斯坦夫妇参观了位于巴塞罗那以西约80千米的波夫莱特西多会罗马修道院（Cistercian Romanesque Monastery of Poblet）。陪同他们的有：贝尔纳特·拉萨莱塔-佩林（Bernat Lassaleta i Perrin），工业学院的化学教授；文图拉·加索尔（Ventura Gassol），一位加泰罗尼亚记者和民族主义政治家；以及其他人。爱因斯坦在留言簿上签名。他还游览了附近的小镇弗朗科利河畔埃斯普吕加（L'Espluga de Francoli）（见 *Glick 1988*, p. 117）。有关旅行的照片，请参见插图27。

2月26日，爱因斯坦游览了塔拉萨（Terrassa），它位于巴塞罗那西北方向约30千米处，有一个著名的长方形廊柱大厅式教堂（basilica）。陪同他的有加泰罗尼亚联邦主席，建筑师何塞普·普伊赫-卡达法尔奇（Josep Puig i Cadafalch）。下午5点，他在泰拉达斯（Terradas）的陪同下正式拜访了巴塞罗那大学校长巴伦廷·卡鲁利亚（Valentin Carulla）、大学秘书长卡洛斯·卡列哈-博尔哈-塔留斯（Carlos Calleja y Borja-Tarrius）、化学教授西蒙·比拉·本

① 1910年至1936年在马德里出版的西班牙天主教报纸，当时西班牙最有影响的天主教报纸。

德雷利（Simon Vila Vendrell）以及物理学教授爱德华多·阿尔科贝（Eduardo Alcobe），后者同时也是皇家学院主席（见 *Glick 1988*，pp. 117—118）。他还接待了一位来自旅游景点协会（Sociedad de Atracción de Forasteros）的拜访者，这人送给他一本关于巴塞罗那的画册。晚上7点，他在一个拥挤的礼堂进行有关广义相对论的第二次相对论系列讲座。他在讲座后和何塞普·普伊赫-卡达法尔奇在丽兹酒店进行私人会餐。代理市长恩里克·梅内斯（Enric Maynés）也出席了晚宴，坎帕兰斯可能也出席了（见 *Roca Rosell 2005*，p. 30；以及 *Sallent del Colombo and Roca Rossell 2005*，p. 74）。

2月27日，爱因斯坦参观了两个革新性的学校：海洋学校（Escola del Mar），这是一个为身体残疾的孩子建的学校，建于1922年；以及拜克斯拉党学校集团（Grupo Escolar "Baixeras"）[①]。中午在巴塞罗那市政厅（Consell de Cent del Ayuntamiento）举行了一个欢迎会。代理市长恩里克·梅内斯用加泰罗尼亚语正式欢迎爱因斯坦，爱因斯坦还被授予了"贵宾"（"huésped ilustre"）的身份。市长赞扬了爱因斯坦的科学天赋、他的道德与和平主义。爱因斯坦在回应中，为了这座城市的热情欢迎而感谢市长，并为市长的演讲显露了一种要改善政治和民族话语的心愿而高兴（见《加泰罗尼亚之声》[*La Veu de Catalunya*]，1923年2月28日，晨报）。根据另一个报道，他祝愿巴塞罗那成为"一种将克服每种政治和个人仇恨的新人类群落"（ *Diario de Barcelona*，1923年2月28日）；英文译本来自 Glick 1988，p. 113；以及乌尔里希·冯·哈雷尔致外交部，1923年2月26日[GyBPAAA/R 64 677]。晚上，爱因斯坦在巴塞罗那皇家科学与艺术学院（Real Academia de Ciencias y Artes de Barcelona）做了一个讲座，内容涉及相对论的哲学影响和有限宇宙的宇宙论含义。相比面向大众的讲座，这次的听众更有限。一位天文学家和相对论的反对者约瑟普·科马斯·索拉（Josep Comas Solà）是出席者之一，他明显地表现出不喜欢爱因斯坦的讲座（见《辩论报》，1922年3月2日）。3月6日，贝尔纳特·拉萨莱塔-佩林、数学家费兰·塔莉亚达（Ferran Tallada）和物理学家拉蒙·哈尔迪（Ramon Jardí）以及托马斯·埃斯克里切·米格（Tomàs Escriche i Mieg）提名爱因斯坦为科学院物理科学部的通讯会员（官方提名见 ES-BaACA Archives，"Prof. Einstein y la Reial Acadèmia de Ciències i Arts de Barcelona"，1923年3月6日，文件4）。演讲结束后，爱因斯坦在丽兹酒店接待了一个来自全国劳工联合会（anarcho-syndicalist Confederación Nacional del Trabajo，CNT）的代表团。他们陪同爱因斯坦前往他们位于下圣佩雷（Baixa de Sant Pere）的总部。代表团里有两位全国劳工联合会的杰出领袖，安赫尔·佩斯塔尼亚（Angel Pestaña）和若阿金·毛林（Joaquín Maurín）。佩斯塔尼亚在会上介绍了爱因斯坦。爱因斯坦对西班牙的高文盲率表示惊讶（佩斯塔尼亚引用了这点），并说引起这种压迫的，与其说是邪恶，不如说是愚蠢。他敦促工人阶级去读斯宾诺莎（Spinoza）。一些报道还宣称爱因斯坦对佩斯塔尼亚说："我也是一名革命者，不过是在科学领域中。我关心社会问题，其他科学家也一样，因为它们组成了在人类生活中最有趣的方面之一"（见《洪水报》[*El Diluvio*]和《普世新闻报》[*El Noticiero Universal*]，1923年2月28日；以及 *Glick 1988*，pp. 108—109）。这一引用在西班牙和国际报道中被广泛传播。但爱因斯坦随后

---

① 建于1917年至1922年之间的一所著名的学校建筑，有三个立面和一个斜角。

在接受西班牙报纸《阿贝赛报》（ABC）[①]的一位记者采访时，强烈否认了这一言论，声明：
"我说的是，我并不是一名革命者，甚至在科学领域中也不是……"（"Dije que no soy
revolucionario, ni siquiera en el terreno científico ..."；《阿贝赛报》，1923 年 3 月 2 日；*Glick
1988*, pp. 109 — 112；以及 *Turrión Berges 2005*, p. 47）。晚上，坎帕兰斯（Campalans）为爱
因斯坦主持了一个告别宴。知名的出席者有泰拉达斯和说德语的加泰罗尼亚民族主义政治
家米克尔·比达尔-瓜迪奥拉（Miquel Vidal i Guardiola）。菜单用"相对论的拉丁语"书
写，包含对爱因斯坦的理论，提及了其他被认为为相对论铺路的物理学家（见《公众信息
报》[*La Publicitat*], 1923 年 2 月 28 日；*Glick 1988*, pp. 120 — 121；以及 *Sallent del Colombo
and Roca Rossell 2005*, p. 72）。

2 月 28 日，爱因斯坦作为巴塞罗那工学院（Escola Industrial de Barcelona）的嘉宾参观了它。
这所学校有着明显的促进教育和技术的社会主义倾向。接待爱因斯坦的东道主就是学校校
长拉斐尔·坎帕兰斯（Rafael Campalans）。爱因斯坦看了一场由"舞蹈摇滚"（La Penya de
la Dansa）剧团出演的萨尔达纳舞（*sardana*）（一种加泰罗尼亚民族舞蹈），还被赠送了唱片，
可能是萨尔达纳舞的音乐。他随后游览了巴塞罗那港。晚上 7 点，他进行了相对论系列讲座
的第三场讲座，涉及最近在相对论中的问题（见《加泰尼亚之声》[*La Veu de Catalunya*],
1923 年 3 月 1 日；*Glick 1988*, pp. 119 — 120；以及 *Roca Rossell 2005*, p. 30）。

266. 爱因斯坦在 2 月 22 日 — 28 日的条目后，留下了一整页和下一页十八行的空白。

267. 埃斯特夫·泰拉达斯（Esteve Terradas）。乌尔里希·冯·哈塞尔（Ulrich von Hassell）和他
的妻子伊尔莎·冯·哈塞尔（Ilse von Hassell-Tirpitz）。

爱因斯坦在 3 月 1 日早上乘坐火车离开巴塞罗那。根据哈塞尔的报告，爱因斯坦在巴塞罗那出
现时，身份"总是作为一个德国人，而非一个瑞士人"（"stets als Deutscher, nicht als Schweizer
in Erscheinung trat"；乌尔里希·冯·哈塞尔致外交部，1923 年 2 月 26 日 [GyBPAAA/R 64
677]）。

爱因斯坦在 3 月 1 日晚上 11 点半抵达马德里的正午车站（Mediodía Station）。一大群人来欢
迎他。他受到了两个官方代表团的欢迎，一个来自马德里中央大学（Universitad Central de
Madrid）理学院，另一个来自医师学院。大学代表团由电磁学教授布拉斯·卡布雷拉（Blas
Cabrera, 1878 — 1945）带领，他也是工业和艺术宫（Palace of Industry and the Arts）的物理
研究实验室主任。代表团的其他成员是天文学家佩德罗·卡拉斯科（Pedro Carrasco）和数
学家弗朗西斯科·贝拉（Francisco Vera）以及约瑟夫·玛丽亚·普兰斯（Josep Maria
Plans）。医生代表团由解剖学家胡利安·卡列哈（Julián Calleja）带领。爱因斯坦也受到了
德国大使、德意志协会成员和新闻界成员的欢迎。在简短的引见后，爱因斯坦和尤利乌
斯·（尤利奥）科赫尔塔勒（Julius [Julio] Kocherthaler, ? — 1927），以及他的妻子莉
娜·科赫尔塔勒-埃登菲尔德（Lina Kocherthaler-Edenfeld）去皇宫酒店（Palace Hotel）。尤
利乌斯是西班牙矿业总公司（General Spanish Mining Company）的联合创始人，也是爱因

---

① 《阿贝赛报》，亦译《ABC 报》，西班牙发行量最大的西班牙文早报。是西班牙第三大报，
也是马德里最古老的报纸。它与《国家报》（*El País*）、《世界报》（*El Mundo*）都被认为是
西班牙的重要报纸。

344

斯坦和弗里茨·哈伯（Fritz Haber）的远亲。

3月2日早上，科赫尔塔勒夫妇开车带着爱因斯坦夫妇在马德里观光。爱因斯坦和卡布雷拉（Cabrera）在他的物理研究所实验室待了一天。晚上，爱因斯坦夫妇在阿波罗剧院（Teatro Apolo）观看了一个名为《无人区》（*Tierra de nadie*）的音乐剧（见《辩论报》，1923年3月2日和3日；以及《观点报》[La Voz]、《先驱报》[*La Vanguardia*]，1923年3月3日；恩斯特·朗韦特·冯·西默恩［Ernst Langwerth von Simmern］致外交部，1923年3月19日［GyBPAAA/R 64 677 ］；以及 *Glick 1988*，pp. 123—124 ）。

268. 爱因斯坦游览过三次普拉多美术馆（Prado），在3月3日是第一次。然后他在市政厅受到了马德里市长Joaquín Ruiz-Giménez的欢迎。爱因斯坦在中央大学的物理礼堂总共发表了三次演讲。所有演讲的"参加者甚众"。他在下午6点发表了他的第一次演讲，主题是狭义相对论（参见"马德里大学的演讲"，《爱因斯坦全集》第十三卷［*CPAE 2012*］附录H）。出席的有数学家、物理学家、哲学家和政治家，包括前首相安东尼奥·毛拉（Antonio Maura）、前外长阿马利奥·希梅诺（Amalio Gimeno）和公共教育部长若阿金·萨尔瓦特拉（Joaquín Salvatella）。佩德罗·卡拉斯科（Pedro Carrasco）向听众介绍了爱因斯坦。讲座后，医师学院在皇宫酒店主持了一个宴会。晚宴由学院院长伊格纳西奥·鲍尔（Ignacio Bauer）和学院创始人托里维奥·苏尼加（Toribio Zúñiga）组织。出席宴会的有科学院院长何塞·罗德里格斯·卡拉西多（José Rodriguez Carracido）和知名的马德里医生，其中包括为西班牙犹太人而战的安吉尔·普利多（Angel Pulido）（见《辩论报》和《自由报》[1]，1923年3月4日；恩斯特·朗沃特·冯·西默恩致外交部，1923年3月19日［GyBPAAA/R 64677 ］；以及 *Glick 1988*，pp. 124—126 ）。鲍尔也是"巴勒斯坦筹资基金会"[2]的西班牙联合会主席，该联合会计划举行一个欢迎会，以此表示对爱因斯坦的敬意（见犹太复国主义组织执行委员会［Zionist Organisation's Executive Committee ］秘书致奥尔特加［ M. L. Ortega]，1923年3月16日［ IsJC- ZA/KH 1 / 193]）。

269. 阿方索十三世（King Alfonso XIII, 1886—1941 ）。何塞·罗德里格斯·卡拉西多，皇家精确科学、物理和自然科学院主席和中央大学校长。卡拉西多简短地谈了科学的三层结构。他称相对理论是典型的最高一层，即纯理论（他的演讲副本见 *Discursos 1923*，pp. 23—25 ）。知名的出席者有若阿金·萨尔瓦特拉（Joaquín Salvatella ）、伊格纳西奥·鲍尔（Ignacio Bauer ）、数学家塞西利奥·吉内斯·鲁达（Cecilio Jiménez Rueda ）和爱德华·托罗哈（Eduard Torroja ）、工程师莱昂纳多·托雷斯－奎韦多（Leonardo Torres y Quevedo ）和尼古

---

[1] 《自由报》（*El Liberal* ）是1879年至1936年间在马德里出版的报纸，是西班牙王政复辟时期最重要的报纸之一。

[2] "巴勒斯坦筹资基金会"（Keren Hayesod，亦称 Keren haYesod 或 Keren Hajessod）是为了回应1917年的《贝弗尔宣言》，在1920年7月7日至24日在伦敦举行的世界犹太复国主义大会上宣告成立的，目的是为犹太复国主义运动提供犹太人返回以色列土地所需的资源。20世纪20年代，"巴勒斯坦筹资基金会"帮助筹集资金建立耶路撒冷希伯来大学和各种实体项目。1926年，"巴勒斯坦筹资基金会"将其总部从伦敦迁至耶路撒冷。以色列立国后，它变成其在世界各地（美国除外）的官方筹款组织，在45个国家开展活动。

拉斯·德·乌加特（Nicolás de Ugarte）、地质学家爱德华多·埃尔南德斯·帕切科（Eduardo Hernández Pacheco）以及动物学家伊格纳西奥·玻利瓦尔（Ignacio Bolívar）（见《阿贝赛报》，《公正报》[El Imparcial]和《太阳报》[El Sol]，1923年3月6日；以及 Glick 1988, pp. 126—127）。Cabrera评价了爱因斯坦的科学成就（他的演讲副本见 Discursos 1923, pp. 7—15）。关于爱因斯坦的回应，见 Einstein 1923a。阿方索国王在爱因斯坦演讲后授予他一个证书，确认他为科学院通讯会员。该证书见"西班牙科学院文凭"，1923年3月4日，《爱因斯坦全集》第十三卷（CPAE 2012）未刊文献摘要一览表，531。萨尔瓦特拉在他的演讲中向爱因斯坦提出"万一家乡[德国]的时局使他暂时不可能继续研究时，西班牙会慷慨地提供政府财政支持！"见恩斯特·朗韦特·冯·西默恩致外交部，1923年3月19日[GyBPAAA/R 64 677]和 Glick 1988, pp. 126—129。有关该场合的照片，请参见插图28。

270. 德·维拉维耶哈（de Villavieja）侯爵夫人，彼得罗尼拉·得·萨拉曼卡-赫尔塔多·德·扎尔迪瓦（Petronila de Salamanca y Hurtado de Zaldívar）夫人（1869—1951）主持了一个"荣誉茶会（tea of honor）"。许多马德里知识分子和贵族出席，包括：布拉斯·卡布雷拉（Blas Cabrera）、何塞·罗德里格斯·卡拉西多（José Rodriguez Carracido）和若阿金·萨尔瓦特拉（Joaquín Salvatella）；哲学家何塞·奥尔特加-加塞特（José Ortega y Gasset, 1883—1955）和曼努埃尔·加尔达·莫雷特（Manuel García Morente）；作家米格尔·阿苏阿（Miguel Asúa）、何塞·玛丽亚·萨拉维拉（José Maria Salaverría）和拉蒙·戈麦斯·德拉塞尔纳（Ramón Gómez de la Serna）；神经学者贡萨洛·拉福拉（Gonzalo R. Lafora）和何塞·萨克利斯顿（José M. Sacristán）；医生和科学家格雷戈里奥·马拉尼翁（Gregorio Marañon）、德国古生物学家胡戈·奥伯迈尔（Hugo Obermaier）以及德·伊扎子爵（Vizconde de Eza）路易斯·德·马尔查拉尔-蒙雷亚尔（Luis de Marchalar y Monreal），他是西班牙研究促进委员会（Spanish Board for the Advancement of Research）的一位托管人。在茶会上，爱因斯坦和小提琴手安东尼奥·费尔南德斯·博达斯（Antonio Fernández Bordas）即兴举行一场"私人音乐会"（见《阿贝赛报》，1923年3月6日和10日；以及 Glick 1988, pp. 129—131）。

271. 爱因斯坦在这里可能使用"天主教徒"（Catholic）一词来表示"禁欲主义者的"。

272. 数学协会在下午举行了一次特别会议。有关其内容的描述，见 Glick 1988, pp. 132—134。库诺·科赫尔塔勒（Kuno Kocherthaler, 1881—1944）是爱因斯坦的远亲，西班牙综合矿业公司的联合创始人，也是一位艺术收藏家。晚上8点半，爱因斯坦拜访了组织学家、心理学家和诺贝尔奖得主圣地亚哥·拉蒙-卡哈尔（Santiago Ramón y Cajal, 1852—1934）。爱因斯坦在马德里的第二次演讲涉及广义相对论，在中央大学进行（见《公正报》，1923年3月6日；《自由报》，1923年3月8日；以及 Glick 1988, pp. 135—136）。有关讲座的内容，请参见"马德里大学的讲座"，《爱因斯坦全集》第十三卷（CPAE 2012）附录H。可能是威廉·（吉列莫①）福格尔[Wilhelm（Guillermo①）Vogel]，一位在西班牙-德国银行的同事。

273. 陪同爱因斯坦夫妇前往托莱多旅行的有：尤利乌斯（尤利奥）和莉娜·科赫尔塔勒；库诺·科赫尔塔勒和他的妻子，艺术史家玛丽亚·路易莎·卡祖拉（Maria Luisa Cazurla）；奥

---

① Guillermo 是 Wilhelm（威廉）在西班牙语中的对应词。

尔特加－加塞特（Ortega y Gasset）；以及可能作为向导的艺术史家曼努埃尔·B.科西奥（Manuel B. Cossio）。他们游览了圣克鲁斯医院（Hospital de Santa Cruz）、则卡多瓦广场（Plaza de Zocodover）、托莱多圣玛利亚主教堂（Cathedral of Saint Mary of Toldeo）、中世纪的圣母升天和圣母玛利亚犹太教堂（Tránsito and Santa María la Blanca synagogues）以及塔霍河（Tagus River），还有圣托姆教堂（church of Santo Tomé），他们在那里观赏了埃尔·格列柯（El Greco）的《奥尔加斯的葬礼》（见《阿贝赛报》，1923年3月7日；*Glick 1988*, pp. 136－138；而奥尔特加的叙述见《国家报》（*La Nación*），1923年4月15日）。

274.中午，在马德里皇宫，卡拉西多陪同爱因斯坦出现在听众面前。皇太后是来自奥地利的玛利亚·克里斯蒂娜（Maria Christina of Austria, 1858－1929）。有关爱因斯坦与观众见面的邀请，请参见1923年3月6日胡安·法尔科－特里乌尔齐奥（Juan Falcó y Trivulzio），卡斯特尔·罗德里戈侯爵（Marques de Castel-Rodrigo）致爱因斯坦，见《爱因斯坦全集》第十三卷（*CPAE 2012*）未刊文献摘要一览表，534。来自巴腾堡（Battenberg）的维多利亚·欧根妮（Victoria Eugenie）王后，正在探望她那在西班牙南部的阿尔赫西拉斯（Algeciras）的母亲，因而缺席。这天更早的时候，一群工程学生会见爱因斯坦，并邀请他去工程师和建筑师校友会演讲。他答应第二天去（见《阿贝赛报》，1923年3月8日；以及 *Glick 1988*, p. 138）。

爱因斯坦的第三次演讲，涉及由相对论和他对统一场的研究引起的问题，在中央大学进行。有关演讲的内容，请参见"马德里大学的讲座"，《爱因斯坦全集》第十三卷（*CPAE 2012*）附录H。一名记者估计听懂演讲的听众甚至不足五分之一。军队的高级代表出席了演讲，包括工程师埃米利奥·埃雷拉（Emilio Herrera）和若阿金·德拉拉维（Joaquín de La Llave）（见《辩论报》、《公正报》和《自由报》，1923年3月8日；以及 *Glick 1988*, pp. 138－139）。德国大使是恩斯特·朗韦特·冯·西默恩（1865－1942）。有关邀请，请参见恩斯特·朗韦特·冯·西默恩1923年3月3日致爱因斯坦，《爱因斯坦全集》第十三卷（*CPAE 2012*）未刊文献摘要一览表，530。接待会在德国大使馆举行。110位宾客出席，包括卡拉西多·布拉斯·卡布雷拉（Blas Cabrera）、曼努埃尔·加西亚·莫雷特（Manuel García Morente）、教育家玛丽亚·德·梅兹图（María de Maetzu）[①]和许多医生，其中有弗洛雷斯塔·阿吉拉尔（Florestán Aguilar）、朱利安·卡里亚（Julián Calleja）、特奥菲洛·埃尔南多（Teófilo Hernando）、古斯塔沃·皮塔卢加（Gustavo Pittaluga）和中央大学医学院院长和德意志协会成员塞巴斯蒂亚·雷卡斯（Sebastia Recasens）、古斯塔沃·皮塔卢加（Gustavo Pittaluga）以及塞巴斯蒂亚·雷卡本斯（Sebastiá Recasens）。玛格丽特·冯·西默恩－罗滕贝格（Margarete von Simmern-Rottenburg）和尤利亚妮·冯·西默恩（Juliane von Simmern 1910－?）。"在人们的记忆中，没有一个外国学者在西班牙首都受到了如此热情而非凡的接待"（见《阿贝赛报》，1923年3月8日；恩斯特·朗威斯·冯·西默致外交部，1923年3月19日 [GyBPAAA/R 64 677]；以及 *Glick 1988*, p. 139）。

275.荣誉博士学位是由马德里中央大学在上午11点开始的一个传统仪式上颁发的。有关学位证书，请参见"荣誉博士学位文凭，1923年3月8日"，《爱因斯坦全集》第十三卷（*CPAE 2012*）

---

① 玛丽亚·德·梅兹图（María de Maetzu，1882—1948），西班牙教育家、女权主义者。原文此处误拼为 María de Meatzu。

未刊文献摘要一览表，539。参见插图30。首先，约瑟夫·玛丽亚·普兰斯（Josep Maria Plans）宣读了爱因斯坦的生平介绍。有关爱因斯坦简短演讲的文本，请参阅"马德里大学荣誉博士学位演讲"，1923年3月8日，《爱因斯坦全集》第十三卷（*CPAE 2012*）附录I。接下来是几个学生的演讲。大使用西班牙语发表了一个演讲，涉及德国和西班牙间的文化关系史（演讲文本，参见GyBAr［B］/Band 501, Deutsche Botschaft Madrid［德国驻马德里大使馆］, Vorgang Einstein［爱因斯坦档案］。也见恩斯特·朗韦特·冯·西默恩致外交部，1923年3月19日GyBPAAA/R 64 677］；*Glick 1988*, p. 140；以及 *Sánchez Ron and Romero de Pablos 2005*, p. 65）。

爱因斯坦在中午12点半访问了工程师和建筑师校友会，这是天主教艺术和工业学院（Catholic Institute of Arts and Industries）的校友会。爱因斯坦用法语发表了一个简短演讲，涉及宇宙的有限本质（见《阿贝赛报》和《新闻报》［El Noticiero］，1923年3月9日；以及 *Glick 1988*, pp. 141—142）。西班牙经济发展部副部长出席了他的演讲。爱因斯坦被选为校友会的荣誉会员（关于证书，请参见"欧洲铝业与建筑工程师协会"1923年3月5日致爱因斯坦，《爱因斯坦全集》第十三卷［*CPAE 2012*］未刊文献摘要一览表，532）。下午6点，爱因斯坦的第四次演讲在"马德里图书馆"（Madrid Athenaeum）进行。这是一个文学-科学俱乐部和国立大学。它的主题是相对论的哲学影响，由内分泌学家格雷戈里奥·马拉尼翁（Gregorio Marañon）主持。海洋生物学家奥登·德·布恩（Odón de Buen）介绍了爱因斯坦，他建议他们的客人去领导一西班牙-墨西哥联合科学考察，去观测即将在墨西哥到来的日食（见《观点报》［La Voz］，1923年3月9日；以及 *Glick 1988*, pp. 142—143）。爱因斯坦的演讲见《阿贝赛报》和《马德里先驱报》（El Heraldo de Madrid），1923年3月9日；以及 *Glick 1988*, pp. 143—144。马德里音乐学院院长是安东尼奥·费尔南德斯·博尔达斯（Antonio Fernandez Bordas, 1870—1950）。

276. 爱因斯坦夫妇参观了古老的皇宫宫殿和埃斯科里亚尔（El Escorial）修道院，位于马德里西北约45千米处；以及小镇曼萨纳雷斯-埃尔雷亚尔（Manzanares el Real）上的门多萨古堡（Castle of the Mendoza），位于马德里西北约60千米处。下午6点，爱因斯坦出席了在"学生公寓"（Residencia de Estudiantes）——在中央大学的住宿学院——为他举办的公众致敬会。奥特加-加塞特（Ortega y Gasset）在他的发言中，详细说明了爱因斯坦在西方文化的科学领域中的作用，并将他与牛顿和伽利略相比。他还说他把相对论看作一种新文化的种子（见《太阳报》，1923年3月10日；*Glick 1988*, pp. 144和161—163；以 及 *Sánchez Ron and Romero de Pablos 2005*, p. 53）。爱因斯坦在他的回应中，努力贬低自己理论创新的重要性，说他"与其是一名革新者，不如是一名传统主义者"。据他还说，"相对论并没有改变任何事，而是调和了通常方法无法调和的事实"（参见《太阳报》［El Sol］，1923年3月10日）。

277. 迭戈·委拉斯开兹（Diego Velázquez, 1599—1660）。埃尔·格列柯（El Greco, 1541—1614）。威廉·乌尔曼（Wilhelm Ullmann），在马德里的德意志银行行长，以及锡拉·乌尔曼·埃克沃尔（Thyra Ullmann-Ekwall, 1881—1982），一位在瑞典出生的画家。与恩斯特·朗韦特·冯·西默恩共进午餐的请帖，请参阅恩斯特·朗韦特·冯·西默恩1923年3月3日致爱因斯坦，《爱因斯坦全集》第十三卷（*CPAE 2012*）未刊文献摘要一览表，530。

278. 弗朗西斯科·戈雅（Francisco Goya, 1746—1828）、拉斐尔·桑蒂（Raffaello Santi,

1483—1520）和安杰利科科修士（Fra Angelico，约1395—1455）。

279. 下午3点，萨拉戈萨大学物理学家杰罗尼莫·维奇诺（Jerónimo Vecino）率领一个代表团在萨拉戈萨站欢迎爱因斯坦，他也是提议这次访问的人。来者还有大学校长里卡多·罗约·维拉诺娃（Ricardo Royo-Villanova）和大学秘书长伊诺森西奥·希门尼斯（Inocencio Jimenez）；化学家安东尼奥·德·格雷戈里-罗卡索拉诺-图尔莫（Antonio de Gregorio-Rocasolano y Turmo）和医学系的教授们；德国领事古斯塔夫·弗罗伊登塔尔（Gustav Freudenthal）和他的女儿；市长巴西洛·费朗德斯·米拉格罗（Basilio Ferrandez Milagro）；以及公共建设工程主任米格尔·曼特孔（Miguel Mantecón）。爱因斯坦刚一抵达，便被市长的车带到了宇宙四国酒店（Hotel Universo-Cuatro Naciones）（见 *Sánchez Ron and Romero de Pablos 2005*，p. 119）。

爱因斯坦在萨拉戈萨做了两次演讲，都是用法语在医学和科学学部的礼堂进行的。第一次演讲是关于狭义相对论，在3月12日下午6点进行。大厅里座无虚席。罗卡索拉诺（Rocasolano）在报告后表示他对爱因斯坦的钦佩，并赞扬了正在萨拉戈萨进行的基于爱因斯坦理论的研究。萨拉戈萨精确科学院秘书洛伦佐·帕尔多（Lorenzo Pardo）随后授予爱因斯坦通讯会员的头衔。

有关证书，请参见"萨拉戈萨精确科学、物理化学和自然科学研究院1923年3月13日颁发证书（Diploma of the Academia de ciencias exactas, fisico- quimicas y naturales de Zaragoza），《爱因斯坦全集》第十三卷《CPAE 2012》未刊文献摘要一览表，544。晚上，为了向爱因斯坦致敬，在德国领事馆举行了一场晚宴。

3月13日，爱因斯坦最初计划于上午11点半进行在萨拉戈萨的第二次演讲。他计划随后前往毕尔巴鄂，以便在巴斯克研究协会（Society for Basque Studies）演讲。但在毕尔巴鄂的演讲被取消了，而萨拉戈萨的第二次演讲被改期在下午6点。因此在3月13日的早上，爱因斯坦便有时间浏览萨拉戈萨。他参观了圣柱圣母圣殿主教座堂（Basilica-Cathedral of our Lady of the Pillar），拉赛欧教堂（La Seo Cathedral）和中世纪的商品交换场所 Lonja（市集），以及晨曦中的阿尔费哈里亚宫（Aljafería Palace）。下午1点，午宴在"商业中心"（Centro Mercantile）进行，科学院邀请了一群杰出的大学教授出席。语言学者多明戈·米拉尔（Domingo Miral）主持了宴会，发表了一个简短讲话，在发言中赞赏了爱因斯坦。爱因斯坦在答谢中说，"到目前为止，我只在萨拉戈萨才感受到了西班牙灵魂的跳动"（见《阿拉贡先驱报》[*El Heraldo de Aragon*]，1923年3月14日）。另据报道，"他在巴塞罗那和马德里体验到了那些展现出我们个性的艺术的魅力；但正是在萨拉戈萨，他通过欣赏建筑古迹，发现了我们区域地貌的有力和雄辩的表达"。见《新闻报》（*El Noticiero*），1923年3月4日。题为"空间和时间"的第二次演讲的主题为广义相对论。出席的听众少多了。科学学院院长贡萨洛·卡拉米塔（Gonzalo Calamita）介绍了他。爱因斯坦在他的演讲中强调广义相对论的几何特征和它的一些实验证据。他也讨论了统一电和引力的尝试（见 *Sánchez Ron and Romero de Pablos 2005*，p. 122）。理学院向爱因斯坦颁发了荣誉证书（请参阅1923年3月13日萨拉戈萨大学致爱因斯坦，《爱因斯坦全集》第十三卷 [*CPAE 2012*] 未刊文献摘要一览表，545）。讲座后，在德国领事的府邸举行了一场宴会，以此向爱因斯坦致敬。爱因斯坦演奏了小提琴。餐后，爱因斯坦、维奇诺（Vecino）和领事在"总剧院"（Teatro Principal）观看了一

场名为 *La Viejecita*（"小老太太"）的小歌剧。

爱因斯坦在他44岁生日的3月14日早上，参观了Rocasolano的实验室和大学教室，Rocasolano正在研究胶质中的布朗运动。爱因斯坦与政府和大学的各位官员告别。随后他与当时也在访问萨拉戈萨的德国画家埃米尔·绍尔（Emil Sauer）在宇宙酒店（Hotel Universo）共进午餐。在甜点时间，一个舞蹈团表演了西班牙传统舞蹈*jota*（霍塔舞），爱因斯坦对此表现出了巨大的兴趣。此后，他乘火车离开萨拉戈萨前往巴塞罗那。在前往苏黎世前，他在没有任何公共任务的情况下，在巴塞罗那又待了一天（见《阿拉贡先驱报》，1923年3月13日—15日；《新闻报》，1923年3月14日；皮尔格[Pilger]致外交部，1923年3月21日[GyBPAAA/R 64677]；*Glick 1988*, pp. 145—149；以及 *Sánchez Ron and Romero de Pablos 2005*, p. 125）。

其他信件选

1. TLS.[AEA, 36 423].出版于*CPAE 2012*，第十三卷，文件21, pp. 86—87.附于石原纯1922年1月26日致爱因斯坦（*CPAE 2012*，第十三卷，文件40）中。

2. 删除以及新添的"9月"和"10月"都是爱因斯坦手迹。

3. TDS（IsJCZA, A 222 / 165）。

4. 原始邀请信不存在。

5. 今天的雅加达（见本书中的日记内容，注释49和200）。

6. 爱因斯坦似乎早在1921年秋天就计划去巴勒斯坦旅行（参见1921年10月7日哈伊姆·魏茨曼致爱因斯坦，*CPAE 2009*，第十二卷，文档259）。

7. 耶路撒冷希伯来大学。

8. REPT.发于1922年11月3日的《海峡时报》，以及作为附录D在*CPAE 2012*，第十三卷，853页。这篇演讲由爱因斯坦于1922年11月2日在玛纳西·迈耶的居所贝尔维（Belle Vue）所作，11月3日公开发表在《海峡时报》上。

9. 见本书日记，1922年11月2日的条目。

10. 指犹太人。

11. 指耶路撒冷希伯来大学。

12. 指名额条款（*numerus clausus*），东欧大学对犹太人学生的入学限制（参见*Motta 2013*，第53页）。

13. REPT.以德文标题"Plauderei über meine Eindrücke in Japan"发表于《改造》（*Kaizo*）5（1923）：343—338.也收录于*CPAE 2012*，第十三卷，文件391, pp. 605—612.尚存一个手稿（神户大学三宅博[Hiroshi Miyake]71 716），写在抬头是"The Kanaya Hotel Nikko, Japan（日本日光金谷酒店）"的信笺上。他在1922年12月7日访问了日光。

14. 日期是依据日记本中1922年12月7日的内容确立的。

15. 山本实彦是改造社社长。有关他的邀请，请参见本书"其他文件选"部分中的"文本1"。

16. 他于1922年11月17日到达。

17. ALS.［AEA，36 430］。发表于 *CPAE 2012*，第十三卷，文件397，第617—618页。写在抬头"京都都酒店"。

18. "榛名丸"号蒸汽轮船（S.S. Haruna Maru）。

19. 稻垣守克，当时是爱因斯坦的私人翻译。托尼·稻垣（Tony Inagaki）。

20. 这是由"日德协会"在大阪饭店举行的宴会（见本书日记1922年12月11日内容，注143）。

21. 关于爱因斯坦在他日记中对爱尔莎反应的描述，见文件379中的1922年12月11日的条目。

22. ALSX.［EPPA，75 620］。发表于 *CPAE 2012*，第十三卷，文件400，p. 642. 写在"京都都酒店"信笺上。汉斯·阿耳伯特（1904—1973）和爱德华·爱因斯坦（1910—1965）。

23. 在苏黎世的联邦理工学院。1922年12月8日，他注册成为工程学的大一新生（见 "Matrikel für Einstein, Albert, von Zürich, geb. 14. Mai 1904［阿耳伯特·爱因斯坦户口登记簿，来自苏黎世，1904年5月14日出生］" SzZuETH, Diplomarchiv）。

24. 汉斯·阿耳伯特曾要求他父亲带他参加这次旅行（参见汉斯·阿耳伯特1922年6月24日致爱因斯坦，*CPAE 2012*，第十三卷，文件246）。

25. 根据爱因斯坦和米列娃的离婚判决书，如果爱因斯坦获得了诺贝尔奖，扣除40000马克，奖金将作为米列娃的财产存入一家瑞士银行。利息完全随她处置，但她只有在爱因斯坦的同意下才能取出本金（参见1919年2月14日的离婚判决书，*CPAE 2004*，Vol. 9，Doc. 6）。

26. 显然米列娃打算用本金买一所房子。最后她以105000瑞士法郎购得了一所位于苏黎世许腾街（Hüttenstrasse）62号的房子，这笔钱大概相当于19125美元（见 "Kaufvertrag［购买协议］"，1924年5月26日；SzZZA/Heinrich Zangger Estate）。

27. 参加定于1923年春季国际智力合作委员会的下一次会议（见爱因斯坦1922年9月18日致马克斯·韦特海默，*CPAE 2012*，第十三卷，文件362）。

28. 爱德华的绰号。

29. 米列娃·爱因斯坦-马里奇（Mileva Einstein-Marić）。

30. TTrL.（GyBSA, I. HA, Rep. 76 Vc, Sekt. 1, Tit. XI, Teil Vc, Nr. 55, Bl. 158）。出版于 *Steinberg et al. 1967*，p. 269；*Grundmann 2004*，p. 233，和 CPAE 2012，第十三卷，文件402，p. 643. 佐尔夫是德国驻东京大使。

31. 日期由佐尔夫标注。这封信包括在佐尔夫在1923年1月3日提交给外交部的报告（GyBSA, I. HA, Rep. 76 Vc, Sekt. 1, Tit. 11, Teil 5c, Nr. 55, Bl. 157—158）中。

32. 爱因斯坦在本书日记（见1922年12月20日的条目）中提到此事太复杂，发电报说不清楚。

33. 关于马克西米利安·哈登（Maximilian Harden）批评爱因斯坦不在德国的背景，请参阅本书日记，注170。

34. ALSX. 发表于 *Ishiwara 1923*，n. pag.，以及 *CPAE 2012*，第十三卷，文件405，p. 645. EPPA，92 817. 石原在爱因斯坦在东京的科学演讲中曾担任过口译员，他们在爱因斯坦访问日本期间就广义相对论的电磁问题进行了合作（请参阅 *CPAE 2012*，第十三卷，导言，第lxxiv页）。

35. 日期是以爱因斯坦在门司的日子确定的（见本书日记部分）。

36. ALS（JSeTU）。发表在 *Doi, B. 1932*，pp. 11—14. 和 *CPAE 2012*，Vol. 13，Doc.411，pp. 655—656. EPPA，90 965. 有破损。信笺上写着"日本邮船公司'榛名丸'号蒸汽邮轮"（"Nippon Yusen Kaisha S. S. 'Haruna Maru'"）。

351

37. "致伟大的爱因斯坦"（"To the Great Einstein"），1922年12月30日之前（*CPAE 2012*，第十三卷，未刊文献摘要一览表，文件486）。

38. 土井在诗歌中赞扬了爱因斯坦的"不朽的英名"，并将其"天才"与"一颗新出现的彗星"（"a newly emerging comet"）进行了比较（见*Doi, B. 1932*, pp. 5—6）。

39. 土井在他的诗中，批评了日本的"岛国根性"（"insularity"），它对"（西方）外部技术的模仿"以及它"落后（西方）一百年"（见*Doi, B. 1932*, pp. 6—7）。

40. 12月3日，土井给了爱因斯坦一本北斋的木版画画集（见本书日记部分的内容）。

41. *Einstein 1922—1924*。有关爱因斯坦的序言，请参阅*Einstein 1923c*。

42. 土井英一（Doi）。请参阅本书"其他文件选"部分中的文件10。

43. ALS（JSeTU）. [EPPA, 90 964]. 发表于*CPAE 2012*，第十三卷，文件412, p. 657。信件有损坏。这封信寄往"Herrn Bansui Tsuchii 21 Moto-Aramachi Sendai（Japan）[（日本）仙台本荒町21号土井晚翠先生]"，并盖着"Shanghai 3 Jan 1923（上海，1923年1月23日）"的邮戳。英一（1909—1933）是土井晚翠的儿子。

44. 日期是根据本书"其他文件选"部分的文件9中引用本文档的日期确定的。

45. ALSX. [AEA, 122 794].出版于*CPAE 2012*，第十三卷，文件414, p. 658。山本美是山本实彦的妻子。

46. 日期以本书日记部分1922年12月30日的内容中提到本文件为前提而确定的。

47. 山本美佐枝和山本小夜子[①]。

48. REPT. 发表于1923年1月3日《大陆报》（*The China Press*）和*CPAE 2012*，第十三卷，附录，p. 858。爱因斯坦的演讲是1923年1月1日在上海探索社举办的欢迎会上发表的，1923年1月3日发表在《大陆报》上。

49. 耶路撒冷希伯来大学。

50. 爱因斯坦在苏黎世联邦理工学院学习期间，在某种程度上，他的犹太人身份暂停发展，但在慕尼黑上中小学时，爱因斯坦却对他的犹太人属性产生了强烈的感觉（参见*Rosenkranz 2011*，第14—29页）。

51. 关于爱因斯坦对德国犹太人困境的分析，请参阅1920年4月3日的"同化和反犹太主义"以及1920年4月3日之后的"反犹太主义：以知识求防御"（*CPAE 2002*，第7卷，文档34和35）。

52. 关于爱因斯坦与犹太复国主义运动的联系的演变，请参阅*Rosenkranz 2011*，第46—85页。

53. ALS（SSVA, Svante Arrhenius Archive, Letters to Svante Arrhenius, vol. E1: 6）. 发表在*CPAE 2012*，第十三卷，文件420, p. 697。[EPPA, 73 210]这封信写在"日本邮船公司'榛名丸'号蒸汽邮轮"的信笺上。阿伦尼乌斯（1859—1927）是诺贝尔物理化学研究所所长兼诺贝尔物理学委员会代理主席。

54. 根据中国媒体的报道，爱因斯坦在11月13日抵达上海后收到了一份该消息的电报（见本书日记内容，注释50）。一天后，伊尔莎·爱因斯坦告诉克里斯托弗·阿伦尼乌斯，她已经通过信件，将委员会的决定的相关信息转告爱因斯坦（见伊尔莎·爱因斯坦1922年11月14日致克里斯托弗·阿伦尼乌斯，*CPAE 2012*，第十三卷，未刊文献摘要一览表，文件446）。

---

① 后者原为山本さよこ，没有汉名。此处按《世界人名翻译大辞典》译。

55.玛格丽特·汉布格尔（Margarete Hamburger，1869—1941）是德国犹太人哲学家，也是爱因斯坦的柏林崇拜者。

56.诺贝尔基金会在斯德哥尔摩的一家银行为爱因斯坦的一个账户存入121，572.54瑞典克朗。按照当时汇率，这笔钱约等于32，654美元（请参阅1923年12月11日亨德里克·塞德霍尔姆[Hendrik Sederholm]和克努特·A.珀瑟[Knut A. Posse]致爱因斯坦，*CPAE 2012*，第十三卷，文档396）。

57.尼尔斯·玻尔（Niels Bohr，1885—1962）是哥本哈根大学的理论物理学教授；他获得了1922年诺贝尔物理学奖。

58.ALS（DkKoNBA）。发表于*Bohr 1977*，第686页和*CPAE 2012*，第十三卷，文件421，第697—698页。EPPA，89 896 1。写在"日本邮船公司'榛名丸'号蒸汽邮轮"的信纸上。

59.尼尔斯·玻尔1922年11月11日致爱因斯坦（*CPAE 2012*，第十三卷，文件386）。

60.爱因斯坦于1922年12月29日离开日本（见本书日记部分的内容）。

61.很可能指*Bohr 1922*。

62.他从12月30日开始在"榛名丸"号蒸汽邮轮上研究该问题（见本书日记），并于1月完成了*Einstein 1923b*的手稿。

63.亚瑟·斯坦利·爱丁顿（1882—1944）是剑桥大学的天文学和实验哲学教授，也是其天文台台长。赫尔曼·外尔是苏黎世联邦理工学院的数学教授。

64.PLS。出版于1923年2月的《改造》（*Kaizo*），第195—196页，*Kaneko 1987*，第377页和*CPAE 2012*，第十三卷，文件426，第714—715页。德语原件找不到了。日本无产者联盟是一个激进的左翼组织，受到了法国反战和国际主义的"光明运动"（Clarté movement）的影响。

65.日期由最初发表在《改造》1923年2月（第195—196页）上的原件标注。

66.联盟问爱因斯坦以下问题：1.您对日本帝国主义政府有何看法？ 2.您对日本年轻人有什么希望？"（见1922年12月12日日本无产者联盟致爱因斯坦，*CPAE 2012*，Vol. 13，未刊文献摘要一览表，471］）。被审查的单词可能是"侵略"（参见*Kaneko 1987*，第368页）。

67.山本实彦。

68.9个在西太平洋有利益关系的国家的代表，其中包括日本的代表，出席了华盛顿海军会议。该会议于1922年2月6日签署了《华盛顿海军条约》。这个条约给日本舰队的发展设置了限制，解决了其领土主张问题。

69.AKS.[AEA，124 316］。汉娜·鲁平的问候被省略。没有盖章或盖戳。致"亚瑟·鲁平博士先生"写在"比利时兰"号蒸汽邮轮（S.S. Belgenland）绘画的反面，其中包括爱因斯坦本人和汉娜·鲁平画的一幅素描（见插图34）。

70.日期以爱因斯坦遇见汉娜·鲁平的日期为准（见本书日记，1923年2月3日至5日的条目）。

71.汉娜·鲁平－哈科恩（1892—1985）。

72.在爱因斯坦访问期间，鲁平正在美国为一家抵押银行和其他犹太复国主义金融机构筹集资金（参见*Wasserstein 1977*，第272页，注3）。

73.REPT. 发表于*Jüdische Rundschau 33*（1923年4月24日），195—196。最初以希伯来语发表（请参阅*Einstein 1923d*）。有关英语版本，请参见*Einstein 1923f*。也发表在*CPAE 2015*，第十四卷，文件15，第46—49页。此译本摘自《新巴勒斯坦》（*The New Palestine*）4（1923）：341。

74. 爱因斯坦在1923年2月2日至14日之间应犹太复国主义组织巴勒斯坦办事处的邀请参观了巴勒斯坦（见本书日记部分的内容）。

75. 爱因斯坦于1923年2月8日至9日访问了特拉维夫。旅行期间，他对城市的蓬勃发展表示钦佩（见本书日记部分，1923年2月8日内容）。

76. 爱因斯坦于1923年2月6日参观了耶路撒冷的"比撒列"艺术学院。一天前，他参观了由工人合作社建造的两个街区（见本书日记部分，1923年2月5日至6日的内容）。

77. 有关贷款利息的后续信函，请参阅朱利叶斯·西蒙（Julius Simon）1923年6月29日至爱因斯坦（CPAE 2015，第十四卷，未刊文献摘要一览表，111）。

78. 爱因斯坦记录了他在1923年2月12日访问的德加尼亚基布兹成员所面临的困难（见本书日记部分的内容）。

79. 爱因斯坦于1923年2月10日在海法会见了阿拉伯－德国诗人阿西斯·多梅特（Asis Domet），两天后在提比里亚与温和的阿拉伯著名人物会面（见本书日记部分，1923年2月10日的内容和注释254）。

80. 所说的专家，可能是爱因斯坦于1923年3月在马德里见过的西班牙犹太医师安赫尔·普利多（Angel Pulido，请参阅日记内容，注释268）。

81. 见本书日记部分，1923年2月12日的内容。

82. 理查德·考夫曼（Richard Kaufmann，1877－1958）是德国犹太裔建筑师和城市规划师。

83. 英国托管局。

84. 爱因斯坦于1923年2月10日至11日访问了理工学院（"Technion"）（见本书日记部分的内容）。

85. 爱因斯坦于1923年2月7日在斯库普斯山的希伯来大学的未来校址发表了关于相对论的演讲（见本书日记部分的内容）。对于爱因斯坦代表美国犹太医师委员会进行的筹款活动，请参阅 CPAE 2009，第十二卷，导言，第xxxiv页。

86. 爱因斯坦编辑了第一卷专门探讨数学和物理学的期刊（请参阅《耶路撒冷大学和图书馆论文集：数学与物理学卷》[Scripta Universitatis atque Bibliothecae Hierosolymitanarum. Mathematica et Physica 1 1923]）。

附录 1

迎接爱因斯坦博士 [①]

稻垣守克

"北野丸"入港上海

十一月十四日 [②] 上午十一点，搭载伟人爱因斯坦博士的"北野丸"号邮船静静地靠近了码头。来到上海这十天里，我一直在等待着今天，等待着今天的此刻。我心中如同有什么大事在迫近一般紧张，望着船离岸越来越近。一百来米、三十来米、十来米。[③] 我确切地看到了。就是他，他就是爱因斯坦! 站在他左边的那位则是夫人。我急忙把坐在汽车里的妻子叫出来，她来到岸边站定。我的妻子捧着花。博士夫妇好像也立刻注意到花了。我摘下帽子向他们致意。博士和夫人也同时向我报以满面笑容，连着鞠躬致意。我预先向科伦坡和香港发了电报转给博士的船，更是从上海向科伦坡寄出了一封长信。博士知道我们会来到上海迎接他，所以立刻就从岸边众多的迎接人员中找到了我

[①] 本文原载于日文杂志《女性改造》1922 年第 12 期，第 40—61 页。原日文标题为：アインシュタイン博士を迎へて。文恒译。

[②] 应是十一月十三日。或为笔误。

[③] 原文"一町、二十间、十间"用的是日本的计量单位，与标准单位换算关系为：11 町 =1200 米、1 町 =60 间。

355

们。无论如何，能和世界伟人早在船尚未抵达之前就互相问候，这让我无比感慨和激动。

甲板上的会面

船靠岸了。廊桥搭上去了。人们争先恐后地涌进了船内。我晚德国领事一步同博士握手，夫人也像见到故知一般高兴。我的妻子将花献给夫人。后面簇拥着报社记者队伍。德国领事当即邀请博士进午餐，但博士回应说，需要先同改造社前来迎接的稻垣氏商量，否则无法接受邀请。虽然我对领事有些过意不去，但领事愿意全部听从我的安排。

在我驻留上海的十二天中，我几乎每天都同报社记者会面，与他们提前协商。同博士聊完一通后，我按照安排把记者集中到船上的沙龙中，请博士简短致辞。这样可以省时间，不用担心之后会耽误别的事，所以我做了这样的安排。"好啊，这到底也是一项义务嘛。"博士爽快地答应并来到沙龙。我请博士讲一下旅途中的印象以及前往日本的感想。

博士的旅途印象

博士说：

"旅行印象啊，那真是多得说不完。穿越苏伊士运河的时候，看到那沙漠的景色，接触到那里的空气的时候；锡兰岛、新加坡、香港。尤其是印度洋上的星星之美。还有所到各处的不同人种、民族，印象里的一切都是新的、有意义的。——而我同日本人早前就在一起做研究，所以我是心怀极大的喜悦访问贵国的……"

英国记者问了一个奇怪的问题："听说世界上只有十二个人能明白您的理论，是真的吗？"博士谦逊地回答道："不会的，稍微懂点物理知识的人应该就能理解，但数学知识当然也是必要的。"又问："昨天的通讯社电报说您得到了诺贝尔奖金，您收到正式通知了吗？对此您是怎么想的？"真是口无遮拦。博士温厚的面容上浮现出不知所措的神色，"通知的话刚刚船靠岸后从领事那里收到了电报⋯⋯"博士非常谦逊地回答，"其实我并不觉得这种事情有什么意思⋯⋯"

夫人的旅行谈

应记者的要求，我请夫人也讲两句。"最重要的是这次旅行是最好的静养。我得以充分地休养了身体。热带土地让我感到很新奇，给我留下了无与伦比的印象。对我先生来说，印度洋澄澈天空中的星星最让他兴奋。我们得到了大量思考、阅读的时间，这是最让我们高兴的。不过，只要稍微有点空闲，就会被大家拍照。"

上海观光

博士想慢慢地仔细看看上海这座城市，而非匆匆忙忙地只看个表面，他尤其想看看普通市民的生活。所以，我改掉花了几天做好的安排，转而带他去看城内脏乱的中国人居住区。我日前去城内考察过，那可真是又臭又脏不像话。我想着不能带博士来这种地方就回去了，但博士却说去这里才好。于是，我们一行四人坐上一辆汽车，记者和其他的有志之士则坐在前面的汽车里为我们带路。

午餐在中国餐馆

穿过南京路这条顶气派的道路，我们进入了跑马厅旁的中国餐馆"一品香"，在这里用午餐。博士在进入餐馆时观察着这栋建筑。我眼里的这栋纯西洋式的楼，对博士来说好像在建筑上有什么有意思的地方。

我们一行（总共六人）围着一张圆桌。首先，这是博士第一次用筷子。我成了教用筷子的老师，博士成了我的徒弟。世界伟人立刻就掌握了筷子的诀窍，熟练地使用起来。夫人也试了一下，觉得很难便当即放弃，改用刀叉。

博士和筷子

博士："爱尔莎，用筷子，你看，不难嘛。"

夫人不为所动。

博士笑道："女人总是有反动精神，真是伤脑筋。"谈笑之间，菜肴一道接一道地端出来。两人都惊叹不止。

夫人："太惊人了，这个国家不像德国，吃的东西非常丰富啊。阿耳伯特，你看看。这个鸡肉看上去多好吃啊，这个竹笋多好吃啊。"

博士："不过，爱尔莎，或许也有很多人是吃不上饭的。"

夫人："阿耳伯特，注意一点，那个也太油腻了。"

博士的餐食被夫人严格监视。每上一道菜他们都会仔细研究，称赞不已。

博士接连发表着有趣的见解："有古老文化的地方都会有发达的饮食。中国就是这样的。但是在美国这种地方，我感觉吃饭就像是往炉子里添煤，只不过是往胃里填卡路里而已。"

358

中国的葬礼

其间从马路上传来吵闹的音乐，于是，我们跟着博士起身来到阳台上。锵锵、咣咣的乐队领头，中间是嘟嘟、咚咚的西洋式乐队，他们是同一支队伍。一时无法分辨这支队伍是在办葬礼还是婚礼。驻中国的记者也难以判断。最后跟来了棺材，才确定这是葬礼。

围绕着音乐，博士夫妇之间发生了讨论。夫人认为，如此欢快的音乐不适合葬礼。博士则反驳说并不一定如此，欧洲也有这样的例子云云。

纯中国街 —— 城内观光

从中国餐馆出来后，前往城内。上海的城内是中国人居住的街区，在租界外。[①]道路太窄，汽车无法通过。我们一行便从车上下来，慢悠悠地步行。博士对此特别中意："这是我一生中从未想过的。""我无法表达，太新奇了。"他兴致盎然地走着。夫人是严重的近视眼，她一次次地举起长柄眼镜来瞧。中国的陶瓷、象牙工艺品，见到的一切都令她感到新鲜，她把东西一件件拿到脸庞前观察。尤其在打量那些脏乱的屋里表情呆滞的中国人时，夫人大发感触。"阿耳伯特，看那儿。"夫人指给博士。"你看他们的脸，多结实、多开心啊。"两人不由得十分感慨。街上越来越臭，我说："太脏了吧?"博士却并不介意："哪有，这不算什么。意大利的街上也铺着这样的石头。"我们走进了城内入口

---

① 据上海黄浦区档案局景智宇先生介绍，"城内"指民国路（今人民路）以南，是上海旧县城。民国路是法租界与华界的界路，路北为法租界，路南是华界。小世界属华界。一品香位于公共租界。爱因斯坦从汇山码头登岸，驱车跨过苏州河（吴淞江）向南来到公共租界，在一品香用午餐后，再向南越过爱多亚路（今延安东路）进入法租界，车停在民国路上，步行进入华界老城区。

处一个叫作"小世界"的花园式场所。本来打算听博士最喜欢的中国音乐，但今天没有音乐。都是喜剧演出。观众饶有兴致地看着我们一行人，博士于是笑道："我们也是戏呀。""小世界"里的玩具店里，有个人在弹大正琴。博士站住，静静地闭眼听了三四分钟。

从那里出来，我们又来到狭窄难闻的街区里，与脏兮兮的人们互相推挤着走过。对博士来说，一切都是不同寻常的、新奇的、让人惊讶的。尤其是很多要饭的跟上来。我用一钱铜币把他们打发走，颇费了一番工夫。中国人里好像基本上没有知道爱因斯坦博士的。但是偶尔碰到日本人时，他们立刻就能认出博士，咔嚓咔嚓地连连拍照。

从城内出来的时候，博士边走边沉思。我问："是否感觉到了一种悲哀？"博士说："不能说是悲哀，怎么看也不像是悲哀的表情。只能说是没有自我意识吧。"

王一亭家的晚餐

汽车朝着王一亭家开去。虽然也是城内，但好在那个方向汽车可以通行。不过道路拐来拐去的，完全分不清南北。六点左右，车停在一个很大的入口前。这就是中国当代最有名的画家王一亭的宅邸。

进门之后是一个开阔的庭园，有大队人马等在那里迎接。突然有人用德语来搭话。女人也说德语，小孩也说德语。有四五位老人在旁边高兴地等着。两三分钟以后，我大致掌握了情况。即这个宅子是王一亭的，来客中有国民党持进步思想的于氏，有法学家应氏，另外还有Zhang氏夫妇和他们的小孩。这Zhang氏夫妇常年在欧洲，也在德国待过两年左右，所以连小孩都说德语。[1]仔细一听，这个十来岁的女孩说得比她父母都好。应氏是在法国学习过的人，法语说得很漂亮。爱因斯坦博士也说法语。就这样，从汽车上涌进门里的我们一行人同这宅子里的王氏一行人在庭院中被互相介绍给对方，在热闹的氛围中一起向屋子里走去。女孩已经在和我的妻子叽叽喳喳地聊着了。博士也高兴地拉着孩子的手。我们进到一个大屋子里，看到王氏的画挂满了一面墙。博士高兴极了。

十四个人围着两个大桌子，享用中国的盛宴。今晚可真是让博士夫妇惊呆了。夫人尤其对汤十分中意，感叹不已。夫人说："这么多的吃的，我一年都够了。"

对从食物匮乏的柏林来的夫人来说，这一切看起来都铺张极了。

席间，继于氏的欢迎辞，博士作了答谢。第一次来到中国的家庭里，一切都给博士以新颖稀奇的触动。

日本人俱乐部的学士会招待会

菜肴源源不断地端出，时间也随之逐渐过去。不得已，没有吃到最后一道菜，我们便离开了这个宅子。汽车从昏暗的城内驶出，经过明亮的南京路，到了日本人俱乐部。这里是学士会的欢迎会。因为我们到晚了，众人等不及，已经先少许喝起来了。一众七八十人鼓掌欢迎博士到会。感觉愉快活泼。招待会干事朗读完欢迎辞，博士当即回应。

"我长期和日本人一起做研究，所以从前就是朋友了。这次收到改

[1] 此处疑为稻垣严重误会。列席的 Zhang 姓有张乃燕（君谋）和章肃，但章肃为"应氏"应时的夫人，稻垣可能仅凭发音按照日本习惯认为张、章二人为夫妻。

造社的邀请的时候，我的头脑中似乎立刻出现了一个声音：'你可赶紧去吧。'我心怀极大的喜悦来了。我期待到日本之后，接触日本的美丽天地。但相比这个，我更深切地希望，我能告诉日本的每个人，相对论是多么简单易懂。从而在我离开日本时，大家能说：'什么，原来这么简单啊。'"

博士以一如既往的温和、谦逊的态度静静说道。学士会的众人本来可以提一些问题，但由于语言不通的关系都沉默着。有人问：

"听说博士开始思考这一理论的契机是看到有人从屋顶上掉下来，是这样吗？"

博士回答道："我不是看到有人从屋顶上掉下来。我不过是想象了人从屋顶掉下来的情形。这时这个人感受不到引力，就是这样一个例子而已。"

因为夫人已经非常累了，所以如果没有别的人提问，我们就打算回去了。于是，我们再次在掌声中被欢送了出来。虽然愉快活泼挺好，但也有人略欠礼貌地拍博士的肩要求握手。然而博士始终很温和，一点都没有介意的样子，向所有人都得体地致意。

归船

汽车行至船边。已经过了晚上十点。周边很暗，在谁都没有注意到的时候，博士摘下帽子向驾驶员道了谢。博士说他坐不了人力车。因为这样对待车夫会令他感到过意不去，他实在没有办法忍受。

我们上了船。博士高兴地说，这下终于回到了原本的清静。夫人和我的妻子已经成为十分要好的朋友。夫人说，从香港出来，她就嘱咐服务长为我们把最好的房间留着，但这个房间是最不好的；所以她一直在为难服务生。接着她对我们说："请当我是一个差劲的旅馆女主人吧，服务长那般应承下来了却又不好好办事……"

第一天结束了，我们反复互道着晚安回到了房间里。

谦逊、温和、自然的博士

博士是超出我想象的伟人。他比普通人更加温和、自然、没有伪饰。

博士认为"自己成为天才是偶然之幸，可以说是上天不公平的恩惠。要尽可能地把这个恩惠返还给人们"。这是我妻子从夫人那里听来的。这一天，我的心境仿佛是在接触什么宏大的东西一般庄严。但是一点也不觉得苦闷，感觉像是与自己的父母相处一样。博士连对我等小人物都毫不显隔阂，总是在我们身旁，而且一点也没有不自然，我们能清楚地看到他发自内心的亲切。或许这才体现出真正的伟人的价值。比如在大门入口等地方，当我请博士先走时，博士却总是让我先走。他说："为什么你我之间还需要顾忌，你先请吧，又没有人看着。"

十一月十四日
上海的第二天 —— 午后出航

早上八点，第一声汽笛响起。这是预备的汽笛，八点半有早餐。八点稍过，夫人就已经在敲我们房间的门了。她说："还没准备好吗？休息好了吗？"

博士和夫人从上海起特意准备了一张四人席位的餐桌。我们四人可以在那里一边聊天一边进餐。我们来到早餐桌旁。信和电报像山一样送到博士身边。整理它们是夫人的工作，夫人照例用她那重度的近视眼，把电报和信拿到眼前大概五分^{①}的距离读着。同时餐食的菜单也拿到五分的位置读，读这读那还挺忙的。博士则逮住我一直聊天。如此这般吃完早饭，我们决定上岸。出航是下午三点。

参观龙华寺
博士和建筑

汽车穿过上海城区，朝着在城外约两英里处的龙华寺驶去。

从昨天到今天，博士观察着中国人被外国人欺凌的情景，说："再有五十年的时间，中国人一定会把外国人赶出去的。"

龙华寺眼下成了兵营。门口有哨兵。我们走近门口的时候，哨兵举起刺刀气势汹汹地说着什么。大概是"什么人？这里不许通行！"诸如此类的吧。世界级学者爱博士与一脸无知的督军手下小兵形成有趣的对照。

总之，在另一个入口付了一圆钱得以进入。博士说："不要紧吧？"有点惧怕往部队那个方向去。对最喜欢建筑的博士来说，没有比这更令他开心的了。他大概能体会到我等体会不到的感受吧。"爱尔莎，到这里来看看两边的建筑。"博士站在寺的庭院正中研究着。没想到建筑这么中博士的意。看到五百罗汉，他一个一个地研究着他们的面容。

---

① "五分"大约为15毫米。

中国的乡下

之后我们出了寺庙的门，从乡下脏乱的住屋之间穿过。这里又是无与伦比的另一番景象，又脏又臭，超乎想象。博士开心得不得了。他高兴地连连说："我出生以来头一回有这样的体验。多亏你把我带到这里来。"夫人对乡下的脏小孩最感兴趣，她照例用那副眼镜来查看他们的脸。小孩急忙逃跑。还有母亲把孩子从夫人身边拽走逃开。夫人说"赶紧赶紧"，让我拍照片。我拍了十二张照片，遗憾的是，因为是别人的机器，我搞错了机器的用法，所以全都没有照出来，实在是太可惜了。这是刚刚在船上才发现的。要是照出来的话，本该是比什么都好的纪念品。

购物

时而有雨，淅淅沥沥地下了又停。我的手表弄坏了，博士忘记戴手表了，不清楚时间，总之踏上了归路。途中发现是十二点十分不到[1]，就进了一家叫"永安公司"的三越式的商店转了一会儿。夫人想买中国的丝绸，所以开心地挑选着。但是无论哪件换算成马克后都很贵，她感到良心苛责不忍买。于是就花二圆二十五钱，买了三分之二码[2]。这要是换成德国货币马克的话，搞不好要七千马克，夫人惊叹着。然后她又买了四五张图画明信片。对博士来说什物引不起太大兴趣。他说，"相比物，我觉得人更有意思"，但也只能无奈地跟着夫人转。看到有小孩用的"肚兜"，博士调侃夫人说："给你买个这个吧。"夫人笑着摸了下博士的脸颊。

---

① 原文"十二时十分前"亦可指十二点差十分。
② 码为买布惯用的单位。一码约等于 91.44 厘米。

365

上海出航

回到船上吃了午饭。虽然也有拿着花来送行、请求签名的，但大体上人并不多。我们同一些人衷心道别，他们自昨天起亲切地照顾了我们。随后船静静地驶离岸边。博士站在我旁边，他说哪怕只有一个人从远处向他致意，他也要回礼。他同我一起站在甲板上，一起举手致意，直到陆上的人看不见为止。

船开出来了。船来到长江浊流的中央。风很大。太阳不出来。站在寒冷的甲板上相对没有风的地方，我和博士聊了很多。世界和平问题、德法融合问题，乃至人种问题，聊得我忘却了时间的流逝。

博士和钢琴

博士说要完成点工作就回房间了。我也想写写日记，结果一来到沙龙，发现博士也在写东西。他把日记本给我看："这是我的日记本。这样过后就不会忘了，而且今后读起来，也能鲜明地回忆起这次旅行的种种。""哎，打扰到你就不好意思了……"说着，他走到沙龙一角的钢琴前，静静地打开琴盖，静静地弹了起来。听说博士喜欢音乐，也很精通。他以十分快乐、亲切的姿态演奏着，且为了不打扰到沙龙里的三两人群，他弹琴时极度轻柔。我静静地把笔放下听入神了——那乐声仿佛是从深邃思考中涌出的。

夫人的菜肴

晚餐后，我们四人在上甲板摆开藤椅，天南海北地聊起来。其中夫人讲了一件事把我们逗乐了，她自己也捧腹大笑。

夫人说："阿耳伯特总是说，我死了之后，他要给我坟墓上撒上水芹的种子，把它全变成绿色。要说为什么，因为这阵子德国食物很贵，我不由在什么菜里都放点水芹糊弄。所以阿耳伯特见到个人就说，自己的妻子净让自己吃水芹了。"

博士的笑话

博士非常喜欢笑话，今晚也讲了很多。

外交官和女人的区别是什么？答曰，外交官说"是"就是"也许"的意思；外交官说"也许"就是"不"的意思；外交官要是说"不"，那就不是外交官了。但是女人说"不"就是"也许"；说"也许"就是"是"；说"是"，那就不是女人了。

有一个人去接受外交官考试。法律、外交史、外语的考试结束，剩下外交官特别考试。考官对那个人说："说说看你能怎么随机应变吧。"那人回答道："前些日子我去旅行。到了旅馆，我立刻要求泡澡。结果我打开浴池的门一看，这不是有个女人正泡在水里嘛。我吓了一跳，说：'大哥，这可真是不好意思。'就赶紧冲出来了。"

我觉得在日本类似这样的笑话也有很多，但完全想不起来。在日本有"当天生活"的说法。在德语里叫"从手到口"。但时下生活艰难，所有人都面临不变卖家财器具就吃不上饭的情形。而在西洋人家里，有价值的东西大多靠在墙上或在墙壁附近，所以"从墙到口"这个说法正在流行，博士说道。[①]

此外，成为博士这样的人，就会受到书信、电报、邀请、签名、讲演的围追堵截。有"过多的名誉是耻辱"的说法，博士认为这非常有道理。博士根据这个说法笑着说："过多的关切是不幸。"

太阳和地球的碰撞

王一亭家晚餐的时候，王先生问：

"太阳和地球有没有可能相撞？"

博士回答道："不能说没有。根据详细计算，可以认为地球和太阳在逐渐靠近，不过这是极度微小的，反正没有担心的必要。"

船上一天
十一月十五日

昨晚浪很大，早上起床用了很大的毅力。博士很早就起来在甲板上散步。挺厉害的。博士若无其事："浪的影响，我比鱼还感受不到。"早饭结束后，我和博士仍然坐在餐桌旁聊了大约两个小时。还是聊到了和平和人类特性之类的问题，所以不由得忘了时间。

喜欢浪的博士

饭后，我和博士在甲板上散步。应博士勇敢的提议，我们去船的

[①] "当天生活"即当天只考虑当天的生计，可理解为"过一天是一天"。德语中"手"（Hand）与"墙"（Wand）谐音。

最前端看看。中部船体的摇晃较为轻微，但前端和尾部起落能有三四米。光是行走都很危险，但博士和我还是淋着哗啦哗啦打来的浪花走到了最前端。我们抓住最前面的铁杆望着下面。风很大，眼睛里全是泪水，口水也从嘴里淌出，根本没法说话。船头有一块小铁板，为了说话，博士和我就蜷缩起来，蹲着躲在铁板背后，一边说话一边看着坍碎的浪。感到这里也没办法久留，于是大约十五分钟后我们就回船舱里了。回来的路上两人湿透了。

博士期盼的是日本的风光

"日本也越来越近了啊。"博士说着，向我打听日本的各种事情。博士最感兴趣的是建筑物，其次是音乐，再次是绘画。我告诉他院展之后他非常高兴。[①]要是在京都还有的话就好了？我又讲了讲奈良、京都的寺庙、日光、箱根，没有一个不引诱博士的心的。于是，我们俩把在日本讲演的日子数了数，如果十一月十七日到，在十二月十二三日左右之前完成全部工作的话，可以有一周或者两周时间用来到处观光。博士对此很高兴。（夫人则想买日本的丝绸。）

浪很大，但无线电通信却源源不断地进来。德文的也来，日文的也来。和改造社也有日程安排的沟通。另外通讯社也来电索要博士对日本的感想。挺忙碌的。

---

① "院展"应为日本美术院再兴（即重建）展览会，1922 年为第 9 回。

博士和报纸记者
—— 巴黎的回忆 —— 报纸的责任

话题移到了报纸记者上。到了神户肯定也会有很多报纸记者前来，我说还是打算用上海那样的办法，把诸位记者集中起来进行面会。博士也说："那样好。一年到头都被紧紧跟着可是受不了。那帮家伙总想写些与众不同的事情，尤其是我，哪怕说了一点反对德国的话，他们都会把它当成好料，为此我可遇到过不少麻烦。美国的记者是最凶猛的。问问题毫无顾忌，到哪里都跟来。还有次去巴黎的时候，晚上十二点，一大堆记者和迎接的人在车站等着，我想要是被逮住了可就有得受了，幸好车停在靠后的位置，我没有从站台一侧，而是从另一侧跳下车，在轨道之间从反方向逃出去了。然后，我在友人的导引下住进一处屋顶阁楼一样的地方，谁都没找到我。不过到头来还是被发现了。"关于报纸的责任，博士说："报纸是教育已经成长起来的人的，所以有莫大的责任。"我告诉博士，日本报纸充斥着国外报纸上见不到的流言蜚语。博士说："这我又是第一次听说，当然，西洋也不是没有说坏话的报纸，但大报写人们的私事，这不是很没意思的现象嘛。那些私事对第三者来说一点都没意思。尤其是男女关系，报纸来插一脚实在令人不快。就算一个男的跟二十四个女的有关系，这是需要拿到社会上讨论的问题吗？""从报纸的策略讲，为了多卖或许是必要的，但健全的社会把那种报道摒弃即可。"

话题也涉及妇女问题。

"我不认为所有女人都能和男人从事相同的职业，女人有柔弱的地方，所以应当为她们开辟道路。职业上也有必要将适合女性的工作变得让她们易于从事。"

对人类充满爱的博士

浪很大，夫人没什么精神。我的妻子也受到三四次影响。[①]即便如此，夫人和我妻子还是躺在甲板的藤椅里一直聊着。博士和我走到背风的地方继续聊天。

我说："人类不能不吃动物，这样的命运是不是很悲哀？"

博士说："虽然悲哀，但也没有办法。为了人类的生存是必要的。所谓正义并不存在于人类和动物之间。正义是在特定团体之中被定义下来的。"

我说："我希望这正义至少能扩大到全人类。迄今为止都说一国之中有正义，但国与国之间却没有正义。另外，一国之内的社会各阶级之间，也多有正义被忘记的情况。"

博士说："当然确实是这样，如今这种国与国之间只主张自己的利益、愈发充斥着敌意的状态是不可能长久持续的。"

随后，我俩进入有关和平以及社会运动的话题。博士完全不是实际参与的社会运动家，但却是想要在一切事物中看出真实的人。他那稳重温和而又认真的态度，我只有敬佩的份。

风继续吹着。甲板上还是挺冷的。不知不觉中到了傍晚，服务生来告知我入浴时间到了。"您快去入浴吧。"博士催促我道。说不完的话只好遗憾地就此中断，我入浴去了。

光是聊着就喜欢上日本

晚饭后，四个人躺在甲板的藤椅上聊天。博士怀着极大的兴趣听

---

① 意为吐了三四次。

371

着日本的学生生活、音乐，还有日本人的家庭样态等。学生做事尤其不讲究、日本人的谦逊等，这一切在博士看来都很自然、新奇。但是他对压制女性地位这点好像还是觉得不可思议。我的妻子向夫人极力夸赞日本，惹得夫人竟说出要从柏林搬到日本这种话来。夫人表示一定要去我家里玩几次。如果真的让他们穿过那脏乱的巷子，将他们带到那个穷破的火柴盒一样的家里，他们该怎么想啊。想必会为想象和现实的差异而吃惊吧。

另外，船上的女服务生老是对夫人说，如果去东京，一定要去她家玩。夫人说："说让我去玩，但地址我们又不知道，还说和您两口子一定要一起来。榻榻米上坐得下吗？"说完笑了。博士认真起来，说："爱尔莎，一次总是要去的。"博士就是不会辜负别人的好意。日本人则压根不会把这当回事。

报纸文章和博士

博士绝不读报道自己的报纸。

博士说："读了关于自己的文章，自己就会被束缚住。我就是想维持自己的天地，保持自由。"又说："我明明丝毫不是政治家，记者却老是把我看作政治家。碰上右派的人就会被骂得一文不值，进步派的人又把我捧到天花板上。—— 总之就是很无聊。"事务方面的千头万绪都由夫人打点。报纸之类的也是夫人读。去巴黎的时候博士没写很多信，但夫人通过报纸对博士的行动了如指掌。

博士还要去爪哇、西班牙

博士结束日本的讲演后将前往爪哇。在那之前说不定会在北京停留一下，但这还没定。爪哇之行结束后前往巴勒斯坦。那里还没有大学，但在博士到访的同时可能会设立大学。之后会前往西班牙，回到柏林是大正十二年四月前后。[①]博士说："这次旅行时间太久了，我想早点见到孩子。"快出发的时候夫人生病了，好在完全恢复了，得以陪同博士一起旅行。"带上孩子不就行了嘛。"听我这么说，博士的脸上闪现出喜悦："但那样我们做客的人就太多了。"只要可能的话，博士应该是想把儿子带来的。

德国国粹派迫害博士

德国学界自战争以来就被世界抵制。博士说："真是太愚蠢了。"我告诉博士，日本学士院邀请他，其中也有促进日德学界融合之意。博士说："我现在国籍是瑞士的，又是犹太人，所以德国的学者们可能不大感受得到。"博士受到了他人无法想象的精神压迫和迫害。

今年，拉特瑙在德国被杀害的时候，博士正在慕尼黑。慕尼黑本来就是反动的地方，不欢迎身为和平主义者的博士。尤其是学生等群体比较具有威胁性，因此博士尽量不做讲演。当时也有博士遇袭的传闻，我关切地问了博士，他却说："不是那样的，可能是有什么谋划，我确实觉得危险，但并没有怎么样。"这次旅途中，船上也有个年轻的德国人，平时看上去就气势汹汹的。有一天，博士看到这个德国人的火柴盒掉了。火柴从盒子里散出来，掉得到处都是。博士立即把火柴

---

① "大正"是日本第 123 代天皇嘉仁在位期间使用的年号，是日本第 245 个年号。使用时间为 1912 年 7 月 30 日至 1926 年 12 月 25 日，共计 15 年。大正十二年即 1923 年。

捡到一起递给这个年轻人，而他却连谢都不道就接过去了。博士虽然觉得不可思议，但并不放在心上。博士的高尚素养在每天的举手投足中都表现出来。他对所有人都得体地问候，对所有人都不改变态度。有谁来要求签名他也都答应。我在旁边看着都心不忍。连体面的人也提一些毫无顾忌的要求。博士从不拒绝，一概满足。

十一月十六日是预定抵达神户的日子，但由于在香港延迟了一天，从上海出来之后海上风浪又太大，所以就变成十七日傍晚入港。十六日早上起，太阳有时会出来，受到昨天余波的影响，浪还是不小。夫人和我的妻子昨晚都没能入睡。博士和我都睡得很好，完全不知道竟然有那么大的浪。早餐时博士得意地说："男人有强健的神经。"

明天就到神户了，所以夫人在忙碌地收拾行李。具体的行李整理是夫人的工作，博士是负责搬行李箱的，所以只要时不时地朝房间里看一眼就行。间隙里他便同我在甲板上躲着风，聊着各种各样的话题。

博士对所有的习俗都公正评价

日本人会在马路上或电车里吐痰。但是中国人更厉害。不仅如此，无论什么样的中国人，大多都会毫不在意地用手擤鼻子。博士在上海充分见识到了。我从朋友那里听说，上海有所中国人学校里有个日本教师。这个日本教师看上去比较洋气，用手帕擤鼻子。有一次他对学生说："你们都用手擤鼻子，太脏了，改一改吧。"结果一个学生站起来应答："但是老师您用手帕擤了鼻子之后，不是又把它放回口袋里嘛，那更脏。"我跟博士说了这件事，博士则感叹中国学生言之有理。

还有个相同的例子。我觉得日本人的习俗跟西洋不一样，有很多习俗会被西洋人认为是"好奇心"。比如，路上碰到认识的人，日本人会问"今天是去哪里"，或者"去做什么"，"你几岁了"，又或者家庭里的事，等等，日本人习惯毫不顾忌地打听这些私事。我向博士解释这绝不是有什么恶意。博士非常感兴趣地说："这并不是好奇心，这与那种事不关己或者没有同理心的态度不一样，是想要了解他人的一种善意。"博士对一切都以自然本色去观察。看到中国乡下的脏乱，他羡慕那里生活的简单；我跟他说日本家宅像火柴盒一样，结果他也很开心。

博士为生活的简单而欢喜

博士有时会发明各种各样方便的机器。一旦他着手一项发明，就会怀抱极大的热情投入，不成功不罢休。但是一旦制造出优秀的机器后，又会"为自己向世间送出先进的机器而后悔"。比如，发明了性能出色的冰箱，会把人类引向愈发奢侈的生活，从而妨碍了生活的简单化。对此，博士会感到遗憾。

对在日本讲演的真切期待

博士非常想看看京都。但是按照无线电通信所说，十九日有讲演，所以不能在京都观光。关于讲演的日程安排，改造社和我来回无线电通信了好几次，我则会与博士商量。这时博士也会认真地深入考量。例如，本来在各地各安排一次讲演，但博士认为无论如何一次也讲不清楚，至少也得讲两次。和只是想来一睹博士真容的人截然不同，博士是很认真的。不过他也担心，考虑到会场和其他因素，想变更日程安排可能很困难。

博士对美国的回忆 —— 美国人的广告

博士的美国之行中，有一些很有意思的回忆。依然是讲报纸记者的追袭。美国人都是一帮没有顾忌的家伙。他们勇猛地闯进博士的房间。要是逐一面会，恐怕会有生命危险。所以有一次，博士躲进了房间的浴室里，从里面上了锁。夫人都没有注意到，一个劲地找博士。

另，到了纽约的宾馆就有人来问："有什么想要的您尽管说，您最喜欢什么？"博士回答最喜欢钢琴。第二天早上便来了一架大钢琴。琴行的雇员也同时前来，向博士索要签名。博士写上谢辞并签了名。结果那个琴行把博士的签名一口气放得很大，还将"爱因斯坦弹此钢琴"的醒目字样摆在店里。前来观看的人聚成了山。

在美国，博士走在路上，会有人突然在他面前停住说"博士请签名"，并塞来纸和笔。不签就过不去。美国人的不讲究令博士无可奈何。他感叹"到底是民主啊"，对美国人的粗鲁感到不满。在车站的站台上也一个个毫不客气地上来握手，真是累死了。

还有去尼亚加拉瀑布的时候。博士本想这里总能清静一下了，谁知从车站出来，正准备上马车的时候，马车夫已经认出博士了，因为博士的影像已经在整个美国传开了。

博士的帆船游乐
对贫困学生的扶助

博士讨厌宴会，讨厌招待，讨厌喧闹。他喜欢静静地一个人弹钢琴以及散步。博士目前有一只小帆船。小帆船停在柏林近处的湖面上。博士每周日都会到那里去，一个人摆弄帆船。此次航海中，每当看到木帆船，他都会跟我讲他自己的船。

博士在各个方面扶助了很多穷困学生。大多数奖金都被用在了这方面。

最近，博士的友人在基尔港的岸边为博士盖一座小房子。等博士大正十二年四月回国时应该就完工了。博士无比期待着时常去那里驾帆游乐。

博士的袜子

德国物价很高，一双袜子要几百甚至几千马克，实在买不起。夫人总是在补袜子。博士看到十分不忍。博士经常在森林里散步。有一天和友人散步的时候博士跛着走，友人问他为什么要这么走，博士说他没有穿袜子。他说："老是让妻子补袜子于心不忍，所以今天就没穿袜子。"博士是因为脚上磨出泡了才跛着走的。

在瑞士的时候，博士以一身脏衣、一顶粗帽外加一根手杖的打扮出门旅行。当博士想在巴塞尔的宾馆住宿时，女服务生觉得可疑，让他先把房费付了。于是，博士只好先付了房费才得以住下。

这样的例子不胜枚举。在船上，博士每天都穿同一套衣服，从早穿到晚。从我接到他那天到第三天，他都穿着一件掉了一颗纽扣的衣服。他指给夫人看："爱尔莎啊，这也太不像样了，你帮我补一颗吧。"

晚饭后，船正好行至关门海峡。两侧的灯光映入眼帘，城镇齐整地铺开。终于来到日本了，博士深深地感慨，不愿离开甲板。他说："我能感觉到这是一个十分有力量的国家。"其实，城镇的样子一点也看不出来。只有这点灯光是绝不可能看得清日本的，但博士通过各种想象，将日本美化、端庄化并为之感动。我在一旁猜想，当明天早上太阳出来，看到岸上像麻雀窝一样的日本的家宅，看到东京的道路、人和电车时，博士会是什么感想。但是，我也并没有抛弃基于以下想法而来的信心：博士一定会只观察到日本美好的地方。

博士抱着明天早上六点起来的觉悟上了床。

（大正十一年[①]十一月十六日晚上十二点记）

十一月十七日

船今天抵达神户，现在正在濑户内海上静静地行驶。无与伦比的绝景令博士夫妇着迷。夫人忙着收拾行李。我接下来要给博士夫妇拍照片，并连同这篇稿子一起送到社里。（十一月十七日正午记）

神户登陆

走濑户内海真是太对了，博士早上六点就起来看风景。看着比童话中描述的还要美的风景入了迷。在神户港外，船停了一下。因为需要进行身体检查。[②]这时有三艘小蒸汽船开来。靠近了。我和博士两个人站在甲板上看着。博士频频问我是否看到山本氏。我终于看到他了。我挥帽致意。博士也挥起帽子。山本氏看上去神情激动。

甲板一下子就填满了人。这种状况下我既没法帮助报社的诸位，也不能保护博士。拨开拥挤的人群，博士首先和山本社长，接着和前来迎接的学士院的诸位博士互致了问候，山本氏的夫人献给博士夫人一大束花。同时，学士院的邀请函也送来了。其间摄影部队开始发动攻势。不知不觉博士被挟持到沙龙里，受到大群人的进攻。好不容易

---

① 大正十一年即 1922 年。
② 应该类似于安全检查。

378

出来了却又被强行索要签名。真的是太可怜了，但爱莫能助。

我们被人群挤出，上了岸，又被塞进车里，前往东方饭店。

我们计划在酒店安静地休息一小时，然后前往京都。博士和夫人从酒店的窗户第一次看到走在路上的日本妇女，很兴奋。

这里有一个有意思的故事。在"北野丸"上有个英国老太，大概七十岁吧。我们觉得她是个讨人厌的老太婆，总是装腔作势的，她抱怨快要靠岸时的菜不好吃，没有给服务生小费。我们觉得她可能也就是这种水平吧。但是船靠岸后，她看到爱博士的夫人被人群围着，还有人献花，好像十分不快。她抱着花束，推开人群，来到夫人旁。夫人是近视眼，以为那花是谁要送给自己的，就伸出了手。结果那个老太说：

"哎，你等等，我是来告诉你，除了你之外，别人也是会拿到花的。"说完就走了。

在哪个国家，老太都不招人喜欢。

出席帝国学士院在小石川植物园主办的招待会的爱氏夫妇和日本学界权威（十一月二十日摄）

379

去京都

日暮时分，我们告别了神户，前往京都。博士好奇地眺望车窗外的日本家宅，但不一会儿天就暗了下来，所以一行人转而开始在车里愉快交谈。山本社长的夫人坐在博士夫人和我妻子之间。博士夫人依然用她那眼镜使劲观察日本服装。跟她说这些都是丝绸做的，她不太肯信。丝绸在德国那边就有这么贵。

我们在京都下了火车。汽车朝都酒店驶去。日本的城镇给博士的最初印象便从这里开始。南边的景色让博士应接不暇，他连连发出惊叹，喜形于色。

一、小小的家宅；二、柔和的建筑；三、灯笼；四、人；五、电灯之多。这便是日本给博士夫妇的第一印象。

把博士带到都酒店三楼转角的一间很好的房间里，博士非常高兴，但同时也觉得很过意不去。之后，博士与来迎接的各位博士等，约十人一起用了他在日本的第一顿晚餐。

饭后，博士同来迎接的各位博士一起聊了专业上的事情。

爱氏夫妇从帝国饭店玄关走出，准备前往赤阪离宫的赏菊会（十一月二十一日摄）[1]

---

[1] "赤阪"现写作"赤坂"。

京都的早晨

上行的特急列车是九点十五分发车，在此之前的一小时我们决定用来游览京都。七点钟还未睡醒就被叫起来，早饭也匆匆解决，再一次从窗户眺望被雾笼罩的京都的街道后，我们便赶紧坐上汽车。

今天是十一月十八日，空气里颇有凉意，但太阳直爽地出来了，所以很舒服。这是博士第一次见到明亮的日本城镇。我们习以为常、一点也看不出美的日本小小家宅，在博士眼里却是美的。他如此盛赞，应该是真的觉得好吧。

白色的大萝卜、蔬菜很新奇。小孩很新奇。寺庙的大门、神社的屋顶更是令博士惊叹不已。汽车要赶时间，所以在城里转来转去，时而停下又立马开动。博士和夫人连喊"慢一点慢一点"，但很遗憾，因为没有时间，汽车只能一直跑着。

穿行在京都清晨的街区里，我有一件事情没能解释。博士看到有很多桶堆着。被博士问到这个，我感到很为难。①

十一月二十二日爱氏夫妇前往增上寺观光。摄于灵庙②前

---

① 应即马桶，稻垣不好意思解释。
② 增上寺内德川家族的灵庙，"二战"中烧毁。

从京都到东京

博士很忙。他的说话对象已经不是我一个人了。是一大群人。想必他一定很累吧。又要看景色，又要和一众博士聊天，在大车站还有来迎接的人。

那天正好是难得的晴空万里。松山、湖水、河舟、红叶、村庄，这些景象反反复复、各具风情地呈现在左右车窗外。富士山靠近了。约三分之一是纯白的富士山。博士和夫人都沉醉了。

从箱根山之前的车站起，报纸记者就陆续上车了，到了国府津，已人多势众。东京站的围攻可以想见。到横滨之前，博士说肚子够饱了，但我还是硬把他带到餐车吃晚饭。到餐车后，博士和通常一样吃了饭。但是博士这段时间吃得不多。虽然他常说，欧洲有闹饥荒的国家，自己吃太多就是犯罪，但主要还是努力保护胃。

从横滨到东京的这段路上，博士完成了同报纸记者对话这一免不了的义务。博士讲述旅行和日本印象，我翻译。博士始终都很亲切，等所有的问题都问完。

夫人总是说："我只是个普通的女人，和爱因斯坦结婚是我偶然的命运，所以绝没有什么了不起的理由。"因此应各位记者的要求把夫人带来之后，夫人却滔滔不绝地讲博士的感想。我说："请等一下，夫人，请说说您的感想。"结果夫人笑着说："我的？我为什么会有特别的感想？"夫人的真实坦率令各位记者发出赞许的笑声。

东京站

在东京站差点要被挤扁了。夫人近视，所以有些恐慌。被挤进电梯，又被冲进东京酒店某个房间的时候，博士的领带和夫人的衣服都歪歪扭扭的了。[①]

花束、花环、万岁、重要人士、人群。——当喧嚣过后总算又坐回汽车里时，我看到了博士真心的喜悦。博士的脸在闪耀。

汽车开上了东京颠簸的道路，博士被颠得上下跳动。一边跳动一边把他那珍视的烟斗拿在左手上，大声、开心地说着话。相比说话，更像是在吼叫。

"我这辈子都没经历过这样的事情。去美国的时候动静也很大，但完全没有这么真诚。这一定是因为日本人尊崇科学吧。啊，真开心，从心底高兴。我思考相对论的时候，想都没有想过会有今天这样的情形。太不可思议了。"博士如此喜悦，好像一点也不知道全世界有多么尊敬他、珍视他。

到帝国饭店了。博士没有为建筑而惊异。相比这个，他说我们提前选好的房间太奢侈了，一定要换到一个没那么好的房间里去。

花送进来的时候，夫人的眼里泛出泪花。博士的心因喜悦而震颤。

在日本的日程安排

博士的第一回讲演于今天（十一月十九日）下午一点半在庆应大学举行。由石原博士翻译，从一点半讲到四点半，稍事休息后，又从五点半开始讲到七点半结束。听众们满怀感激和热情，聆听着世界第一学者的理论。

在东京，二十四日在青年会馆举办公开讲演，另自二十五日起在帝国大学针对专业学者进行六天特别讲演。名古屋、京都、大阪、神

---

① 此处的"东京酒店"应为东京站站房内的酒店，供爱因斯坦夫妇临时歇脚用。

户、仙台、福冈各市各办一次，之后博士经爪哇、巴勒斯坦、西班牙回到柏林，如是计划。

我们打算让博士在日本游览日光、奈良、箱根、京都等地。此外，戏剧、日本音乐、日本菜肴，以及其他了解日本、品味日本所需的一切事物，我都想带博士去体验。（十一月十九日记）

附录 2　爱因斯坦在上海留下的唯一墨迹 ^①

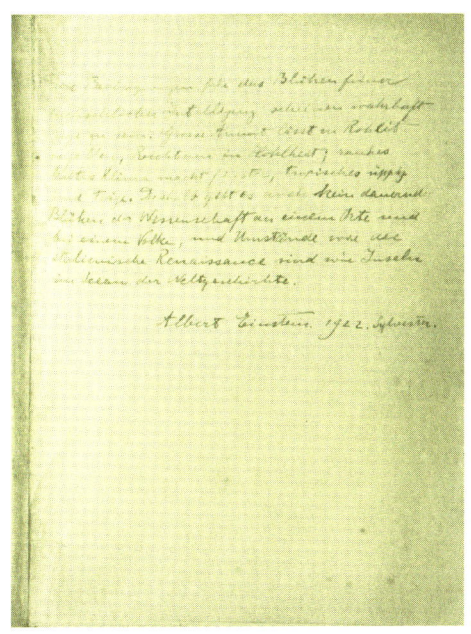

（承蒙收藏家颜明先生惠允使用）

---

① 据本书 209 页，爱因斯坦在日记中记载："12 月 31 日。……除夕在那里度过。我坐在漂亮的来自维也纳的女士旁。……""那里"指上海，当时爱因斯坦从日本讲学返欧途中，在上海稍作停留。而这位"漂亮的来自维也纳的女士"就是特蕾莎·伦纳（Theresa Renner，1891—1987）。特蕾莎是匈牙利人，年轻时曾跟随匈牙利著名作曲家巴托克·贝洛（Bartók Béla Viktor János，1881—1945）学习钢琴演奏。第一次世界大战后，她和丈夫，奥地利医生亚历山大·伦纳（Alexander Renner）移民到上海，后者在上海开了一家诊所，两人在上海生活了近 30 年。伦纳夫妇在上海的家成为当时外籍人士经常聚会的活动场所，他们在家中招待了许多有影响力的人物，包括爱因斯坦夫妇，剧作家尤金·奥尼尔（Eugene O' Neill，1888—1953）夫妇，泰戈尔等世界名流。爱因斯坦的留言是特蕾莎的长达 79 页，时间跨度近 60 年（1922—1981）的嘉宾留言簿上的第一个，写在首页上。很可能这是特蕾莎为欢迎爱因斯坦而专门准备的。这也是爱因斯坦在上海期间唯一留下的墨迹。令人庆幸的是，这本留言簿目前为沪上著名收藏家颜明先生所有。

原文

Die Bedingungen für das Blühen feiner menschlicher Intelligenz scheinen wahrhaft enge zu sein. Grosse Armut last in Roheit verfallen, Reichtum in Hohlheit; rauhes kaltes Klima macht finster, tropisches üppig und träge. Deshalb gibt es auch kein dauernde[s] Blühen der Wissenschaft an einem Orte und bei einem Volke, und Umstände wie die italienische Renaissance sind wie Inseln im Ocean der Weltgeschichte.

译文

人类高级智慧之花得以盛开的条件似乎非常苛刻。赤贫导致粗陋，富裕导致空虚；严寒的天气使人沉郁，而热带的气候让人放纵慵懒。因此，科学之花不会在某个地方和某个民族中始终盛开，出现意大利文艺复兴这样的情形，就有如世界历史海洋中出现孤岛一样。

附录 3　爱因斯坦写给美国援助中国工业合作委员会主席的信

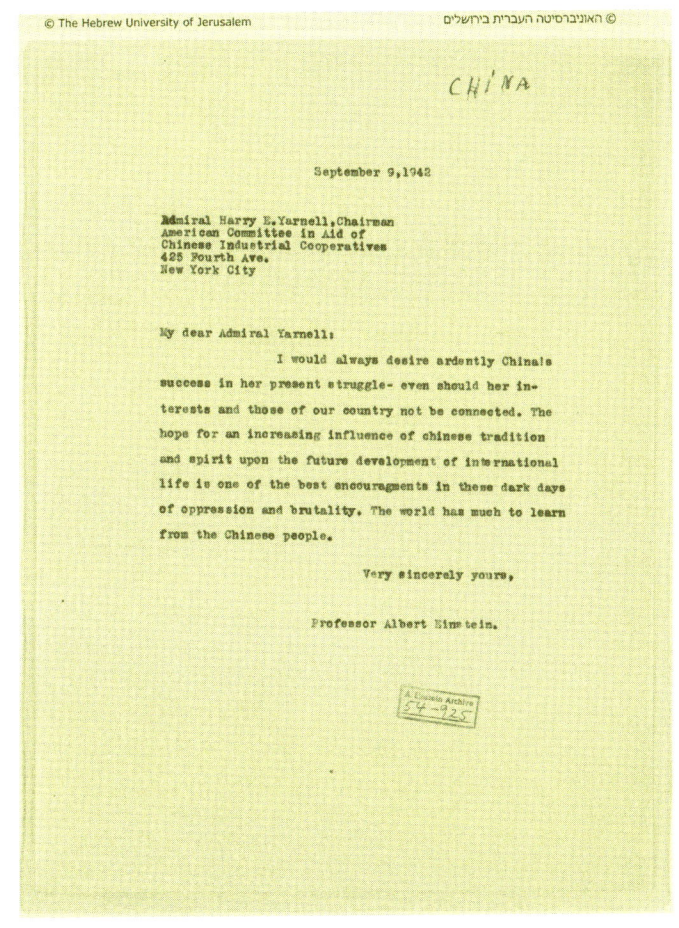

CHINA

September 9,1942

Admiral Harry E.Yarnell,Chairman
American Committee in Aid of
Chinese Industrial Cooperatives
425 Fourth Ave.
New York City

My dear Admiral Yarnell:

　　　　I would always desire ardently China's
success in her present struggle- even should her in-
terests and those of our country not be connected. The
hope for an increasing influence of chinese tradition
and spirit upon the future development of international
life is one of the best encouragments in these dark days
of oppression and brutality. The world has much to learn
from the Chinese people.

　　　　　　Very sincerely yours,

　　　　　　Professor Albert Einstein.

（版权属于以色列耶路撒冷希伯来大学阿耳伯特·爱因斯坦档案馆）

译文

1942年9月9日

纽约市第四大道425号

美国援助中国工业合作委员会

海军上将哈利·E.亚内尔主席①

我亲爱的亚内尔上将：

我总是热切地希望中国在目前的斗争中取得胜利，即使她的利益和我们国家的利益没有直接联系。希望中国的传统和精神对国际生活的未来发展产生越来越大的影响，这是在饱受压迫和残暴的黑暗日子里最好的鼓励之一。世界可以从中国人民身上学到很多东西。

致以诚挚的谢意。

阿耳伯特·爱因斯坦教授

① 海军上将哈里·欧文·亚内尔（Harry Ervin Yarnell，1875—1959），美国海军军官，从美西战争到第二次世界大战，他的职业生涯跨越了51年和三场战争。他的众多成就之一是在1932年的战争游戏中证明珍珠港容易受到空袭。但令人遗憾的是，他的发现被上级驳回，直到日本帝国海军如亚内尔所预测的那样，发动珍珠港袭击事件。随着战争迫近，亚内尔被召回现役，在海军部长办公室工作，担任中国军事使团的特别顾问，"美国援助中国工业合作委员会"（American Committee in Aid of Chinese Industrial Cooperatives）主席。在担任此职位期间，他在众议院移民委员会作证，敦促废除臭名昭著的排华法案。

译后记

这本《爱因斯坦旅行日记》（以下简称《旅行日记》）是《爱因斯坦全集》（以下简称《全集》）第十三卷的一个副产品。第十三卷文件379就是这本日记。该日记纯属私人记事，因此没有标题，更没有打算或想到今后会被出版。爱因斯坦的秘书海伦·杜卡斯（Helen Dukas, 1896—1982）在整理时加了标题："在日本、巴勒斯坦和西班牙的旅行日记"。

其实，早在1930年，爱因斯坦的女婿鲁道夫·凯泽尔（Rudolf Kayser）在用笔名安东·赖泽尔（Anton Reiser）出版的《爱因斯坦传》（Albert Einstein, a biographical portrait）中就大量引用了日记的内容。之后，又有不同语种（如日文、英文、希伯来文等）的节译本出现，都没有引起学界和社会关注。《全集》第十三卷于2012年出版时，同样没有引起波澜。很可能是因为《全集》仅限于专业人士阅读，发行量太少的缘故。2018年，《全集》编辑泽夫·罗森克兰兹在2012年英译文的基础上，对译文重新润色，并写了一个长篇的"历史导读"，同时增添了17篇与日记相关的文献，构成了现在这本日记的新英文版。为了宣传此书，泽夫接受了英美一些主要媒体的采访，点燃了有关爱因斯坦是否是"种族主义者"的争论。他在中文版序中所说，这些争论"有可能会促使我们每个人审视自己的情感偏见和认知偏差"。

389

如果将这本日记仅聚集到种族主义这一议题，则过于狭窄了。事实上，由于涉及内容广泛，我们大可将其视为这位著名学者的海外游记。虽然爱因斯坦在自然科学领域大名鼎鼎，但对社会和文化的看法，却很难跳出时代的局限。在这次远东旅行前，爱因斯坦尽管也到了不少地方，还刚刚访问了美国，但主要还是在欧美文化圈内旅行。欧美各国之间也有文化差异，但跟东亚文化相比，还是容易理解的，不至于造成文化冲击。但这趟东亚之行，确实给爱因斯坦造成了相当大的文化冲击，也影响到了他后来看世界的方式。后来的南美之行也让他大开眼界，但冲击程度却要小很多。

在第一次世界大战之后，作为一名犹太人，爱因斯坦成了德国文化的最好代表；尽管存在严重的反犹主义，德国官方还是希望爱因斯坦能在国外为德国争光。作为一个对异域文化充满好奇的游客，他本来想尽情享受难得的清静，但犹太复国主义运动还不忘给他增添募捐的任务。他遭际了热情好客的东道主，跟踪报道的德国大使或领事，附庸风雅的学者、官员。更多地，他面对的是底层民众的疾苦及其反应。他本来是答应带两位继女一起出行的，甚至他的儿子也想跟他一起跨洲旅行，但各种因素所致都没能做到。他在日记中记下自己的真实感受，也算是对孩子们的交待，而根本没想到有朝一日会出版。

即使我们真对爱因斯坦是否是种族主义者这一议题感兴趣，也不能仅凭只言片语就下定论。爱因斯坦的天性中有诙谐幽默的一面，说话戏谑尖刻。这是否与他早年受到学界的一些大人物的打压有关，不得而知。在他的日记中，随处可见他用一种调侃，甚至是恶作剧式的语气来描述他遇到的人和事。就连对他热情款待的日本人，也并非一味赞扬。他对日本音乐的评价不高，认为日本人的祖先没有科学意识。（"日本人似乎没有思考过，为何在他们的南方岛屿比在北方岛屿更热。他们似乎也没有意识到，太阳的高度取决于南北位置。看来这个民族对知识的需求比对艺术的要弱，难道这是天性使然？"）

挖苦最狠的是那些在亚洲的傲慢的欧洲人（"欧洲人是懒惰的，自负而浅薄"），连他的犹太同胞也不放过。看到那些在面对哭墙，来回摇晃，大声祷告的"愚钝的同族兄弟"，他认为他们是"只有过去，却没有现在的人"。即使这样，没有任何犹太人把他看成是种族主义者。

因为在一本从未打算出版的日记里写了一些讽刺挖苦的言论，就被判定为种族主义者，这种做法未免太简单化了。我们更应该通过一个人的实际行动来判定他。

总体而言，爱因斯坦对受苦受难的人充满同情。在他看来，奴役和剥削是整个人类关系领域中最丑陋的现象。无论是在德国，还是美国，他都敢于反抗暴政，公开为受到迫害的人群说话。有太多的事例说明他不是种族主义者。本书增加的三个附录，可以作为相应的佐证。

附录1为当时陪同爱因斯坦从上海到神户的日本人稻垣守克（1893—1986）所写的日记。这篇日记详细记录了他陪同爱因斯坦访问上海和日本各地的见闻，可以与爱因斯坦的日记对照来看。从稻垣的日记里，我们看到的是一个更加富有同情心的爱因斯坦。他看到了东亚文化的一些优点，他希望这些优点能保持下去。尽管中国当时非常落后，他目睹"中国人被外国人欺凌的情景"，相信"再有五十年的时间，中国人一定会把外国人赶出去的。"（本书412页）

附录2为目前所知爱因斯坦在上海停留期间留下来的唯一墨迹。他非常清楚地表明，科学的成长本身是有诸多限制条件的，并不会在任何社会文化土壤里成长。这或许是他这趟长达半年的海外旅行的思考结晶，可以与他后来有关西方文化的著名看法结合起来，形成一个完整的科学文化观。

附录3是爱因斯坦1942年9月9日写给美国援助中国工业合作委员会主席哈利·E. 亚内尔上将（Admiral Harry E. Yarnell, 1875—1959）的信。正是在这封信里，爱因斯坦表达了对中国人和中国文化的钦佩之情："希望中国的传统和精神对国际生活的未来发展产生越来越大的影响，这是在饱受压迫和残暴的黑暗日子里最好的鼓励之一。世界可以从中国人身上学到很多东西。"

不可否认的是，像任何人一样，爱因斯坦不可避免地带有一定的文化偏见。这些偏见的形成有历史的成因，跟个人经历也有很大关系。爱因斯坦在上海前后只待了不到四天，而在日本待了六周，对两国文化的了解肯定有深浅之分。如果爱因斯坦有机会到现在的上海一游，相信他一定会给出完全不同的评价。

今年恰逢爱因斯坦访问东亚一百周年。中日两国在这一百年间走过了不同的发展道路，个中原因非常复杂，值得我们好好反思。诚如爱因斯坦所述，"人类高级智慧之花得以盛开的条件似乎非常苛刻"。想要让科学在中国健康成长，必须让科学文化、科学精神成为中国文化的重要组成部分。从这个意义上讲，我们的路还很长，但并不是没有希望。

本书的"日记"部分和"其他文件选"由方在庆基于《全集》十三卷的相关文件修订而成。"前言""历史导读"的初稿由雷煜翻译，何钧审校，附件1由文恒翻译，余下部分由方在庆翻译。由于涉及日本部分内容较多，特请精通日语的冯乐参考新的日译本，审读了全书。她非常认真，甚至发现了日译本的几处错误。

编者泽夫·罗森克兰兹对我提出的一些疑问，总是及时回复，还特地为本书写了中文版序，里面提到他父亲的钱包里"总是夹着一张旧的中国钞票，作为他生命中那段时光的美好回忆"这样令人动容的话。在档案材料方面，我们得到了以色列耶路撒冷希伯来大学的爱因斯坦档案馆馆员海娅·贝克（Chaya Becker）和科学主管、原希伯来大学校长哈诺赫·古特弗罗因德（Hanoch Gutfreund）教授的及时帮助。日文资料方面，吉田明惠女士助力甚多。上海黄浦区档案馆景智宇先生多年来一直致力于纠正有关爱因斯坦在上海的种种误传，我从他的研究中获益良多。本书编辑吴炜女士是一位极有耐心、包容力极强的资深编辑，容忍我一再修改译稿。沪上著名收藏家颜明先生允许我们使用他的藏品，为本书增色不少。在此一并致谢！

尽管尽了最大努力，但限于学识，译文肯定还有不少需要改进的地方，还望读者方家不吝指正。

方在庆
2022年4月18日于北京

图书在版编目（CIP）数据

爱因斯坦旅行日记 / （美）阿耳伯特·爱因斯坦 著 . （美）泽夫·罗森克兰兹 编 . 方在庆 等译 . —— 长沙：湖南科学技术出版社，2022.11
书名原文：The Travel Diaries of Albert Einstein: The Far East, Palestine, and Spain, 1922—1923
ISBN 978-7-5710-1520-6

Ⅰ.①爱… Ⅱ.①阿… ②泽… ③方… Ⅲ.①爱因斯坦（Einstein, Albert 1879—1955）–日记 Ⅳ.① K837.126.11

中国版本图书馆 CIP 数据核字（2022）第 064211 号

AIYINSITAN LÜXING RIJI
爱因斯坦旅行日记

著者
【美】阿耳伯特·爱因斯坦

编者
【美】泽夫·罗森克兰兹

译者
方在庆 等

出版人
潘晓山

策划编辑
吴炜 李蓓 孙桂均

责任编辑
吴炜 李蓓

营销编辑
周洋

出版发行
湖南科学技术出版社

社址
长沙市芙蓉中路 416 号泊富国际金融中心 40 楼
http://www.hnstp.com

湖南科学技术出版社
天猫旗舰店网址
http://hnkjcbs.tmall.com

（印装质量问题请直接与本厂联系）

印刷
长沙超峰印刷有限公司

厂址
宁乡县金州新区泉洲北路 100 号

邮编
410600

版次
2022 年 11 月第 1 版

印次
2022 年 11 月第 1 次印刷

开本
880mm×1230mm 1/32

印张
13

字数
312 千字

书号
ISBN 978-7-5710-1520-6

定价
88.00 元

（版权所有·翻印必究）